W0066291

REINHARD WINTER
CLAUDIA STAHL

FAMILIE

REINHARD WINTER
CLAUDIA STAHL

FAMILIE

★ EINE GEBRAUCHSANWEISUNG ★

WAS ELTERN UND KINDER
ZUSAMMENHÄLT

BELTZ

Alle Namen in diesem Buch sind frei erfunden, und die Beispiele wurden verfremdet.

Dieses Buch ist auch als E-Book erhältlich:
978-3-407-22264-0

Die im Buch veröffentlichten Hinweise wurden mit größter Sorgfalt und nach bestem Wissen von den Autoren erarbeitet und geprüft. Eine Garantie kann jedoch weder vom Verlag noch von den Verfassern übernommen werden.
Die Haftung der Autoren bzw. des Verlages und seiner Beauftragten für Personen-, Sach- oder Vermögensschäden ist ausgeschlossen.

www.beltz.de

© 2015 Verlagsgruppe Beltz, Werderstraße 10, 69469 Weinheim
Umschlaggestaltung: www.stefanielevers.de (Gestaltung),
www.stephanengelke.de (Beratung)
Umschlagabbildung: © plainpicture/Fancy Images
Satz und Herstellung: Lina Oberdorfer
Druck und Bindung: Beltz Bad Langensalza GmbH, Bad Langensalza
Printed in Germany

ISBN 978-3-407-85749-1
1 2 3 4 5   19 18 17 16 15

Unseren Kindern

Hanna, Lucian, Leonie und Salomon
Vera und Jasper

Inhalt

Einleitung

Familie ist für viele das Schönste auf der Welt. Sie ist *der* Glücks- und Sehnsuchtsort für soziale Nähe, Wärme und menschliche Heimat. Familie gut, alles gut – so scheint es häufig. Andere Beziehungen kommen und gehen; die Verbindung zwischen Eltern und Kind ist unkündbar, sie bleibt.

Aber Familie steht auch vor immer größeren Herausforderungen. Anforderungen und Erwartungen wachsen ins Unermessliche: Dass sie hält, was sie verspricht – und dass sie überhaupt hält. Die alten Antworten auf unsere Fragen zählen nicht mehr. Denn durch heftige Veränderungen in der Gesellschaft muss sich Familie vergewissern, ja neu erfinden. Damit stellen sich neue Fragen: Was ist es, das die Familienwelt in ihrem Innersten zusammenhält? Wie wirkt Familie, was verbindet sie? Was können wir Eltern tun, wie gestalten wir *unsere* spezielle Familie?

Wir beantworten die zentrale Frage dieses Buchs gleich zu Beginn: Was Familien positiv zusammenhält, ist die Liebe in ihr. Sie ist die entscheidende Kraft in der Verbindung zwischen Eltern und Kindern, weil sie in ihrem Inneren und von innen heraus wirkt.

Dass in der Nähe und Liebe der wesentliche Sinn von Familie gesehen wird, ist auch wissenschaftlich belegt. In einer repräsentativen Umfrage* liegen »Lieben und geliebt werden« (87 %)

* Institut für Demoskopie Allensbach: Vorwerk Familienstudie 2010, S. 6

hinter »Solidarität« (89 %) und noch vor »Geborgenheit« (84 % Zustimmung aller Befragten). Allerdings besteht Liebe in der Familie, so wie wir sie sehen, nicht nur aus den großen Gefühlen und dem zarten Schmelz, den die Werbung so gern bedient. Mit dem Prinzip »Liebe« ist etwas Größeres gemeint: Gefühle, eine Geisteshaltung und dazu konkretes Tun.

Die Fragen, was Familie ausmacht und zusammenhält und wie sie heute gut funktionieren kann, beschäftigen uns seit Langem. Beide arbeiten wir seit vielen Jahren mit Familien als Ganzem oder mit einzelnen Mitgliedern von Familien – mit Mädchen und Jungen, Müttern und Vätern. Und immer stärker schälte sich heraus: Ihre Familie ist in vielen Fällen der Grund, warum Kinder und Jugendliche ihr Leben gut bewältigen und warum es Eltern gut geht. Sie ist immer wieder aber auch Ursache von Problemen, die sich in allen Lebensbereichen zeigen, und zwar vor allem dort, wo Beziehungen missglücken oder wo es die Liebe nicht leicht hat. So haben wir im Laufe der Zeit das Prinzip der Liebe als entscheidenden Faktor für einen guten Familienzusammenhalt entschlüsselt. Indem wir unsere Erfahrungen gebündelt und die Erkenntnisse Eltern zurückgespiegelt haben, wurde uns bewusst, wie wesentlich dieses Thema für Familien heute ist. Und waren überrascht, wie vielschichtig es sich darstellt, wenn genau hingeschaut wird.

Fassen wir unser Anliegen zusammen, dann möchten wir aus der Liebe in der Familie eine bewusste Hauptsache machen. Liebe ist *die* Kraft, die Familien zusammenhält, und gleichermaßen ein wesentlicher »Treibstoff« für die Entwicklung von Kindern. In unserem Verständnis ist die Halt gebende Liebe in der Familie mehr als nur ein süßes Gefühl: Kindern vertrauen ist Liebe. Sich ärgern ist Liebe. Grenzen markieren ist Liebe. Nicht weiter wissen ist Liebe. Sich über ein selbst gebasteltes Geschenk freuen ist

Liebe. Streiten ist Liebe. Und so weiter. Liebevolle Beziehungen manifestieren sich in allen Facetten des Familienlebens.

Sich mit seiner Liebe zum Kind zu beschäftigen hilft, sie auszuweiten und zu stabilisieren. Dem Prinzip Liebe aktiv zu folgen trägt dazu bei, das Problematische und Negative, das ja auch ein Teil des Lebens in Familienbeziehungen ist, zu bewältigen und durchzustehen. Familie ist kein Hochleistungssport und kein Perfektionsprojekt. Es reicht, Familie mit einer guten Portion Liebe einigermaßen auf die Reihe zu kriegen. Dabei kann die Liebe in der Familie gefördert und gepflegt werden, damit sie ihre Wirkung entfaltet. Das zeigt sich in unserer Arbeit immer doppelt: Dort, wo Familie gut »funktioniert«, ist die Liebe erkennbar. Und umgekehrt – das hat sich in vielen Fällen unserer Beratungstätigkeit bestätigt – können Schwierigkeiten in der Familie durch ein Verstärken des Prinzips Liebe verändert und behoben werden.

Als wir begannen, uns verstärkt mit der Frage zu befassen, welche »Bindemittel« in der Familie nötig sind, waren wir überrascht, dass das Thema der Liebe zwischen Eltern und Kindern bisher fachlich kaum bearbeitet wurde. Zwar ist die Liebe als Erziehungsthema schon länger spürbar am Kommen: mit Autoren wie Jesper Juul und Wolfgang Bergmann als Vorreiter, die im Haus der Familienidee einen extra großen Raum für die Elternliebe reserviert haben; mit den Themen der Familienforschung und -beratung, vor allem im Zusammenhang mit der Bindungstheorie; mit Fragen, die sich Eltern stellen; mit dem Unbehagen, das viele Eltern angesichts von Kommerz-, Leistungs- und Förderdruck empfinden. Auch mit dem Missfallen vieler daran, dass Familie instrumentalisiert und mit Anforderungen überladen wird. Der Anspruch, Kindern stets das Optimale zu bieten, lässt die Unsicherheit darüber wachsen, was für das Kind gut, nein:

das Allerbeste ist. Doch nur selten wird das Phänomen der Liebe in der Familie offen angesprochen, und wenn, dann meist als eine Art Zusatzkomponente, wie es beispielsweise Buchtitel vertreten: »Liebe und Grenzen«, »Kinder brauchen mehr als Liebe« oder »Liebevoll und kompetent erziehen«.

So haben wir uns selbst auf eine Spurensuche begeben. Es gibt eine Unmenge von Ratgebern und Untersuchungen zur Paarbeziehung, aber kaum Fundiertes zur Familienliebe; diese Lücke schließen wir mit unserem Buch. Während wir es entwickelten, während wir unsere Erfahrungen und Ergebnisse zusammentrugen, haben wir immer wieder Eltern und Kinder gefragt, wie es ihnen in ihrer Familie geht, was für sie Familie ausmacht und was sie zusammenhält. Und wir haben Kollegen und andere Fachleute dazu interviewt, was etwas für den Familienzusammenhalt »bringt«, woher es kommt, wenn Familien fühlbar zusammenfinden und -halten, und was die Liebe erschwert. Natürlich sind auch unsere eigenen Erfahrungen von Bedeutung, die wir im Leben mit unseren Kindern und in unseren Familien gemacht haben; hier waren und sind wir (wenn auch nicht immer freiwillig) wie alle Eltern selbst Lernende.

Für die heutigen Familienfragen ist es wesentlich, als Eltern die Beziehungen in der Familie zu reflektieren und die Liebe in der Erziehung besser zu verstehen. Direkt über die Liebe zu Kindern zu reden wird offenbar immer noch als unbedeutend oder gefühlsduselig wahrgenommen, doch zunehmend fragen sich Eltern: Darf ich mein Kind auch einfach so lieben, ohne sonst noch etwas zu wollen? Oder muss ich ständig daran denken, aus ihm etwas zu machen, ihm etwas bieten, es verbessern, das Beste aus ihm herauszuholen? Hier wird die Liebe entwertet: Ganz nett, die Liebe, aber haben Sie heute schon was für die erfolgreiche

Zukunft Ihres Kindes getan? Wir meinen, dass es höchste Zeit ist, die Liebe in der Familie in den Mittelpunkt zu rücken und ihr den Platz zuzuweisen, der ihr zusteht.

Braucht Familie eine Gebrauchsanweisung?

Familie ist neben der realen Erfahrung immer auch Wunsch und Hoffnung. Liebe umschreibt gleichzeitig den Kern und ein Ideal der Familie. Sie bietet sich als Projektionsfläche an, hinter der die Gefahr ihrer Überhöhung und Überforderung droht. Wir halten es deshalb für notwendig, die Familienliebe nicht zu idealisieren oder im fantasierten Glück zu schwelgen, sondern nüchtern die Kräfte und Aktivitäten zu betrachten, die Familien ausmachen und zusammenhalten.

Die meisten Eltern wissen selbstverständlich, dass Liebe für ein gutes Aufwachsen von Kindern elementar ist. Gleichzeitig fragen sie sich, wie das heute praktisch gehen soll. Wandel und Neubestimmungen sorgen ja neben allem Fortschritt auch für Unsicherheiten. Eltern sehnen sich nach einer einfachen, ursprünglichen und gelassenen Liebe in ihrer Familie. Da sie jedoch viel weniger auf bewährte Erfahrungen beim Gestalten der Familie zurückgreifen können als frühere Generationen, müssen sie es selbst im Tun ihres Familienlebens herausfinden. Das ist keine leichte Aufgabe.

Eine Gebrauchsanweisung wäre tatsächlich nicht schlecht, damit Familie für ihre Mitglieder unter den heutigen Bedingungen brauchbar bleibt oder wird. Bedienungsanleitungen dienen dazu, ein Produkt sicher verwenden zu können. Nun ist die Familie kein Gegenstand wie ein Auto oder eine Waschmaschine, und Techniken oder Mechanismen, die in jeder Familie gleichermaßen wirksam sind, gibt es nicht. Rezepte in Form einer Bedienungsanleitung können deshalb nicht funktionieren, dennoch ist es hilfreich, Familie neu zu klären und zu erklären, weil sich die Eckpunkte ihrer Konstruktion verschoben haben. Was Eltern verbindet, ist ihr Interesse an der Familie, ihre Liebe zu ihr und am Zusammenhalt in ihr. Und genau hier lässt sich tatsächlich einiges tun, sofern die Bedeutung der Familie verstanden wird und wenn die Elemente des Zusammenhalts – die »Schalter« und »Stellschrauben« der Familie – richtig »bedient« werden.

Erwartungen an Eltern auf der einen Seite (Frühförderung! Bildung!), kommerzielle Bilder, Verführungen und Ideologien auf der anderen; dazwischen immer wieder altbekannte, traditionelle Warnungen (Kinder bloß nicht verwöhnen! Keine Tyrannen! Mehr Disziplin!) und widersprüchliche Tipps aus Ratgebern aller Art: Die Familienkompetenz der Eltern und ihre Liebe zueinander und zu den Kindern brauchen Unterstützung, auch um sich gegen all die anstrengenden Einflüsse von innen und von außen behaupten zu können. Orientierung finden Eltern, wenn sie sich mit dem Wesen von Familie auskennen und sich darin auf das Prinzip Liebe verlassen können. In diesem Sinn soll dieses Buch eine Gebrauchsanweisung sein.

Trotz Gebrauchsanweisung: Wir wollen das Phänomen der Liebe in der Familie weder verzwecken noch sie festlegen oder endgültig systematisieren. Uns geht es um wirklichkeitsnahe Anregungen und Informationen für Eltern zum Verständnis und zur Praxis der »Bindemittel« für die Familie. Deshalb haben wir Lösungsmöglichkeiten und bewährte Ansätze für ein glückendes Familienleben an vielen Stellen quer durchs ganze Buch gestreut: keine Schnellreparatur-Kits, sondern Wachmacher, Werkzeuge und Pflegemittel, um die Familie über lange Zeit hinweg stark und lebendig zu halten.

Zum Inhalt

Die Liebe als Bindungsfaktor unterscheidet Familie von anderen Institutionen und Gruppen. Um diese Kraft wirksam entfalten zu können, ist es erforderlich, die Familienliebe zu verstehen, ihre Wirkungsformen zu kennen und ihre Schwierigkeiten zu akzeptieren. Es braucht ein ganzes Buch, um das zu begründen, nachvollziehbar und vor allem praktisch werden zu lassen.

Aber das allein genügt nicht. Wichtig sind auch die vielen Familien, die uns täglich vorleben, dass und wie das wirklich gelingt. In unserer Arbeit konnten wir an vielen Stellen erfahren, dass das Beschäftigen mit dem Kern von Familie wirkt: Es hilft Vätern und Müttern dabei, mehr Raum für die Liebe zu schaffen, sie neu zu verankern und wo nötig zu verteidigen.

Um Familie wirklich zu verstehen und von allen Seiten zu beleuchten, half uns bei der Konzeption des Buches, dass wir uns in der Sicht auf die weibliche und die männliche Seite ergänzen. Beide arbeiten wir zwar mit Frauen *und* Männern, Mädchen *und* Jungen, doch liegt ein Schwerpunkt Claudia Stahls auf der Arbeit mit Mädchen und Frauen; u. a. bietet sie gezielt Sprechstunden für Mädchen an. Reinhard Winter konzentriert sich seit vielen Jahren auf die Arbeit mit Jungen, männlichen Jugendlichen und jungen Männern, und er qualifiziert und berät Menschen, die mit Jungen arbeiten. Beide haben wir Töchter *und* Söhne, und nicht zuletzt prägen unsere persönlichen Erfahrungen als Frau und als Mann unsere Perspektiven.

Das vorliegende Buch besteht aus zwei Teilen: Im ersten Teil klären wir Grundsätzliches über die Familie mit dem Ziel, zu verstehen, was sie im Innersten zusammenhält und was ihre besondere Rolle heute ausmacht. Der zweite Teil konzentriert sich im praktischen Sinn auf Aspekte, die uns im Leben heutiger Familien bedeutsam erscheinen, und auf »Stellschrauben«, an den es sich zu drehen lohnt.

Im ersten Kapitel geht es um die Familie als eine Art Gefäß für Wünsche und Sehnsüchte – und um die Idee, dass und wie sich liebevolle Beziehungen entfalten können, damit Familie ihren Sinn ausfüllt. Wie umfassend das Prinzip Liebe in und für die Familien wirkt, werden wir im zweiten Kapitel klären und entwickeln. Auch Schwieriges, Spannendes und Alltägliches gehören zum Phänomen der Liebe in der Familie, wie wir es im dritten Kapitel darstellen werden. Selbstverständlich ist diese Art der Liebe nichts Standardisiertes. Unterschiede in der Liebe dürfen und sollen also durchaus sein, anders als die Werbung uns das vermitteln mag. Darauf werden wir besonders im vierten und fünften Kapitel eingehen. Und: Auch Familie ist keine normierte Einheitsveranstaltung. Was Familien in ihrer Vielfalt ausmacht, das zeigen wir im sechsten Kapitel.

Was wir nach mehr als zwanzig Jahren in der Arbeit mit Eltern und ihren Kindern mit Sicherheit sagen können: Alle Eltern lieben ihre Kinder. Alle Menschen sehnen sich nach einer heilen Familie. Einen Kern der Liebe finden wir bei allen, sogar in den schwierigsten Familienkonstellationen. Manchmal ist sie blockiert, verzerrt oder verdeckt, aber irgendwie doch verfügbar. Familienliebe ist so betrachtet etwas ganz Normales. Alle haben sie. Das ist erst einmal beruhigend. Dennoch ist es nicht immer ganz einfach, die Liebe sichtbar oder wirksam zu halten. Neben den Ideen und Vorschlägen, die im ganzen Buch vorkommen, stellen wir deshalb im zweiten Teil zwölf praktische »Anker« vor, welche die Liebe in Familien stärken. Sie können aktiv genutzt und als »Pflegemittel« verwendet werden, um die Liebe im Alltag der Familie lebendig zu halten oder aufzufrischen.

Beispiele, praktische Hinweise und Übungen

Ins Buch eingestreut sind Beispiele aus Erziehung, Beratung, Therapie und Familienbildung. Mit ihnen verdeutlichen wir, wie sich das Lieben in der Erziehung entfalten kann und wo es »funktioniert« und wirkt, woher Schwierigkeiten kommen und wie sie angegangen werden können. Alle Beispiele wurden so formuliert, dass keine Rückschlüsse auf wirkliche Personen oder Familien möglich sind. Alle Namen sind frei erfunden.

Praktische Hinweise und Übungen runden das Buch ab; sie unterstützen das Umsetzen der Inhalte im Familienalltag. Dazu haben wir bewährte Möglichkeiten eingefügt, die als Hilfestellung dienen können. An vielen Stellen zeigen wir äußere und innere Hürden auf, die es dem Prinzip Liebe in der Familie nicht leicht machen – und Wege oder Ansätze, sie zu überwinden.

Auch wenn der Familienzusammenhalt zwischenzeitlich vielleicht nicht so stark zu spüren ist, bleibt er dennoch bestehen. Die Liebe nicht gut zu spüren, an ihr zu zweifeln, mit ihr nicht mehr weiter zu wissen – all das kommt vor. In einem Bild gesprochen: Wenn es bewölkt ist, bleibt der Himmel hinter den Wolken trotzdem blau. Menschen sind keine Dauer- oder Hochleistungs-Familiengenies. Aber sie können handeln: Eltern können aktiv etwas tun, um das Prinzip der Liebe in der Familie lebendig zu halten, um die Familie zusammenwachsen zu lassen und den inneren Zusammenhalt zu stärken. Dazu können die Übungen beitragen:

* Sie können zu inneren Werkzeugen werden, auf die in schwierigen Situation zurückgegriffen werden kann.
* Und sie schulen die Bereitschaft aller Familienmitglieder, Verantwortung für sich selbst zu übernehmen – und damit

freier und selbstbestimmter auf Menschen und Lebensumstände außerhalb von sich selbst zu reagieren.

Probieren Sie einfach die Übungen und Empfehlungen aus, die Sie ansprechen. Dadurch lernen Sie ihre hilfreiche Wirkung kennen. Und falls etwas für Sie nicht passt, lassen Sie es einfach weg.

Schließlich noch ein Hinweis: In diesem Buch bewegen wir uns mit den Entwicklungswünschen und Beziehungsproblemen innerhalb von Familien überwiegend im »Normalbereich«. Unser Buch handelt nicht von extrem problembelasteten Familien, etwa mit Sucht- oder Gewaltproblemen oder von Eltern oder Kindern, die psychisch krank sind. Es ist auch nicht als Ratgeber für Familien in »heißen« Trennungsphasen gedacht.

Teil 1

HAUPTSACHE LIEBE

Liebevolle Beziehungen in den Mittelpunkt der Familie rücken, eigene Wertehaltungen und Ziele im Leben mit dem Kind reflektieren, um Prioritäten zu setzen – darum soll es im ersten Teil unseres Buches gehen.

Wie gelingt das: Lieben am Anfang des 21. Jahrhunderts – so, dass alle Familienmitglieder zu ihrem Recht kommen?

Vorstellungen und Erwartungen, die suggerieren: »So soll und muss es sein – und nicht anders«, tun der Liebe zwischen Eltern und Kind nicht gut, weil sie die Verbindung infiltrieren und sie damit einschränken. Eltern entkommen der Zange des inneren und äußeren Drucks am besten, indem sie auf die Kraft ihrer Liebe vertrauen und sich klarmachen, wo die Druckstellen sind, denen sie entfliehen wollen.

Jede Familie kann Beziehung lernen

Familie liebevoll zu gestalten und ihre Beziehungen gut zu entwickeln ist ein Glück und eine Herausforderung zugleich. Wer Familien mit Zusammenhalt beobachtet, findet Merkmale, die dort gehäuft vorkommen: z.B. das Interesse der Eltern am Kind, gemeinsame Mahlzeiten, Zeit miteinander verbringen oder das Vereinbaren von Regeln. Das sind gewiss wichtige Elemente, doch ihre wesentliche Qualität wird damit nicht bestimmt. Denn solche Faktoren verblassen schnell, wenn sie nicht mit Liebe verknüpft oder aufgeladen sind: Unechtes Interesse am Kind verletzt es; zusammen essen lässt sich auch sprachlos vor dem Fernseher, gemeinsame Zeit kann auch böse streitend verbracht werden; Regeln können ohne Herz verordnet und Rituale eiskalt durchgezogen werden. Ohne Liebe taugt alles wenig für den Familienzusammenhalt, oder anders gesagt: Liebe ist zwar nicht alles. Aber ohne Liebe ist alles in der Familie nicht das, was wünschenswert ist und ersehnt wird.

Kinder kommen unreif auf die Welt. Sie brauchen andere Menschen, Zuwendung, Nähe, Liebe, um sich gut entwickeln und zu sich finden zu können. Auch die beste Versorgung mit Nahrung, Kleidung, Wohnung, mit physischer Wärme, Hygiene, Bewegung und Sonnenstrahlen kann ihr Bedürfnis nach Liebe nicht ausgleichen. Diese Liebe gibt es vor allem in der Familie.

Investition ins Lebensglück

Indem Kinder geliebt werden, erfahren sie etwas Wesentliches: Jemand mag mich sehr, sorgt für mich, kümmert sich um mich. Das macht das Kind glücklich. Aber gilt der Glückseffekt auch umgekehrt? Offenbar nicht unbedingt: Bei Meinungsumfragen sind Eltern im Durchschnitt weniger glücklich als Menschen ohne Kinder. Natürlich erleben sie Glücksmomente – doch der Statistik zufolge wird bei Paaren das Gefühl der Zufriedenheit kleiner, sobald Kinder da sind.

Vor allem Kleinkinder sind es, die Eltern auch unglücklich machen. Wer Kinder hat und liebt, ist schnell damit konfrontiert, dass eigene Bedürfnisse zurückstehen müssen. Zudem sind die Anforderungen ans Elternsein gestiegen, die eigenen wie die von außen. Das mit vielen Ideen und hohen Erwartungen gestartete Projekt Familie kann leicht scheitern. Kinder strengen an. Kinder können Eltern, vor allem alleinerziehende, finanziell überfordern und ruinieren.

Bei alldem leuchtet es ein, dass dauerhaftes Glücksempfinden nicht zu erwarten ist. Das müssen Eltern erst einmal schlucken. Doch wer diese Tatsache akzeptiert, tut sich leichter. Und es hilft, sich klarzumachen: Das Blatt wendet sich, wenn die Kinder größer werden. Spätestens dann können Eltern erkennen, dass sie durch ihre Liebe zum Kind etwas anderes zurückbekommen. Sie erfahren nicht weniger als einen Sinn des Lebens: dass ihr Leben durch die Verantwortung für das Kind bereichert wird.

So lässt die Familie Menschlichkeit intensiver werden. Statt zu fragen: »Was bringt *mir* das?«, verlagern sich die Schlüsselfragen hin zu einem: »Was bekommt das Kind von mir?«, oder: »Was kann ich geben?« Der Sinn der Familienliebe liegt dabei quer zur nutzenorientierten Vernunft-, Geld- und Marktlogik, jenseits schneller Glücksversprechungen im Konsum. Seine Liebe und seine Kraft der Familie zu schenken ist in vielerlei Hinsicht etwas Unvernünftiges. Und dennoch: Eltern schenken Zugehörigkeit und Geborgenheit und leben darin in einer sehr langen Beziehung zum Kind. So entstehen in der Familie ein verwirklichtes, ausdrückliches Ja zu Beziehungen, zu anderen Menschen, eine Teilhabe am Lebensstrom und damit zur Verbindung mit etwas Größerem. Anderen Menschen uneigennützig etwas zu geben stiftet einen tieferen Sinn, letztendlich die wichtigste Investition ins Lebensglück.

> *Familie ist Raum für Beziehung.*
> *Und Liebe.*

Ein besonderer Eigensinn der Familie liegt zudem darin, dass sich die Liebe selbst erneuert. Liebe ist ja kein Reservoir, das irgendwann leer oder aufgebraucht ist. Im Gegenteil: Indem geliebt wird, stärkt sich die Liebe; sie lädt sich von selbst auf, indem sie gemacht wird, sie entfaltet sich und entwickelt sich weiter – ein fantastisches Perpetuum mobile!

Jede Familie entwickelt sich. Sobald sie sich bildet, setzt eine Entwicklung ein, die sich auch über den Zeitpunkt der Familienauflösung, z. B. durch den Tod der älteren Generation oder eine Trennung der Eltern, fortsetzt. Familie werden und sein bedeutet Lernen und Erfahrung auf diesem Weg und die Chance, ihre Potenziale zu entfalten. Diese Entwicklung ist gebunden an die Beziehungen, die in jeder Familie liebevoll gelernt und weiterentwickelt werden können.

Weil sich ihre Formen so stark verändert haben, ist genau dieses fortwährende Sichentwickeln eine Herausforderung für die meisten Familien. Über lange Zeit überlieferte Familienwerkzeuge sind stumpf geworden. Zusammenleben in der Familie heißt heute etwas anderes als noch vor ein, zwei Generationen. Eltern können sich nicht darauf verlassen, dass die Art, wie sie Familie verstehen, dieselbe ist, die sie von den eigenen Eltern oder gar Großeltern kennen. Nicht wenige Eltern sind die Ersten ihrer Generationenreihe, die sich gezielt daranmachen, eine lange Tradition oft auch liebloser Erziehung zu überwinden.

Der Blick auf die Veränderungen in den Familien hilft dabei, die für die heutige Zeit richtigen Antworten auf die Frage zu finden, wie das Prinzip Liebe in der Familie fest verankert werden kann.

Familie im Wandel der Zeiten

In früheren Zeiten wären Kinder und auch Erwachsene allein wirtschaftlich verloren gewesen. Alle waren auf den Zusammenhalt der Familien angewiesen. Das ist heute anders. Kaum noch eine Familie versteht sich als Wirtschaftsgemeinschaft, in der das Materielle zum Zusammenhalt zwingt. Ebenso wird keine Kinderschar als direkte Alterssicherung für die Eltern benötigt. Trennungen beinhalten zwar ein wirtschaftliches Risiko; das ist für die meisten aber keine Notwendigkeit fürs Zusammenbleiben. Zudem hat der Druck von außen nachgelassen, der Familien früher zusammengehalten und -gepresst hat. Der Staat als Gesetzgeber und die Kirchen als moralische Instanzen pochen nicht mehr auf unbedingten Zusammenhalt. Und auch das soziale Umfeld wurde toleranter. Wenn Familien zerbrechen, drohen viel weniger Ausgrenzung und Stigmatisierung als früher.

Ihren von äußeren Zwängen bestimmten Charakter hat die Familie also hinter sich gelassen. Mit der Befreiung davon öffnete sich die Wahrnehmung für ihr Innenleben. Hier hat sich der »alte Stil« des patriarchalischen Modells von Familie, in dem Macht und Strenge die Familie verbanden, längst überlebt. Genauso veraltet sind die standardisierten Vorstellungen der Kleinfamilie ohne Variationsmöglichkeit, also entweder Vater-Mutter-Kind oder gar keine Familie.

Die Familienmitglieder werden immer weniger durch das Muss und enge Vorstellungen verbunden. Wie in keiner Generation zuvor zählt heute die innere Motivation, das Wollen: die Erwartungen und die Bedürfnisse, die Beziehungen, Empathie und das gemeinsame Leben in der Familie. Danach richtet sich Familie aus, in ihren vielfältigen Formen, in ihrer Gestaltung und in ihrem Sinn. Mit der Entwicklung weg von Zwang und Macht haben sich die Koordinaten in Richtung Kooperation verschoben. Deshalb stellt sich die Frage nach Legitimation und Zusammenhalt der Familie neu.

In der jetzigen Elterngeneration sind die gravierenden Veränderungen der modernen Familienform angekommen. Sie schlagen auf das Familienleben in hohen Erwartungen und Herausforderungen durch. Finanzielle und organisatorische Unterstützungen, wie sie im Kindergeld oder im Ausbau der Kindertageserziehung angeboten werden, reichen nicht aus, so wichtig sie sind. Sie ermöglichen Familie, beantworten aber nicht die Fragen nach ihrem Sinn und Gehalt, die sich heute im Inneren stellen: Es geht um Geborgenheit und Akzeptanz, um die Bindungen und die Qualität der Beziehungen. Was Kinder und Eltern gleichermaßen brauchen, ist das positive Aufeinanderbezogensein in der Familie.

Die nahe und liebevolle Familie ist ein recht neues Konzept.

Bis zum Beginn des 20. Jahrhunderts war die Beziehung zwischen Eltern und Kindern noch überwiegend durch Nutzenaspekte geprägt: Kinder gab es häufig, oft in Überzahl; sie galten, solange sie nicht mitarbeiten konnten, als Kostenfaktor und danach in der familiären Produktionseinheit als billige Arbeitskräfte. Kinderarbeit war bis weit ins 19. Jahrhundert auf dem Land und in Handwerkerfamilien selbstverständlich.

Erziehung und Beziehung waren hierarchisch und machtbezogen angelegt; sie gründeten auf Härte und Strafe. »Wenn Erwachsene reden, sollen Kinder schweigen« – solche Sätze galten noch bis in die Nachkriegszeit als angemessen. Erst allmählich setzte sich das Bild des schützenswerten Kindes durch. Liebevolle Erziehungsvorstellungen gewannen nur langsam Raum: Bis in die 1970er-Jahre hinein durften Kinder noch ungestraft geprügelt werden (in der Schweiz sogar noch länger). Nicht die Beziehungen in der Familie, sondern die Bedürfnisse der Erwachsenen standen im Vordergrund. Kinder durchbringen war das Motto, damit sie mitschaffen und später die Versorgung der alten Eltern übernehmen konnten.

Mit pädagogischen Größen wie Rousseau oder Pestalozzi kam eine liebevollere Beziehung in den Blick. Später öffneten die Psychoanalyse und dann die Bindungsforschung neue Blicke auf die Beziehung zwischen Eltern und Kind. Ein breiteres Umdenken setzte im 20. Jahrhundert ein, als Folge der Demokratisierung, mit wachsendem Wissen um Erziehung, mit dem Entstehen von Psychologie und der modernen Pädagogik. Dennoch dominierten bis weit in die Nachkriegszeit hinein Familienmodelle, die sich auf Zwang und die elterliche Macht stützten. Und so populäre wie rigide Erziehungsvorstellungen führten zu Verhaltensvorschriften, die mancher Mutter und manchem Vater das Herz zu brechen drohten.

So dachten die Mütter, die sich im Dritten Reich und in der Nachkriegszeit an das propagierte Konzept des Stillens im Vierstundenrhythmus hielten, dass sie etwas Gutes für ihr Kind tun, weil die Kinder nicht von Anfang an verwöhnt werden dürften. Es war üblich, weinende Kinder schreien zu lassen (denn das macht die Lungen stark) und sie nicht zu trösten. Gleichzeitig waren viele von ihnen in ihrem Herzen mit der Liebe zu sich und ihrem Kind verbunden und weinten vor Mitgefühl, wenn das Kind im Nebenzimmer schrie. Manche Mütter fühlten sehr wohl den Drang, das Kind auf den Arm zu nehmen, und spürten auch, dass ihr Kind es dringend brauchte, gehalten zu werden. Doch sie vertrauten sich dieser Liebe nicht an. Sie wagten es nicht, da die *vorherrschende* Meinung eine andere war. Es ist nicht leicht, sich Meinungen zu widersetzen!

Einige Jahrzehnte später, in den 70er- und 80er-Jahren, wirkten in der BRD offene, liberale Ideen in die Erziehung hinein, es entstand ein Trend zum »Laissez-faire« als Reaktion auf autoritäre Zeiten. Kinder sollten möglichst alles selbst entscheiden: »Na, möchtest du vielleicht ins Bett? Willst du Klavier lernen oder Geige oder lieber reiten?« Darin lassen sich durchaus gute Gedanken entdecken – die aber eben auch ideologisch überformt waren (was Eltern damals weit von sich gewiesen hätten).

In der damaligen DDR war es in den 1980er-Jahren üblich, Kleinkinder in Kindertagesstätten betreuen zu lassen. Es war selbstverständlich und aus politischen, wirtschaftlichen und ideologischen Gründen erwünscht, dass Frauen arbeiten gehen. Zur selben Zeit, nur einige Kilometer entfernt, setzten sich in der BRD Mütter von Kindergartenkindern mit staatlichen und kirchlichen Trägern auseinander, weil sie die Öffnungszeiten der Kindergärten von 11:30 Uhr auf wenigstens 12 Uhr verlängert haben wollten. Hier war klar, dass nur die Mütter arbeiten gehen, die es »nötig hatten«: weil sie finanziell schlechter gestellt, verwitwet oder alleinerziehend waren oder zu den »egoistischen« Müttern gehörten, die als »Emanzen« auf dem Selbstverwirklichungstrip waren. In der BRD war es zumindest vom Ideal her selbstverständlich, dass Mütter so lange wie möglich, mindestens bis zum Schuleintritt des Kindes, zu Hause blieben, um dann allenfalls in Teilzeit zu arbeiten. Frauen, die früher wieder zur Arbeit gingen, galten als »Rabenmütter«. Haben sich die DDR-Funktionäre geirrt oder die Männer der Kirchengemeinderäte, die die Öffnungszeiten der Kindergärten nach langen Verhandlungen von 11:30 auf 11:45 Uhr verlängert haben? Oder wollten die einen einfach, dass Frauen arbeiten gehen, und die anderen wollten es nicht?

Jede Zeit hat ihren Geist: Grundansichten, Tendenzen in Haltung und Einstellung, kaum hinterfragte gesellschaftlich aufgeladene Ideale signalisieren, wie Erziehung sein soll. Auch Eltern und mit ihnen ihre Vorstellungen von der Beziehung zu Kindern sind immer den aktuellen Zeitgeistern ausgesetzt – meistens, ohne das bei sich selbst zu bemerken, denn alle sind Teil davon. Im Rückblick sind zeitgeistige Vorstellungen leicht zu identifizieren und zu kritisieren. Aber wir stecken nun mal mittendrin, und es ist die immer neue Aufgabe aller Generationen, ihre Familie zu gestalten.

Und heute?

Das Familienleben hat sich grundlegend verändert. Dafür gibt es nicht nur einen Grund, es wirken viele unterschiedliche Einflüsse mit:

* Die Rollenverteilung in Familien zwischen Frauen und Männern wandelte sich stark und unumkehrbar: Frauen haben einen Beruf und wollen nicht aufs Hausfrau- und Muttersein reduziert werden; Männer möchten ihr Vatersein mehr ausfüllen, leben und genießen und nicht nur Arbeitstiere in der Fremde sein.
* Eine flexibilisierte und mobile Arbeitswelt braucht und »macht« sich andere Familien. Heute wird berufliche Mobilität verlangt: tägliches oder wöchentliches Pendeln, Umzüge aus beruflichen Gründen.
* Regelmäßige und feste Arbeitszeiten schwinden, sie wurden fließend. Laptop und Smartphone bringen den Beruf mit nach Hause, Trennlinien zwischen Beruf und Familie verschwimmen. Zudem haben Ganztagsschule und gestiegene Bildungsabschlüsse die Zeit, die Kinder in der Schule verbringen, ausgeweitet. Kombiniert mit flexibleren Arbeitszeiten erfordert dies ein regelrechtes Familienmanagement, um gemeinsame Zeiten in der Familie zu finden. Familienzeit wurde zu einem kostbaren, aber unsicheren und immer wieder aktiv herzustellenden Gut.
* Hinzu kommen die Ansprüche an die Familie als Bildungsort. Die »Förderung von Anfang an« ist ihr Job, natürlich auch schulbegleitend und weit in die Freizeit hineinreichend. Gestiegene Anforderungen der Schule werden gern an die Familie durchgereicht, die durch Betreuung (und häufig Nachhilfe) die Defizite schulischer Pädagogik ausgleichen muss.
* Die früher sicheren Netze der Verwandtschaft werden durch die Mobilität und durch das wachsende Bedürfnis nach Selbstbestimmung großmaschiger oder löchrig. Verwandte – vor allem Eltern bzw. Großeltern – sind damit weniger oder gar nicht als Unterstützer und Stabilisatoren verfügbar.

Als Bedürfnis und manchmal auch als Ausgleich werden an die Familie von ihren Mitgliedern hohe Erwartungen geknüpft: als Ort der Nähe, des Glücks und der Sinnerfüllung. Sie soll persönliche, nahe Verbindung, Gemeinschaft und Gemeinsamkeit herstellen und wechselseitige Sorge garantieren. Das ist viel verlangt von Eltern, und das Dilemma wächst, weil Teile der Kindheit zunehmend von der Familie weg verlagert werden. Mehr und mehr wird Kindheit in Institutionen verschoben: mit Krippe, Krabbelgruppe, Kindergarten und Hort, mit immer längeren Schulzeiten – bezogen auf einzelne Tage in der Ganztagsschule, aber auch auf die Schulzeit insgesamt, weil das Abitur zum Standard wird. Hinzu kommen Freizeitinstitutionen aller Art, von der Musikschule über den Kinderzirkus bis zum kommerziellen Anbieter von Tobe- und Erlebnisräumen. Kinderzeit wird mehr und mehr zur institutionellen Zeit in pädagogisch arrangierten Welten. Dort sind Kinder von Erwachsenen umzingelt. Auch dadurch wächst der Druck auf die Kinder, denn Institutionen müssen sich rechtfertigen und nachweisen, dass ihre Leistungen wichtig und sie ihr Geld wert sind.

All das wirkt sich auf die Familie aus. Die Familienzeit wird knapper und wertvoller, die Qualität der Beziehung in der Familie eindeutiger auf das Persönliche und Liebevolle konzentriert. Und der Zusammenhalt stellt sich nicht von selbst her, er muss organisiert werden, sonst lebt die Familie aneinander vorbei. Der Managementfaktor nimmt zu und wird Teil des familiären Beziehungsgeschehens. Auch das ist ein Aspekt, der gelernt und im Blick gehalten werden muss.

Zudem soll und will sich Familie von professionellen Beziehungen unterscheiden. Das geschieht über ihre Qualität, über das Betonen der guten Gefühle, des Verstehens und Unterstützens und der Harmonie. Schön, wenn Familienbeziehungen so charakterisiert sind. Allerdings steigt damit auch der Liebes-druck: Wehe, wenn in der Familie nicht Dauersonnenschein herrscht! Damit ist in Verbindung mit dem Prinzip Liebe eine gute Portion Sprengstoff eingelagert. Familie soll sich gefälligst immer nett, schön, idyllisch zeigen, der warme Zusammenhalt zur Norm werden. Das kann jedoch wesentliche Facetten des Zusammenlebens abschneiden: Beziehung, Nähe und Bedürf-nisse bringen nun mal auch Konflikte mit sich. Keine Entwick-lung kommt ohne Krisen aus. Familie ist das Gesamtpaket, in dem der Zusammenhalt aus Liebe oft sogar besonders gut nach heftigen Auseinandersetzungen gefühlt werden kann. Es ist fast paradox, aber diese auch schwierigen Seiten gilt es mit hineinzu-nehmen und wertzuschätzen – als wichtigen Teil des Beziehung-lernens in der Familie.

> *Man braucht sehr viel Geduld,*
> *um Liebe zu lernen.*
> **Kurt Tucholsky**

Eher selten finden sich Eltern, die große oder größte Schwierig-keiten haben, ihre Liebe überhaupt zu fühlen, sie zu »tun«, also für ihre Kinder erlebbar zu machen oder sie ihnen angemessen mitzuteilen, doch selbst bei ihnen lässt sich die Verbindung zu ihrer Liebe entwickeln. Das ist Arbeit, die sich aber lohnt, und es braucht gelegentlich auch professionelle Unterstützung.

Nicht alles tut gut, was Familie zusammenhält

Am Ende dieses ersten Kapitels, das einen Überblick darüber geben soll, was die Familie auszeichnet und was sie positiv zusammenhalten kann, möchten wir auf einen wichtigen Punkt hinweisen, der uns in unserer Arbeit in der Familienberatung immer wieder und in verschiedenen Facetten begegnet: Es gibt auch einen »falschen« Familienzusammenhalt, problematische Gründe, die Familienmitglieder zwar aneinanderbinden, aber sie belasten oder die schmerzen. So kann etwa die Angst vor Verlust der Gemeinschaft eine starke Kraft sein, die Familien zusammenhält. Kinder spüren, dass sie Eltern für ihr Überleben brauchen, und sind deshalb bereit, für ihre Familie sogar Leid in Kauf zu nehmen. Selbst schwer misshandelte Kinder wollen bei ihren Eltern bleiben.

Auch Geheimnisse der Familie, die nicht nach außen dringen dürfen, binden Familienmitglieder auf ungute Art aneinander, ebenso wie wirtschaftliche Gründe: Wenn Eltern sich trennen, spielt Geld oft eine entscheidende Rolle im Konflikt. Alleinerziehen ist ein großes Armutsrisiko; das zu wissen und zu vermeiden kann Elternpaare zusammenhalten, auch wenn sie es nicht miteinander aushalten.

Ebenso können Machtansprüche, Krankheiten oder übermäßige Belastungen der Eltern Kinder in Familien zwingen: Kinder, die wie Knechte behandelt werden, die den Haushalt besorgen oder übermäßig im Betrieb mithelfen müssen. Auch Ängste der Väter oder Mütter vor dem Alleinsein oder ihre ungestillten Bedürfnisse nach Nähe veranlassen Eltern, ihre Kinder in der Familie festzuhalten.

Doch selbst wenn der Familienhalt wirklich schwierig oder

»falsch gepolt« ist: Die Arbeit mit Familien zeigt, dass Beziehung zu lernen oder zu verändern auch dann möglich ist. Schwierige Formen des Zusammenhaltens können durch das Förderliche ersetzt werden, das oft hinter dem Problematischen verborgen bleibt. Es mag ein langer Weg sein, doch es hilft, die positiven Maßstäbe zu kennen, von denen dieses Buch handelt: Zuneigung, Liebe und Wärme als das positive Bindemittel von Familien.

Familie entlasten

Viele Erwachsene sind auch ohne Kinder gestresst: der Beruf, das eigene Zeitbudget, die vielen Erwartungen und dazu noch die Vielzahl an Geräten, die unser Leben bestimmen und die gepflegt werden wollen: das Auto, das Smartphone und die vielen anderen Bildschirme, die unseren Alltag einerseits erleichtern, andererseits uns oft genug auch ablenken. Und dann kommen noch die Kinder mit ihren Bedürfnissen und Erwartungen hinzu. Das führt zur Stressverdoppelung: Eltern setzen sich oft gewaltig unter Druck. Sie wollen ihre Sache so gut wie möglich machen und produzieren sich damit einen guten Teil des Familienstresses selbst. Stets gut gelaunt im Alltag, verständig und kompetent in der Förderung und Begleitung des Nachwuchses, dazu anspruchsvoll und glücklich in der Partnerschaft und selbstverständlich erfolgreich im Job: So sieht heute das Wunschbild aus. In den folgenden Kapiteln werden wir diesen Familienstressoren das Prinzip Liebe entgegensetzen, und wir werden zeigen, wie es in der Familie ohne Anstrengung wirken kann. Sie werden sehen: Die Familienliebe wirkt am besten ohne Perfektionismus, ohne Mühe und Sichplagen, gleichsam aus sich selbst. Sie nährt sich aus Vertrauen, gemeinsam verbrachter Zeit und Gelassenheit.

Die große Kraft der Elternliebe

Das Bindemittel der modernen Familie ist die Liebe. Sie macht den Unterschied zu anderen Gemeinschaften aus und bringt eine besondere Qualität in die Beziehung. Eltern und Kinder wissen das oder sie können es erspüren. Sie fühlen oder wissen auch, dass die Familienliebe über das hinausgeht, was in Paarkonstellationen erlebt wird. Das Schöne in einer Familie ist die Vielfalt der Liebe in ihren Wechselwirkungen: Alle lieben alle, jeder liebt jede liebt jeden. Das ist für alle Beteiligten etwas anderes, auch etwas Größeres als eine Paarliebe, die ja ohne Zweifel ganz großartig erlebt werden kann.

Doch wie alle ebenfalls wissen, ist schon die Paarliebe nicht immer einfach. Und auch die Familienliebe mit ihren schillernden und sich verändernden Facetten bringt ihre eigenen, sich stetig wandelnden Herausforderungen mit sich. Die Fähigkeit zur Liebe ist angeboren, allerdings gibt es Aspekte des Liebens, die nicht »einfach da« sind. Die Praxis der Liebe wird gelernt und anerzogen. Vor allem über das Erleben wird sie als Kultur erworben, wie eine Sprache. Familie ist das Erleben und Vermitteln von Liebe, aber damit auch ein Prozess der Liebesbildung: Eltern lernen es selbst im Tun, und sie vermitteln das Prinzip Liebe den Kindern, wodurch diese wiederum ihre Liebesfähigkeit erweitern.

Das zu lernen und zu entwickeln ist die Aufgabe einer Familie: so lange, bis die Kinder aus dem Haus sind – und meistens sogar noch über diesen Zeitpunkt hinaus.

Auch fürs Familienleben gilt, dass Menschen vor allem dann glücklich und engagiert sind, wenn sie Dinge tun, von denen sie überzeugt sind. Dafür braucht die Liebe auch ein wenig »Kopf«, gerade in Zeiten, in denen sich Familie neu erfindet. Für all das werden in der Tat Informationen und von Zeit zu Zeit kulturelle Anpassung und Korrekturen benötigt.

Zum Glück ist in Familien die Liebe als Potenz für den Zusammenhalt meistens gut ausgestattet vorhanden. Im wirklichen Leben, im modernen Alltagswahnsinn wird sie jedoch leicht überlagert oder verschattet. Störfelder wirken, und die Elternliebe ist heute an vielen Stellen bedroht: tausend Pflichten und Verpflichtungen, Anforderungen an Erwachsene und Kinder, das Alltagsmanagement der Familie, unterschiedliche Bedürfnisse, die Macken jedes einzelnen Familienmitglieds, und dazu noch Stress, Hektik und Zeitdruck. Alles ist schnell getaktet und detailliert geplant, die verschiedenen Lebensvollzüge der Familienmitglieder so verzahnt, dass unbedingt immer alles funktionieren muss. Schon das Wahrnehmen dessen bringt Spannung und nimmt einem fast die Luft weg. Auch die Beziehungen in der Familie sind davon beeinträchtigt.

In Konkurrenz mit den Anforderungen an die Familie ist gerade die Liebe davon bedroht, an den unbedeutenden Rand geschoben zu werden. Die Liebe aber macht Familie erst möglich. Sie gehört deshalb in den Vordergrund, um ihre große Kraft auch wirklich entfalten zu können. Indem die Bedeutung der

Liebe entdeckt wird und Schwierigkeiten benannt werden, geschieht eine Korrektur. Durch eine Aufwertung der Liebe zu den Kindern werden die Einflüsse abgefedert und im Zaum gehalten, die oft den Alltag dominieren und negativ wirksam werden. Dann wirkt die Liebe wie die Hefe im Teig: Sie macht die Familie groß und locker.

Um die Facetten der Familienbande zu durchdringen, werden wir in diesem Kapitel auf die Bedeutung der Liebe in der Familie zu sprechen kommen und aus unterschiedlichen Blickwinkeln umreißen, wie das – schließlich immer auch etwas nebulöse – Phänomen Liebe in der Familie verstanden und erklärt werden kann.

Was heißt denn hier Liebe?

Das Wort »Liebe« meinen zwar alle zu verstehen, doch kann damit je nach Kultur, Religion oder Gesellschaftsform ganz Unterschiedliches gemeint sein. Auch wandelte sich der Begriff im Lauf der Zeiten. Zudem macht es im Verständnis und in der Erfahrung einen großen Unterschied, wer oder was geliebt wird: Wenn wir sagen: »Ich liebe meine Frau«, drückt das etwas anderes aus als: »Ich liebe meinen Sohn«, ganz anders wieder: »Singen liebe ich«, »Ich liebe meine Arbeit«, »mein Auto«, »Baden in der Badewanne« bis hin zu »Walnussparfait« oder »Fast Food«. Irgendwo angesiedelt zwischen menschlichen Erfahrungen, nüchterner Selbstverständlichkeit, Romantik, Kitsch, Kultur und Kommerz ist der Begriff zu vielschichtig für eine enge Begriffsbestimmung.

Liebe unter Menschen ist die stärkste Form der Zuneigung und Wertschätzung. Uns interessiert dabei vor allem die Liebe in der Familie als das Bindemittel, das sie zusammenhält.

Liebe in der Familie ist eine wohlwollende Beziehung, die mit inniger Verbundenheit einhergeht. Dieser Zustand wird unterschiedlich erlebt: Viele Eltern können ihre Kinder lieben, ohne darüber nachzudenken. Andere sind auch in Gedanken und im Fühlen immer wieder mit ihrem Lieben befasst.

Wir verstehen die Liebe in der Familie als »Gesamtkunstwerk«, das Angenehmes und Glückliches genauso beinhaltet wie Alltägliches, Routiniertes und Schwieriges, Trauriges oder Zermürbendes. Dahinter lassen sich drei unterschiedliche Aspekte finden, die Elternliebe ausmachen: Sie beinhaltet (sinnliche) Wahrnehmungen, Gefühle und Haltungen.

* Die **Wahrnehmung von Liebe** bezieht sich auf die sinnliche Erfahrung, auf das Erleben des Kindes mit allen Sinnen. Eltern sind zärtlich, weil sie lieben; sie werden aber auch zu Liebenden über sinnliche Empfindungen: Diese Art von körperlichem »Liebesbezug« stellt ihrerseits wieder Liebe her. Die Eltern berühren und streicheln das Kind liebevoll, sie halten es auch mal fest oder sie massieren es, sie spüren das Kind beim Balgen und Raufen, genauso wenn es sie tritt, an den Haaren zieht oder beißt. Sie schauen es an (ihr Kind ist natürlich das schönste); auch die Nase empfindet mit. Eltern lieben den Geruch des eigenen Babys, sie riechen es, wenn die Windel voll ist, wenn gebrauchte Fußballsocken im Raum sind oder das pubertierende Kind mal wieder duschen sollte. Auch mit den Ohren werden Kinder wahrgenommen und darin geliebt, im Hören von Brabbeln, Kieksen und Lachen, von Weinen, Singen, Brüllen und lautstarkem Schimpfen. In diesen immer wiederkehrenden und immer neuen sinnlichen Erfahrungen wird die Liebe zum Kind empfunden und erlebt.

★ **Liebesgefühle** sind dauerhafte Stimmungen, die durch Hormone und durch Aktivitäten im Gehirn ausgelöst werden. Sie wirken unbewusst oder bewusst und führen immer wieder zu emotionalen Aufwallungen. Dadurch wird das Liebesgefühl erkannt, erinnert oder bestätigt. Viele Eltern sind immer wieder regelrecht verliebt in ihr Kind. Oder sie sagen, ohne es genau beschreiben zu können: Die Liebe zum Kind »fühlt sich gut an«, oder: »Ich fühle einfach, dass ich mein Kind liebe«. Fühlbar ist die Liebe auch in negativ bewerteten Gefühlen wie Ärger und Enttäuschung. Diese Gefühle fordern dazu auf, dennoch in der Beziehung zu bleiben und gleichermaßen die Angst vor einem Abriss der Beziehung wie auch die Sehnsucht nach dem Fortbestand oder Vertiefen der Verbindung zu spüren.

★ Die **Haltung** der Liebe ist eine annehmende, wohlwollende innere Einstellung dem Kind gegenüber, eine Ausrichtung des Zugewandtseins, der Bindung, des Vertrauens und verbunden mit dem aufrichtigen Wunsch nach seinem Glück. Diese Haltung schließt eine große Offenheit gegenüber dem Kind und seine grundsätzliche Anerkennung ein: Es wird geliebt »so, wie es ist«. Deshalb ist die liebevolle Haltung von Respekt geprägt. Darin ist das Kind auch in seiner Eigenart gesehen: »Du bist etwas ganz Besonderes.« Mit dieser liebenden Haltung geht es um die Eigenheit der Liebe und nicht um Nutzen, Zweck oder um einen Tauschwert. Ganz im Gegenteil: Ihre Liebe bringt Eltern dazu, von sich selbst abzusehen, sich nicht mehr so wichtig zu nehmen. Sie ist auf Geben geeicht und erwartet oder verlangt nicht den Ausgleich, das Aufrechnen oder einen Beweis der Gegenliebe. (Natürlich ist es trotzdem schön, wenn das Kind die Liebe ebenso frei und uneigennützig erwidert.) Zu dieser Haltung gehört auch die Übernahme von Verantwortung beider Elternteile für ihr Kind von Anfang an und bis zum Zeitpunkt der vollen Eigenverantwortung des Kindes. Und schließlich enthält diese Haltung die Hoffnung und ein optimistisches Vertrauen darauf, dass es mit diesem einzigartigen Menschen schon glücken und alles gut werden wird.

Alle drei Seiten machen die Liebe aus. Wie in einem Dreiklang sind sie eng miteinander verflochten, mal mehr und mal weniger stark gewichtet. Die Liebe enthält unendliche Variationsmöglichkeiten, sie kann sich immer wieder unterschiedlich anfühlen: mal euphorisch, mal eher nüchtern, mal begeisternd, dann wieder überschwänglich oder melancholisch. Die Kunst besteht darin, in allen drei Variationen daheim zu sein; das ermöglicht angemessenes Verhalten in der jeweiligen Situation.

Liebe tun

Die Liebe selbst ist nicht das Nachdenken darüber, sondern aktives Tun, nicht Theorie, sondern Praxis. Die Vorstellung, dass Liebe die Menschen mehr passiv überfällt und dass es beim Lieben nichts zu tun gebe, ist ähnlich unrichtig wie die Beschränkung der Liebe auf die Wohlfühlseite. Schon der Philosoph Spinoza bezeichnet Liebe als »Aktion«, und auch Erich Fromm weist darauf hin, dass sie »Aktivität und kein passiver Affekt« sei.

Für das Kind wird Liebe erkennbar und erfahrbar dadurch, dass Liebe »getan« wird: ein Anschauen, Wahrnehmen und Erkennen des Kindes im Blick; Zärtlichkeit im Körperkontakt

oder im Reden; das Erkennen und Befriedigen von Bedürf-
nissen; die ausgedrückte Freude über ein vom Kind gemaltes
Bild; sich kümmern und sorgen bei Krankheiten; das Begleiten
des Kindes zum Schulanfang, vorlesen, das Dabeibleiben bei
Trotzanfällen, miteinander streiten, eine SMS vor dem Test, das
Lieblingsessen kochen, Konflikte aushalten und durchstehen,
im Liebeskummer mitfühlen – tausend Facetten, in denen aus
Liebe Handeln wird.

Für das, was wir lieben, setzen wir uns ein; zur Liebe gehören das
Füreinandersorgen, der fürsorgliche Umgang mit dem Wunsch
des Wohlergehens. Liebe und Arbeit sind so gesehen nicht voneinander zu trennen: Wenn die Mutter in der Nacht aufsteht, um
ihr Kind zu stillen oder zu wickeln, kann das schön, aber auch
anstrengend sein; wenn der Vater zum Kind geht, um es zu trösten, bereitet das Mühe – die er aus Liebe auf sich nimmt. Wenn
Eltern sich im Beruf anstrengen, vielleicht sogar Überstunden
machen, um die Familie gut versorgen zu können, mühen sie
sich aus Liebe. Eltern reagieren auf die Bedürfnisse des Säuglings
oder des Jugendlichen, des Partners oder der ganzen Familie.
Aus Liebe übernehmen sie Verantwortung für die Bedürfnisse
der geliebten Menschen, sie sind fähig und bereit, die Bedürfnisse des Kindes zu beantworten.

*In seiner wahren Bedeutung ist das Verant-
wortungsgefühl etwas völlig Freiwilliges;
es ist meine Antwort auf die ausgesprochenen
oder auch unausgesprochenen Bedürfnisse
eines anderen menschlichen Wesens.*

Erich Fromm, Die Kunst des Liebens, S. 38

Alle diese Facetten sind Ereignisse, die in der Verbindung geschehen: wenn wir beim Kind sind und für das Kind handeln.

Umgekehrt ist es keine Liebe oder zumindest sehr verdächtig, wenn das Handeln verzweckt wird und von der Motivation her mehr »für sich selbst« als für das Kind geschieht: wenn das eigene Handeln eigene Ängste abwehren soll, z. B. die Angst davor, dass das Kind »missraten« könnte, oder die Angst, von Freunden oder auch von Lehrern abgewertet zu werden, wenn sich das Kind anders als erwünscht entwickelt.

FAMILIEN-BANDE KNÜPFEN

BEWUSST LIEBEN

Lieben geschieht meistens spontan, ursprünglich und ungezwungen – also unbewusst –, und das ist gut so. Gerade für Eltern ist es aber auch gut, sich ihr Lieben bewusst(er) zu machen. Das »Liebe-Tun« kann unterstützt werden, indem es bewusst geschieht. Das hilft dabei, der Liebe mehr Raum zu geben.

* Hinfühlen: Wie fühlt sich meine Beziehung zum Kind gerade jetzt an?
* Hinspüren mit allen Sinnen: Wie nehme ich die Liebe zum Kind sinnlich wahr?
* Hindenken: Wie ist meine Haltung, wie sind meine Grund- und Feineinstellungen dem Kind gegenüber?

Lieben ist Handeln, aber umgekehrt gilt auch: Nicht jedes Tun in der Familie ist Liebe! Was Eltern machen, wird nicht automatisch in Liebe verwandelt, selbst wenn alles perfekt erledigt wird. Kinder können keine Liebe darin fühlen, wenn mit ihnen gespielt wird, nur damit sie etwas lernen. Sie spüren zu Recht auch keine Liebe, wenn sie bestraft, entwertet oder gar geschlagen werden oder wenn durch eine bestimmte Handlung bewiesen werden soll, dass ich alles hinkriege und ein toller Papa oder eine Supermama bin.

Manchmal ahnen Eltern, dass etwas in ihrer Beziehung zum Kind nicht stimmt, weil in ihrem eigenen Handeln oder dem des Partners die Liebe fehlt. Wo dies der Fall ist, empfehlen wir, die Vermutung ernst zu nehmen und sich Hilfe zu suchen: Dauerhaft liebloses Versorgen von Kindern oder an Gewalt grenzendes Handeln verweist auf eine große innere Not bei Müttern oder Vätern!

Liebevolles Tun findet auch in der professionellen Erziehung Ausdruck. Es gibt viele liebevolle Erzieherinnen und Erzieher, Lehrerinnen und Lehrer in Krippen, Kitas, Horten, Kinderheimen und Schulen. Die Einzigartigkeit der Liebe in der Familie können sie aber nicht ersetzen.

FAMILIEN-BANDE KNÜPFEN

FRAGEN SIE SICH AUFRICHTIG VON ZEIT ZU ZEIT:
Muss ich, müssen wir Prioritäten korrigieren?
Welchen Stellenwert haben das Glück des Kindes und die Liebe zu ihm in unserem Familienleben?
Wodurch wird unsere Sicht auf sein Wohlbefinden vielleicht gerade überdeckt?

Immer wieder jonglieren Eltern *und* Kinder mit gesellschaftlichen Erwartungen, denn wir alle leben nicht auf idyllischen Inseln, sondern in einer Gesellschaft mit sozialen Bedingungen und Verhältnissen. Unbestreitbar gibt es in unserer Gesellschaft wertvolle Rahmenbedingungen, die die Liebe zum Kind ermöglichen, schützen und fördern, und auch die Vorstellungen über Erziehung haben sich in den vergangenen 50 Jahren stark in Richtung Beziehung und Menschlichkeit entwickelt. Wir befinden uns in guten Zeiten für die Liebe der Eltern zu Kindern: Vielen Menschen geht es materiell gut; durch die Demokratie ist der Umgang unter Menschen – z. B. auch in der Arbeitswelt – offener, freundlicher, partnerschaftlicher und humaner geworden. Es gibt Nahrungsmittelkontrollen, strenge Umweltgesetze, hochwertige Bildungsangebote oder Gesetze zum Schutz von Kindern. Eltern gehen achtsamer und einfühlender mit ihren Kindern um. Die Aufmerksamkeit für Störungen hat zugenommen, sie werden früher erkannt und können erfolgreicher behandelt werden.

Kindern im deutschsprachigen Raum geht es zwar wirtschaftlich und von ihren Möglichkeiten her gut. Oft gilt das aber nicht für ihr Lebensgefühl. Kindern wird heute viel zugemutet, sie müssen funktionieren und fühlen sich deshalb oft unglücklich: Die Konzentration auf Leistung setzt sie unter Druck und macht sie bedrückt. Viele sind mit der Schule unzufrieden, schon Kinder fühlen sich gestresst und entwickeln psychosomatische Beschwerden. Die Zahl depressiver Jugendlicher hat sich in den vergangenen 20 Jahren verdoppelt (auf heute ca. 18 %). Sicher, die Mehrzahl der Kinder und Jugendlichen bewältigt die vielfältigen Herausforderungen ganz gut. Kein Grund für Alarmismus und Panik. Und dennoch: Lebenslust, Freude und Glück scheinen vielfach auf der Strecke zu bleiben. Aber kann es der Sinn der Kindheit und Jugend sein, vieles gut bewältigt zu haben, doch dabei unglücklich gewesen zu sein?

Verbindung aus Liebe

Menschen haben das Bedürfnis sich zu verbinden. Die Familie ist der Ort, an dem dies zuerst und am intensivsten erfahren werden kann. Im Vergleich zu anderen Lebewesen sind Menschen sich ihrer selbst bewusst. In diesem Wissen erkennen und fühlen sie, dass sie als Einzelne im Grunde genommen allein sind. Das Gefühl des Getrenntseins von anderen birgt das Erleben und das Fühlen von Angst und Schmerz in sich. Das geht nicht nur neugeborenen Kindern so; die Bedrohung, aus einer Gruppe ausgestoßen zu werden, löst auch bei Jugendlichen oder Erwachsenen Panikreaktionen aus, so heftig wie bei erfahrener körperlicher Gewalt.

Geliebt zu werden ist ein elementares Bedürfnis von Kindern. Für ihre Entwicklung ist Liebe existenziell: Fehlende Liebe im Kinderleben führt zu Entwicklungsverzögerungen und -beeinträchtigungen, zu schweren Störungen in der Psyche und im Sozialverhalten, im Extremfall zu Hospitalismus und Tod. Das Berühren und Berührtwerden, der liebevolle Kontakt zwischen und zu Menschen sind gerade im Wachsen von Kindern überlebensnotwendig. Immer dort, wo Kinder keine oder zu wenig Liebe erfahren, zeigt dies Folgen. Gehirn und Psyche entwickeln sich nicht gut, Störungen in der Entwicklung werden sichtbar. In der Tat: Familienliebe ist elementar wichtig!

Neurowissenschaftler bestätigen, dass die Hirnentwicklung von Babys ganz entscheidend von der Elternliebe beeinflusst wird. Wo sie fehlt, kann sich das Nervensystem nicht optimal entwickeln: Spätschäden wie Depression, Essstörungen, Aggressivität, Suchtverhalten, Risikoverhalten oder die Unfähigkeit, sich auf Liebesbeziehungen wirklich einzulassen, können die Folge sein.

Verbunden zu sein, dazuzugehören macht zufrieden und glücklich. Aus diesem Grund ist das Suchen von Bindungen eine lebensnotwendige Kraft. Im Bedürfnis nach Verbindung ist das

Das Bindungsverhalten ist genetisch vorgeprägt, also angeboren. Um sich sicher und geborgen zu fühlen, braucht ein Kind mehr als Nahrung, Kleidung, Wohnung und Hygiene. Auch bei Tierkindern ist das Bindungsverhalten zu finden. Harry Harlow studierte das Sozialverhalten von Primaten und erforschte mit Rhesusaffenbabys die Grundlagen der Mutter-Kind-Beziehung. Die jungen Rhesusäffchen wurden ohne ihre Mutter in einen Käfig gesetzt und hatten dort die Wahl zwischen zwei Attrappen. Die einen waren aus Draht nachgebildete Ersatzmütter, die Milch spendeten. Bei den anderen Attrappen war der Draht mit Stoff bespannt, sie gaben jedoch keine Milch. Die Äffchen gingen zur Milchspenderin nur zur Nahrungsaufnahme, ansonsten kuschelten sie sich an die mit Stoff bespannte Attrappe. Wir sehen: Nähe, Kuscheln, Wärme – oder in der Menschensprache: Liebe – sind ebenso wichtig wie die Erfüllung der Grundbedürfnisse.

Bei Menschen bedeutet Bindung eine enge, positive emotionale Beziehung. Während der Symbiose, der Einheit von Mutter und Kind im Mutterleib und in den Monaten nach der Geburt, erlebt sich das Kind noch als ganz verbunden: Der Säugling fühlt sich eins mit seiner Mutter, und solange die Mutter in seiner Nähe ist, hat er nicht das Gefühl des Getrenntseins. Durch die körperliche Gegenwart der Mutter, ihre Stimme, ihren Geruch und den Hautkontakt erlebt er die Verbindung. Beim Säugling und bei kleinen Kindern zeigt sich das angeborene Bedürfnis nach

Bindung in ihrer Suche nach Blick- und Körperkontakt mit der Bezugsperson; das Kind weint, wenn die Mutter den Raum verlässt, es krabbelt und läuft den Eltern hinterher, es klammert sich an sie und möchte bei den Eltern im Bett schlafen, wenn es Angst oder Schmerzen hat und deshalb Schutz und Geborgenheit sucht. Wenn es sich verlassen fühlt, wird es ärgerlich, traurig oder verzweifelt, es reagiert mit Rückzug und Resignation. Wird das Bindungsbedürfnis des Kindes von den Eltern beantwortet, fühlt es sich sicher.

Die Äußerungen des Kindes richtig zu interpretieren erfordert Feingefühl der Eltern. Sie erkennen und erspüren, wie sich das Kind fühlt und was es braucht: in der Art, wie ihr Kind Laute von sich gibt, brabbelt, lacht, wimmert oder wie es weint, in der Art seiner Mimik, Gestik und seines Blickes, in der Art, wie es sich an den Eltern festhält. Eltern reagieren auf diese Bedürfnisse. Sie nehmen es in den Arm, wiegen es und reden mit ihm, wenn es ängstlich ist und Schutz sucht, sodass beim Kind keine größere Enttäuschung und Frustration entstehen.

> Ein beeindruckendes Beispiel für die Feinfühligkeit von Eltern zeigt sich in der Windelfrei-Methode, mit deren Hilfe Säuglinge ohne Windeln aufwachsen. Babys können ihr Ausscheidungsbedürfnis kommunizieren, und die Eltern lernen in einem innigen Prozess mit ihrem Kind, seine Signale zu verstehen. Sobald die Eltern das Ausscheidungsbedürfnis des Säuglings an seinen Lauten und feinen Grimassen bemerken, halten sie ihn in einer geeigneten Position über das Waschbecken oder die Toilette.

Auch nach den ersten Monaten der Symbiose, wenn das Kleinkind mit zunehmendem Alter ein Ichbewusstsein entwickelt, bleibt das Bedürfnis nach Verbindung bestehen. Wenn z. B. das ältere Kind seinem Vater strahlend sein selbst gemaltes Bild zeigt, reagiert dieser mit Freude und bewundert das Bild. Er spürt den Stolz seines Kindes und beantwortet diese Beziehungsaufnahme mit einem Lächeln. Auch bei älteren Kindern bedarf es der Feinfühligkeit, das Bedürfnis des Kindes nach Bindung und die unterschiedlichen Arten der Kontaktaufnahme zu verstehen und sie passend zu beantworten.

Martin ist 10 Jahre alt, ein aufgeweckter und neugieriger Junge, der viele Fragen stellt, die seine Mutter ihm gern beantwortet. Sobald Martin bemerkt, dass Andrea sich ihm nicht mehr voll zuwendet, weil ihre Gedanken abschweifen oder die Situation es verlangt, anderweitig konzentriert zu sein, stellt er ganz schnell hintereinander besonders viele Fragen. Nach einigen Wochen ist Andrea zunehmend verunsichert darüber, wie sie damit umgehen soll – sie beobachtet, wie sie immer genervter reagiert und sich verschließt. In der Beratung versuchen wir, Martins Verhalten zu verstehen: Es ist seine Art, mit der Mutter in Kontakt zu gehen und sich mit ihr zu verbinden. Je mehr sie sich zurückzieht, desto stärker wird seine Verunsicherung, und er fragt noch mehr – auch Dinge, bei denen spürbar ist, dass sie ihn nicht wirklich interessieren. Andrea beschließt, seine Signale als seinen Wunsch nach Verbindung mit ihr zu sehen; So möchte er ihre Aufmerksamkeit wieder für sich gewinnen. Wir vereinbaren, dass sie seine Fragen unterbricht, bevor es ihr unangenehm wird, und ihrerseits aktiv in Verbindung zu ihm geht. Überall gibt es im Alltag Möglichkeiten, um in Kontakt zu gehen. Sie kann ihm sagen: »Komm, wir decken jetzt gemeinsam den Tisch. Hol du schon mal die Löffel.« Oder sie bittet ihn, sein Hausaufgabenheft zu zeigen. Nach sechs Wochen berichtet sie, dass sich die Situation beruhigt hat und Martin entspannter ist. Es sei für sie eine Umstellung gewesen, aktiv auf ihn zuzugehen, doch sie spüre, dass er verbindungssatt ist und wie gut das beiden tut.

Werden die Bindungswünsche des Kindes von den Eltern abgewiesen, verstärkt sich das bindungssuchende Verhalten. Aufgabe der Eltern ist es, aufmerksam zu sein, wie es dem Kind geht, zu erkennen, welche Bedürfnisse hinter seinem Verhalten liegen, und darauf angemessen zu reagieren. Hier zeigt sich ein wesentliches Element der Liebe. Erich Fromm formuliert dies so:

> Liebe ist die tätige Sorge für das Leben und das Wachstum dessen, was wir lieben. Wo diese tätige Sorge fehlt, ist auch keine Liebe vorhanden.
> **Erich Fromm, Die Kunst des Liebens, S. 37**

Einer Frau, die sagt, sie liebe Blumen, und wir sehen, dass sie vergisst, ihre Pflanzen zu gießen, nehmen wir ihre Liebe nicht ab. Auch Eltern, die nicht auf ihr weinendes Kind reagieren, können wir die Liebe nicht recht glauben, selbst wenn sie betonen, dass sie es lieben.

> In einem Gespräch mit einem Elternpaar im Sorgerechtsstreit möchte der Vater die Kinder bei sich haben mit dem Argument, dass er sie liebe. Deutlich gibt er aber zu verstehen, dass er nicht bereit sei, seine Kinder zu sehen, wenn sie der Mutter zugesprochen würden. Hier ist wenig Liebe herauszuhören – eher die Frage, wer die Macht hat.

Kinder suchen die Aufmerksamkeit notfalls auch durch problematische Verhaltensweisen. Sie handeln nach der Idee: Hauptsache, ich bekomme Beachtung, auch wenn diese negativ ist, und sogar, wenn ich bestraft werde. Im Erleben der Kinder ist diese Form der Aufmerksamkeit immer noch besser als gar keine

Verbindung. Zugespitzt kommt dies in dem Satz »Lieber von der Polizei gesucht als gar nicht« treffend zum Ausdruck.

> Nahe und sichere Bindungen liefern eine Grundsubstanz der Familie: für Beziehungen, für Wachsen, für Mitgefühl und auch für die elterliche Position in der Familie. Was dabei zählt, ist die liebevolle Zuwendung zum Kind, also Nähe, emotionale Wärme, Güte, Haltgeben und Mitgefühl. Die Beziehung zwischen Eltern und Kind ist die wichtigste Form dieser Bindung. Durch sie erhalten Kinder ihr Vertrauen in die Welt. Wenn andere Motive eine Rolle spielen, besteht Gefahr für die Liebesbindung. Keine Merkmale von Liebe sind die leistungsfixierte Förderung schon kleiner Kinder, permanente Daueranregung, das Überhäufen mit Produkten, ständiges Rumnörgeln, das Vergleichen mit anderen Kindern. Wichtig ist, was Kinder spüren und verstehen, was bei ihnen ankommt.

Was heißt »sicher gebunden«? Ein Exkurs in die Wissenschaft

Das Erleben des Getrenntseins kann eine Quelle von Ängsten sein, die je nach Schweregrad von Verunsicherung über emotionale Störungen, Angststörungen, Impulskontrollstörungen Zwangsneurosen, Abhängigkeitserkrankungen bis hin zum Wahnsinn führen können. Die Untersuchungen von René Spitz, John Bowlby und anderen haben gezeigt, dass ein völliges Fehlen emotionaler Bindung bei Säuglingen und Kleinkindern zu psychischem Verhungern und bis zum Tod führen kann.

Erfährt ein Kind dagegen eine sichere Bindung, wird seine

Zuversicht in die Verfügbarkeit der Bindungsperson gestärkt. Die Bindungsqualität ist daran erkennbar, dass die Bezugsperson erreichbar ist und sich ihm zuwendet, etwa zur Bewältigung von Angst oder zur Linderung seines Kummers. Das Kind entwickelt gleichermaßen ein gesundes Selbstvertrauen und sein Vertrauen in die Welt. Damit verfügt es über die psychische Stabilität, die es braucht, um im Leben zurechtzukommen. Diese Stabilität zeigt sich auch im Umgang mit belastenden Situationen. Sicher gebundene Kinder können angemessener auch auf schwierige Situationen reagieren als unsicher gebundene.

Die Wirkung guter Bindung zeigt sich schon früh. Bereits bei dreijährigen Kindern mit guten Bindungen zu ihren Eltern sind die Kompetenzen, mit Gleichaltrigen umzugehen, besser ausgebildet. Das gilt auch für den Umgang mit schwierigen anderen Kindern, die z. B. schüchtern sind oder zu Wutanfällen neigen. Wer sicher gebunden ist kann besser auf Vorschläge, Anregungen oder Forderungen anderer Kinder eingehen. Gut gebundene Kinder gehen auch aktiver und eher mit einer positiven Erwartungshaltung in eine neue Freundschaft.

Ralf ist 40 Jahre alt und wirkt unsicher und ängstlich. Obwohl er genug verdient, hat er häufig Angst, das Geld könnte ihm nicht reichen. Er befürchtet, nicht genug zum Leben zu haben. Nicht genügend Luxus, nicht genügend Freunde – von allem nicht genug. Nach seiner Kindheit befragt, erzählt er, wie er als Säugling, wenn er nachts geschrien hat, in seinem Stubenwagen hinaus auf den Flur geschoben wurde, um dort so lange zu schreien, bis er vor Erschöpfung einschlief. Seine Eltern erzählen ihm noch heute immer wieder lachend diese Geschichte. Sie betonen, wie zornig und eigensinnig er damals schon gewesen sei und wie lange es gedauert habe, bis er endlich aufgegeben habe. In den 60er-Jahren wehte ein anderer Zeitgeist, Kinder sollten nicht verweichlicht werden. Seine Eltern konnten seine Bedürfnisse nicht passend beantworten. Seit Ralf diesen Zusammenhang versteht, entwickelt er Mitgefühl mit sich selbst, mit dem Baby, das solchen Ängsten ausgesetzt war.

Eltern, deren eigenes Bedürfnis nach Bindung nicht angemessen befriedigt wurde, haben eine geringere Chance, ihre psychische Integrität aufzubauen; für sie ist es viel schwerer, aus ihrer kindlichen Ichbezogenheit hinauszuwachsen. Eben diese Ichbezogenheit verhindert es, den anderen wirklich sehen zu können. Hier ist die Liebe eine große Chance. Denn aus der Liebe zum Kind erwächst das Bedürfnis, für sein Wohl zu sorgen. Insofern ist die Kraft der Liebe auch in der Lage, biografische Begrenzungen zu überwinden.

Eine tragende sichere Beziehung ist eine starke Verbindung, die auch bestehen bleibt, wenn das ältere Kind sich von seinen Eltern löst, wenn es auszieht und seine eigenen Wege geht. Eltern spüren das, wenn sie liebevoll an ihr Kind denken und ihm von Herzen alles Gute wünschen. Oder wenn das erwachsene Kind nach drei Wochen anruft, und die Mutter oder der Vater sagt: »Wie schön, gerade hab ich an dich gedacht!« Die Verbindungsfäden von Liebe und Bindung sind auch ohne die körperliche Anwesenheit spürbar, sie scheinen sich durch den Kosmos zu spinnen.

Kleine Kinder fühlen sich noch eins mit der Natur und der Welt, die sie umgibt. Ihre Verbundenheit drückt sich auch in ihrem Sprechen mit Tieren, Steinen und Gegenständen aus.

Beim Spaziergang am Strand beobachten wir eine Mutter mit ihren ca. 5 und 12 Jahre alten Söhnen. Der jüngere füttert eine Möwe mit den Worten: »Komm her, ich habe noch ein Stückchen Apfel für dich.« Daraufhin sagt seine Mutter zu ihm: »Die kann dich nicht verstehen.« Sein großer Bruder schaut sie verwundert an und fragt: »Woher willst du das wissen?«

Menschen verbinden sich nicht nur mit anderen Menschen. Sie verbinden sich auch mit der Schönheit der Natur, mit dem warmen Wasser bei einem wohligen Bad, mit inspirierenden Ideen und Gedanken, mit der Musik, mit Schicksalen, die sie in den Nachrichten hören. Wir können Menschen beobachten, die einen zurückgezogenen, einsamen Eindruck vermitteln und die liebevoll ihren Kanarienvogel füttern oder sich achtsam ihrem Hund zuwenden und sich um ihn kümmern.

> In der liebenden Verbindung nehme ich mich selbst wahr und gleichzeitig mein Gegenüber. Je mehr ich mein Gegenüber sehe, wie es wirklich ist, desto stärker fühlt es die Verbindung, umso mehr kann sie sich vertiefen und mit ihr die Liebe. Eltern, die ein Idealbild von ihren Kindern geschaffen haben, fällt es schwer, mit ihrem Kind in eine echte Verbindung zu treten. Auch Eltern, die vor allem sich selbst sehen, entwickeln ein Bild von ihren Kindern, das nicht mit dem wahren Wesen des Kindes übereinstimmt. Die Qualität der Verbindung bleibt oberflächlicher und die Liebe ebenso. Andererseits gibt es sehr viele und ganz unterschiedliche Formen, wie sich die liebende Verbindung zeigen kann: natürlich in wohligen Gefühlen, aber ebenso im Versorgen beim Kochen oder Waschen, beim Erzählen, Zuhören, beim Taschengeldbezahlen, sogar beim Streiten: Überall lebt Bindung.

Ich-Bindung, Wir-Bindung

Bald lernen und erfassen Kinder, dass die Bindung bestehen bleibt, auch wenn die liebende Person nicht mehr direkt greifbar ist: ein wichtiger Schritt im Größerwerden für das Kind und auch für die Eltern. Beide können ihr Lieben auch aus einer gewissen Distanz aufrechterhalten, um dann wieder in die direkte Nähe zu gehen. Das Kind erfährt damit Unterschiede in der Bindung. Eltern stellen aus ihrer Liebe heraus Anforderungen, z. B., dass sie auch mal länger weggehen, weil sie arbeiten oder etwas einkaufen, und eine andere Betreuungsperson fürs Kind sorgt. Es lernt, dass die Bindung bleibt, auch wenn es immer wieder und mit zunehmendem Alter auch häufiger zurückstecken muss: »Warte mal, jetzt ist erst dein Bruder dran«; »Moment bitte, das wollen Mama und ich erst fertig besprechen«. An solchen »Zumutungen« wächst das Kind; Unterforderung in diesen Dingen und Überfürsorglichkeit der Eltern können der Bindung schaden, weil sie nicht an den wirklichen Bedürfnissen ausgerichtet sind.

Selbstverständlich ist diese Bindung in der Familie nicht nur einspurig: Mutter und Vater sind beide gleichermaßen mit dem Kind verbunden, und wenn es Geschwister gibt, dann lieben die in den meisten Fällen ihren Bruder oder ihre Schwester auch. Über die Kernfamilie hinaus sind meistens auch die Großeltern liebevoll mit dem Kind verbunden. Ein Dreieck, Viereck, ein Netz der Bindungen entsteht.

Eine wichtige Qualität der Liebe in der Familie liegt darin, dass in ihr die Bindung über das Ich hinausweist.

Neben ihrem Sein in naher, anerkennender Verbindung brauchen und erhalten Kinder in der Familie also noch eine weitere Komponente zum Glück: die Fähigkeit, eine Balance zwischen

Person (ich) und Gemeinschaft in der Familie (wir) herzustellen. Die Liebe in der Familie mit ihrer Vielfalt von Bindungen sorgt mit dafür, dass aus dem Kind ein Wir-ling statt ein Ich-ling werden kann. Natürlich ist es wichtig, auch das Ich des Kindes zu stärken, indem es beachtet, gelobt oder gefragt wird: »Was willst du?« Gleichermaßen wächst mit zunehmendem Alter die Bedeutung der Bindungen in der Familie als Gruppe: »Was spielen wir jetzt?«; »Was kochen wir uns Leckeres zum Essen?«, »Wem willst du lieber helfen?«. Das Ich wird eingebettet in soziale Bezüge und Gemeinschaft, das Kind wird dadurch gruppen- und gesellschaftsfähig. So erleben und lernen Kinder in der Familie, wie eng ihr eigenes Glück mit dem der anderen zusammenhängt, oder umgekehrt: Gänzlich individuelles Glück, das von anderen unabhängig ist, gibt es nicht.

Zeit satt

Familie braucht Zeit, um ihre Kräfte wirken zu lassen. Denn gemeinsam verbrachte Zeit hält die Bindungen in der Familie lebendig und sorgt für den liebevollen Zusammenhalt. Für viele Eltern und Kinder ist deshalb Zeit heutzutage ein großes Geschenk. »Ich habe Zeit für dich« ist ein Ausdruck der Liebe.

> Mit genügend Zeit können Sie sich mit den Kindern zusammen- oder auseinandersetzen und Dinge tun, die Freude und Spaß machen oder unterstützen. Das macht die Beziehungen in der Familie stark.

Gemeinsam erlebte Zeit gehört zum Kostbarsten, was Eltern ihren Kindern geben. Leider gibt es auch andere, die von diesem

Schatz etwas abhaben möchten. Schön wär's, wenn es mehr Zeit gäbe. Zeit zu sparen oder mehr Zeit zu gewinnen funktioniert aber nicht. Zeit ist da und vergeht, wir füllen sie, aber sie lässt sich nicht verändern. Was aber gut geht, ist, die Zeit wertzuschätzen, die wenige Zeit bewusst zu gestalten und Zeitstrategien zu entwickeln, die zum Alltag der Familie passen.

FAMILIEN-
BANDE
KNÜPFEN

KOSTBARE FAMILIENZEITEN GESTALTEN

★ Geben Sie sich zuerst die Erlaubnis, so weit wie möglich selbst souverän über Ihre eigene Zeit zu bestimmen.

★ Verbringen Sie Zeit zusammen und erleben Sie etwas gemeinsam: zu Hause, auf dem Spielplatz, am Bach, in der Turnhalle oder im Schwimmbad. Zu solchen Zeiten zählen – auch wenn es manchmal wichtig ist – ausdrücklich nicht das Vokabellernen, die Kontrolle von Schulranzen oder Hausaufgaben.

★ Machen Sie Ihre Kinder zeitsatt. Auf diesem Polster lassen sich dann auch die Zeiten mit mehr Anforderungen gut überstehen.

★ Setzen Sie Familienzeit in der Prioritätenliste nach ganz oben – gleich nach den Anforderungen, die Sie erfüllen müssen, um die existenziellen Grundlagen zu sichern.

★ Erstellen Sie für sich und für die Familie eine Liste, wie Sie Ihre Zeit am liebsten verbringen möchten.

★ Verteilen Sie »Dringlichkeitspunkte«: Was hat Vorrang und was muss hintanstehen?

★ Sich für die Familie Zeit zu nehmen bedeutet, an anderen Stellen Abstriche zu machen. Eine kleine Auswahl: Alle toben zusammen im Garten herum – das Unkraut wächst weiter; bevor die Großeltern zu Besuch kommen, spielen alle zusammen mit dem Kaufladen oder dem Bauernhof – statt des geplanten Menüs gibt es Eintopf, und die Wohnung bleibt unaufgeräumt.

Auf Regen folgt Sonnenschein

Vielleicht merken Sie beim Lesen, wie der Leistungsdruck steigt: Wenn gute Bindung und die Liebe zum Kind so wichtig sind, dann liegt der Wunsch nahe, alles gut und richtig zu machen. So droht bei der Beschäftigung mit der Liebe immer auch die Gefahr, dass daraus überhöhte Anforderungen werden. Hier soll es aber keinesfalls um Erziehungsoptimierung durch verstärkte Liebesleistung gehen, im Gegenteil: Der Bezug auf die Liebe sorgt für mehr Entspannung, Zuversicht und positive Gelassenheit in der Erziehung. Das Wissen um die Bedeutung der Liebe zum Kind ist wichtig; es im Hinterkopf zu behalten, kann in vielen Situationen hilfreich sein.

Ein großes Missverständnis besteht darin, Liebe auf wohlige, angenehme und positive Ausschnitte des Familienlebens zu beschränken: eine Romantisierung, die der Größe der Liebe nicht gerecht werden kann. Selbstverständlich gehören Beglückendes, Angenehmes und Schönes zur Erziehung, aber das Lieben auf eine Wellnessveranstaltung zu beschränken nimmt ihr wesentliche Teile ihrer Lebendigkeit: Die Liebe zu Kindern wird dadurch begrenzt und instrumentalisiert zum Herstellen angenehmer Gefühle und Zustände. Wie sehr auch Schwieriges, Spannendes und Alltägliches zum Phänomen der Liebe in der Familie gehören, das soll im Zentrum des folgenden Kapitels stehen.

»Immer schön brav sein!«

Subtil und tief greifend wird Kindern beigebracht, dass sie ein »guter Junge« und ein »gutes Mädchen« werden sollen: »lieb« im Sinne von liebenswert, damit die Eltern, der Lehrer, die Erzieherin wohlige Gefühle bekommen. Damit wird die Liebe missbraucht. »Lieb und brav« sind Kinder, wenn sie sich so verhalten, wie Erwachsene es gern haben: hübsch aussehen, ruhig spielen, keine Schimpfwörter verwenden, ihre Spielsachen aufräumen, bei Tisch nicht rumzappeln, schöne Bilder malen und in der Schule gute Noten bekommen.

Der Wunsch und die tiefe Sehnsucht der Kinder sind es aber, einfach so, wie sie sind, also von ihrem Wesen her, gut und liebenswert zu sein. Kinder ihrerseits lieben ihre Eltern ja ebenfalls. Sie durchschauen diese Begrenzung nicht und versuchen (zumindest von ihrer Grundhaltung her), ihre Eltern zufriedenzustellen. Notfalls sind sie bereit, sich zu verbiegen, um die Liebe der Eltern nicht zu verlieren.

Anforderungen wie »Immer schön brav sein« vermitteln Kindern, dass sie so, wie sie sind, nicht richtig sind. Dabei verlieren sie allmählich das Gefühl ihrer eigenen inneren Kraft und Größe. Das ist ein Kernthema, das uns in der Therapie- und Beratungsarbeit begegnet: Persönliches Leiden hat seinen Ursprung häufig darin, dass Kindern vermittelt wird, sie seien nicht in Ordnung. Daraus folgen enorme Anstrengungen, anders, besser zu sein. Der Versuch, perfekt zu sein, ist ein Resultat daraus. Die Überforderung drückt sich schließlich in psychosomatischen Beschwerden wie Bauchweh, Schlafstörungen, Unruhe und Konzentrationsstörungen, Essstörungen, selbstverletzendem, aggressivem oder anderem auffälligem Verhalten aus.

Da, wo sich Familie angenehm, kuschelig, beglückend und wohlig anfühlt, sind Bindung und Beziehung einfach. Liebe beweist sich aber an anderen Stellen, nämlich dort, wo Schwieriges auszuhalten ist: also auch im Streiten und Begrenzen, im Festhalten oder Ärgern, in der Enttäuschung und im Schmerz. Aus ihrer Liebe heraus bleiben Eltern bei Schwierigkeiten da und hauen nicht ab. Leidvolle, sogar ganz schwierige und schmerzhafte Erfahrungen stehen sie aus Liebe mit den Kindern durch. Sie übernehmen die Verantwortung für Jahrzehnte, ohne im Voraus zu wissen, was das eigentlich bedeuten wird.

Na super: Müssen Eltern sich dann freuen, wenn das Kind ständig etwas verliert, wenn der Sohn einen anderen Jungen verdrischt oder die Tochter CDs und Nagellack geklaut hat? Natürlich nicht. Aber sie können es – vielleicht auch erst mit etwas Abstand – so sehen und erfahren, dass diese Szenen und die damit ausgelösten Gefühlsräusche ebenfalls Aspekte der Liebe sind. Nur so wird die Liebe zum Kind ganz, nur so ist schließlich das Kind in seinem Sosein gemeint, und nur so hält die Familie wirklich zusammen! Mit einer offenen und unverstellten Haltung können Eltern ganz bei sich sein und trotzdem ihre Liebe zum Kind zeigen. Dann müssen »negative« Gefühle und Gedanken (»Ich könnte dich auf den Mond schießen!«, »Geh mir bloß aus dem Weg!«) nicht verdrängt und tabuisiert werden. Auch sie sind Teil des Liebens.

Umgekehrt wird das durchaus so registriert; »schwierige« Kinder verbuchen es rückblickend als wahren Liebesbeweis, dass die Eltern auch in den schlimmsten Krisen zu ihnen gehalten haben.

Thomas' Eltern haben sich nach zwei Söhnen beim dritten Kind nun endlich mal ein Mädchen gewünscht, aber es ist wieder ein Junge geworden. Als Sechsjähriger erkrankt er an Tbc, er muss ein Jahr in ein Sanatorium, allein und weit weg von der Familie. Danach wird er zunehmend auffällig, ständig müssen seine Eltern seinetwegen zur Schule, sie sind besorgt und überhaupt nicht »amused« darüber. Er bekommt Therapie, zeitweise sind die Eltern mit einbezogen. Manchmal geht es phasenweise ganz gut, dann gibt es wieder Vorfälle, z. B. jähzornige Ausbrüche gegen Lehrer. Die Eltern versuchen in ihrem Rahmen alles Mögliche, von Geschenken als Anreiz zur Besserung bis zu Strenge. Mit der Pubertät nehmen die Schwierigkeiten noch zu, Thomas muss eine Klasse wiederholen, verliert damit den Bezug zu seinen Freunden. Er beginnt zu kiffen, bricht die Realschule nach dem Hauptschulabschluss ab und mogelt sich mit Jobs und Hasch-Einzelhandel durch. Beim Import einer nicht besonders großen Menge Cannabis wird er erwischt und kommt in Untersuchungshaft. Das ist die Wende, dort fängt er sich: durch die Erfahrung, im Gefängnis zu sein, und weil die Familie zu ihm hält. Dank eines guten Rechtsanwalts – von den Eltern finanziert – schafft er es, mit einer Bewährungsstrafe entlassen zu werden. Er geht wieder in die Schule und in Beratung, macht den Schulabschluss. Danach bekommt er im Ausland eine Arbeitsstelle, er arbeitet regelmäßig und baut sich eine eigene Existenz auf. Als er erwachsen ist und selbst Kinder hat, empfindet er tiefe Dankbarkeit seinen Eltern gegenüber. Wie kein anderes seiner Geschwister hält er den Kontakt, kümmert sich um sie und unterstützt sie auch finanziell.

Zwischentöne

Zum erweiterten, oft verdeckten Teil der Familienliebe gehören nicht nur eher schwierige oder heftige Situationen und Anlässe, sondern gleichermaßen das Unspektakuläre, die alltägliche

Verbindung. Vieles im Alltag mit Kindern ist ja weder besonders schön, idyllisch und harmonisch noch dramatisch oder herausfordernd, sondern eher »normal«. In der Familie hält man sich oft in einem Zwischenbereich der Normalität auf. Doch auch in den Zeiten ohne besondere Vorkommnisse wird Familie über die Liebe verbunden und zusammengehalten, nicht gepaart mit heftigen Gefühlen, sondern gemütlich im Alltag dümpelnd.

Ein vertrautes, einigermaßen wohnliches Heim zu gestalten; verlässliche Abläufe, Regelmäßigkeiten und Rituale, die den Alltag formen: ein freundliches »Guten Morgen« nach dem Aufstehen; samstags Brötchen holen, sonntags ein Frühstücksei servieren; da zu sein, wenn das Kind heimkommt, und zu fragen: »Na, wie war's?«; das Schulbrot schmieren und nebst den Apfelschnitzen in der Vesperbox mitgeben; Schuhe zubinden, Haare waschen, Zähne putzen, Fahrrad flicken, beim Referat helfen – all das sind Liebesgelegenheiten in Form unzähliger und ganz gewöhnlicher Alltagssituationen, die vielleicht bisweilen lästig sind, in denen die Liebe in der Familie aber kontinuierlich Form und Ausdruck bekommt. Dass darin eine gute Portion Liebe steckt, lässt sich bei Eltern manchmal erst im Nachhinein erkennen, wenn die Kinder aus dem Haus sind: an der Wehmut, mit der sie zurückdenken an die Zeiten, in denen sie mit alldem ihre Liebe »tun« konnten.

Die anderen, nüchternen und konfliktfreudigen Seiten der Liebe werden gern unterschlagen, wenn es um Familie geht. Sie müssen unbedingt wieder mit in das Verständnis einbezogen werden. Sonst bleibt die Beziehung auf ein Kitschpostkartenformat beschränkt. Und Kinder fühlen sich nicht ganz geliebt. Die Liebe der Eltern ist also viel mehr, als es uns Werbung oder Coverbilder der Zeitschriften glauben machen wollen.

Faustregeln für das Prinzip Liebe

Geht es für die Umsetzung nicht eine Nummer einfacher? Aber ja! Aus Empfindungen und dem Wissen über Beziehung heraus lassen sich Grundeinstellungen entwickeln, so etwas wie Faustregeln, die durchs Lieben tragen. Techniken oder Rezepte schaden eher, doch mit ihrer Haltung entscheiden sich Eltern zu einer liebevollen Beziehung zu ihrem Kind, das damit die besten Voraussetzungen erhält, um stabil, gesund, zuversichtlich und lebensfroh seinen Weg zu gehen. Wesentlich ist, dass Kinder spüren, ob das Handeln aus der Liebe heraus geschieht, auch wenn sie »eigentlich« ein anderes Verhalten gewünscht hätten. Doch wie kann sich das zeigen? Drei Anforderungen sollten erfüllt sein:

* Das Fühlen und Handeln der Eltern ist von engen oder ausschließlichen Eigeninteressen gelöst. Hilfreich ist dabei die Entscheidung: Ich habe die Absicht, dich durch *dein* Leben hindurch zu lieben. Denn Kinder sind kein Projekt zur Bestätigung der Eltern, sondern eigenständige Persönlichkeiten. Das bedeutet aber nicht, dass liebevolles Handeln nicht auch direkt oder indirekt eigene Bedürfnisse der Eltern befriedigen kann, beim Kuscheln z. B. haben alle etwas davon – nur stehen diese Bedürfnisse im liebevollen Handeln der Eltern nicht im Mittelpunkt.
* Auf dem Hintergrund ihrer Werte sind die Eltern ihrerseits mit dem größeren Ganzen, mit anderen Menschen, der Gemeinschaft verbunden. In ichbezogenen Gesellschaften wie der unseren wird dieser Aspekt immer wichtiger. Ein wichtiges Medium der Werte ist der Respekt, die Anerkennung des Kindes als gleichwürdiges Gegenüber, was selbstverständlich jede Form der Gewalt verbietet.

★ Im Fühlen und Handeln sind Eltern in Verbindung mit dem Kind; sie nehmen es interessiert wahr und fühlen mit ihm. Das Mitfühlen bleibt, auch wenn das elterliche Verhalten beim Kind Auslöser für Gefühle wie Ärger, Trauer oder Trotz ist.

Noch ein Wort zur Gewalt: Mit diesen Kriterien wird deutlich, dass Gewalt keine Liebe sein kann – auch wenn in der Bibel, einer Basis für das westliche Erziehungsverständnis, Gewalt gegen Kinder – vor allem gegen Jungen – als legitimes Erziehungsmittel empfohlen wird. So heißt es im Alten Testament z. B.: »Wer seine Rute schont, der hasst seinen Sohn; wer ihn aber lieb hat, der züchtigt ihn beizeiten« (Spr 13,24). Der heilige Augustinus treibt es noch weiter: »Ein toter Sohn ist besser als ein ungezogener.« Das müssen grausame Zeiten gewesen sein, als solche Ideen entstanden. Mit Liebe sind sie nicht zu rechtfertigen, eher mit Hilflosigkeit. Im Namen der Liebe propagieren Ideologien auch heute noch Gewalt gegen Kinder (und andere). Hier gilt es, sich beherzt und eindeutig zu positionieren, auch um Kindern und Jugendlichen klarzumachen: Gewalt kann keine Liebe sein. Niemals. Umgekehrt verhindert Liebe, sich von Ideologien vereinnahmen zu lassen oder Gewalt zu rechtfertigen: »Lieber lasse ich mich als ehrlos darstellen, als dass ich meiner Tochter oder meinem Sohn oder meinem Freund oder meiner Freundin Gewalt antue.«

FAMILIEN-BANDE KNÜPFEN

IST ES LIEBE?

Hilfreiche Reflexionsfragen für die Frage, ob ich in der konkreten Situation wirklich aus Liebe handle (oder ob nicht doch eigene Bedürfnisse dahinterstecken), sind:

* Bin ich in Verbindung mit dem Kind? Fühle ich es? Nehme ich es wirklich liebevoll wahr?
* Handle ich wirklich für das Kind – oder nicht doch eher für mich?
* Für wen entscheide ich: für mich oder fürs Kind? Bin ich dabei klar mit mir selbst?

Vorsicht vor zu viel Liebe?

Zu wenig Liebe, das gibt es ohne Frage. Aber Kinder zu viel lieben – kann es das geben? Die Angst davor, Kinder zu viel zu lieben, kommt aus harten, lieblosen, eigentlich furchtbaren Zeiten, in der Mädchen aufs Gebären und ein Muttersein mit vielen Kindern hin erzogen wurden und Jungen auf Fabriken und Schützengräben. Damals befürchteten autoritäre Machthaber, eine liebevolle Zuwendung könnte Mädchen und Jungen von der Härte gegen sich selbst und andere abbringen. So etwas ist heute längst vorbei, und das ist gut so. Die Befürchtung, dass Kinder zu viel geliebt werden könnten, geistert allerdings immer noch als späte Folge dieser Zeiten durch die Welt.

Können Eltern ihren Kindern zu viel Liebe geben? Zu viel Liebe gibt es nicht. Vorsicht ist dagegen immer dann angebracht, wenn vor zu viel Liebe gewarnt wird. Hier zeigen sich oft Reste autoritärer Erziehungsvorstellungen. Oder es werden eigene leidvolle Erfahrungen moralisch und ohne viel nachzudenken als Anforderung an eine rigide Erziehung weitertransportiert.

Allerdings ist es schon bedeutsam, wie vielfältig sich die Liebe der Eltern zeigt und ausformen darf. Liebe strömt in zahlreiche Richtungen, und Kinder benötigen genau diese Vielfalt. Wenn

Eltern nur einen »Modus« in der Art kennen, wie sie lieben, dann wird Liebe einseitig und beschränkt. Etwas gerät aus dem Gleichgewicht. Schwierig wird es auch, wenn Eltern es nicht bemerken, dass sich die Art der Liebe, die das Kind braucht, verändert, sie sich aber nicht weiterentwickeln darf.

So gesehen gibt es in der elterlichen Erziehung durchaus ein Zuviel – das ist aber nicht zu viel Liebe, sondern:

* zu viel Überbehütung (übermäßig aufpassen, behüten)
* zu viel Angst (es könnte ja was passieren – dann wird das Kind eben in die Schule gefahren und wieder abgeholt, obwohl es gut selbst zu Fuß gehen oder mit dem Rad fahren könnte);
* zu viel Konsum: z. B. übermäßig beschenken, jeden Konsumwunsch erfüllen
* zu viel Entlastung: übermäßig fürs Kind sorgen, alles hinterhertragen, Chauffeur- und Taxiservice, permanenter Dienstleistungsmodus der Eltern (v. a. der Mütter), die dem Kind zu wenig selbst überlassen und zumuten
* zu viel Förderung: Dauerförderung ohne Leerlaufzeiten, ohne wirklich freie Spielräume, ohne die Möglichkeit, sich selbst zu fördern
* zu viel und zu hohe Leistungserwartung oder
* zu viel Überwachung, Kontrolle und Bevormundung.

Werden diese Formen des Zuviels wahrgenommen, wird meistens deutlich: Hier wird die Liebe von Maßlosigkeit verdrängt. Es handelt sich um eine Überdosis Versorgen, Fördern, Kontrollieren usw., also um etwas Einseitiges, worin ein Mangel deutlich wird. Es fehlt an positiven Wirkkräften, die aus der Liebe kommen: am Zutrauen, am Vertrauen darin, dass es schon werden wird, am Zugestehen von Autonomie, am altersgemäßen Fordern von Ausdauer, Ausprobieren, Fehlermachen; an einer gesunden Grenzsetzung und liebevoller Konsequenz, an der Entscheidung der Eltern, Kindern ausreichend Zeit oder Zuwendung zukommen zu lassen.

Mich lieben – dich lieben

Weil die Sache mit der Bindung so großartig und wichtig ist, steckt darin gerade für Eltern auch eine gewisse Verführung. Solange sie ein Kind haben, müssen sich auch Mütter oder Väter selbst nicht allein und ungebunden fühlen. Denn sie werden geliebt und gebraucht. Eine ursprünglich angemessene Form der liebenden Nähe kann sich dann mit der Angst verbinden, durch die allmähliche Loslösung des Kindes wieder allein zu sein.

Aus dieser Angst heraus und aus dem Bedürfnis der Eltern nach Bindung und Verbindung können ungesunde, abhängige, manipulierende Beziehungen von Eltern zum Kind entstehen und aufrechterhalten werden. Dann droht die Gefahr, die Bindung festhalten zu wollen, sie einzufrieren und sie nicht ihrer natürlichen Entwicklung zu überlassen, die immer Ablösung beinhaltet. Aus dem »Ich brauche dich, weil ich dich liebe« wird ein »Ich liebe dich, weil ich dich brauche«. Kinder solcher Eltern fühlen sich nicht liebend gebunden, sondern festgehalten oder verpflichtet. Sie spüren unterbewusst, dass hier nicht sie selbst gemeint sind, sondern dass die Mutter oder der Vater sich wegen ihrer eigenen Bedürftigkeit aufs Kind beziehen. Das zu erkennen kann ein wichtiger Entwicklungsschritt für Eltern sein (und eine Angelegenheit, die dann am besten in einer Beratung oder Therapie geklärt und bearbeitet werden sollte).

Verschmolzene Liebe

Im Erleben der Eltern sind ihre Kinder wie ein Teil von ihnen selbst: Sie sind ja auch von ihnen biologisch gezeugt, in der Mutter herangewachsen und von ihr auf die Welt gebracht, von den Eltern genährt, umsorgt und beschützt. So passt das Verschmelzen in die erste Lebensphase des Kindes. Während der Zeit der symbiotischen Liebe in den ersten Lebensjahren, in der engen Verbundenheit zwischen Mutter oder Vater und Kind, scheint es nichts Trennendes zu geben.

Je größer die Kinder werden, desto mehr erleben die Eltern, dass ihre Kinder eigenständige Personen sind, mit einem eigenen Charakter, einem »eigenen Kopf«. Sich zu trennen und losgelassen zu werden wird zu einer neuen Aufgabenstellung in der Entwicklung. Spätestens in der Trotzphase im Alter von zweieinhalb, drei Jahren beginnt das Kind vehement, seinen eigenen Willen zu zeigen, und gibt alles, um ihn durchzusetzen. Die Kinder entwickeln eine eigene Persönlichkeit, einen eigenen Charakter und ein eigenes Temperament.

Meine Tochter bestand mit vier Jahren darauf, zu einer Hochzeitsfeier ihre rosa Gummistiefel anzuziehen. Es entstand ein intensiver Kampf zwischen uns, den ich schließlich verloren habe. Sie war den ganzen Tag über stolz und glücklich in ihren Schuhen, fand sich wunderschön, und ich übte mich darin, mich nicht allzu sehr zu schämen. Im Nachhinein betrachtet, war dies der Beginn einer langen Übung für mich. Die starke Willenskraft meiner Tochter hat uns in den weiteren Jahren viel erbitterten Streit und Kampf beschert und bedeutete für mich immer wieder eine große Herausforderung. Aber gut so: Mit ihrem starken Willen hat sie mittlerweile viele ihrer persönlichen und beruflichen Ziele erreicht.

Indem sie sich lösen, markieren die Kinder: Obwohl sie ein Teil von uns sind, sind sie nicht wir selbst. Manche Eltern tun sich schwer, das zu akzeptieren. Denn die verschmolzene Nähe, das unbedingte Gebrauchtwerden sind ja zu schön. Wenn sie versuchen, die verschmolzene Liebe zu erhalten, verschwimmen die Grenzen, und das Erleben des Kindes fühlt sich für Eltern an wie ihr eigenes: Der Hinweis der Erzieherin, das Kind verhalte sich nicht sehr sozial, empört die Eltern so, als seien sie selbst gemeint. Die schlechte Note trifft die Eltern, als hätten sie die Klassenarbeit selbst geschrieben.

Eltern sind verführt, (zu) eng verbunden zu bleiben, die eigenen Grenzen zwischen sich und dem Kind nicht zu ziehen und sich gleichsam selbst dem Kind hinterherzutragen. Es ist vielleicht kränkend, aber für das Kind sind Vater und Mutter eben nur zwei Rollen im Spiel ihres Lebens. Der Einfluss der Eltern ist begrenzt, und das ist auch gut so.

Eltern können dies gut an sich selbst erkennen: Was wäre gewesen und aus mir geworden, wenn ich mich nicht gelöst hätte oder wenn nur meine Eltern Einfluss auf mich gehabt hätten?

Zu lange in der verschmolzenen Liebe zu verharren fühlt sich für Kinder nicht mehr gut, sondern klebrig an. Hier sind Trennmittel vonnöten. Denn dass Eltern nicht loslassen, hält paradoxerweise die Familie gerade nicht zusammen. Verschmolzene Liebe kann wie Sprengstoff wirken. Kinder entwickeln viel Lösungsenergie (Nur weg von hier!). Oder sie unterwerfen sich den Nähewünschen der Mutter oder des Vaters, aber die Beziehung ist nicht »echt nah«, weil sie ja nicht mehr dem Reifestand des Kindes entspricht. Die Blase des harmonischen Scheins platzt dann später, meist in der radikalen Ablösung des Kindes in der Pubertät und Adoleszenz.

Narzisstische Liebe

Etwas für sich zu wollen ist gesund, natürlich auch für Eltern. Doch das Verhältnis von Geben und Nehmen kann aus dem Gleichgewicht geraten. Wenn gezielt und vor allem deshalb geliebt wird, um selbst möglichst viel zu erhalten, sprechen wir von narzisstischer Liebe. Menschen, die zur narzisstischen Liebe neigen, geben auch, aber aus einer bestimmten Motivation heraus: Im Hintergrund ihres Liebens steht das Wollen für sich selbst. Narzisstisches Lieben ist egozentrisch ausgerichtet.

> *Die Menschen sind schlecht. Jeder denkt an sich. Nur ich denk an mich.*
> **Traditioneller Kanonliedtext**

Wenn Menschen Angst davor haben, unterzugehen oder nirgendwo mehr vorzukommen, müssen sie in erster Linie sich selbst sehen. Es fällt ihnen schwer, anderen ihren Raum zu geben, sogar in der Liebe.

Susanne gelingt es nicht, ihren beiden Töchtern einfach zuzuhören und ab und zu eine verständnisvolle Bemerkung dazu zu machen, wenn diese nach Hause kommen und von ihren Erlebnissen erzählen wollen. Sie weiß, wie wichtig es ist, Kindern zuzuhören und Interesse an deren Erlebnissen zu zeigen, bemerkt aber auch, dass ihr das nur begrenzt möglich ist. Sagt eines der Mädchen: »Unsere Lehrerin war heute schlecht gelaunt«, möchte Susanne sofort von ihrer eigenen Schulzeit erzählen. Am schlimmsten sind für sie die Situationen, wenn die ganze Familie zusammen ist, wenn der Vater den Kindern zuhört, nachfragt und Anteil nimmt. Da möchte sie alle unterbrechen und sagt deshalb zu allem gleich und ganz unerwünscht ihre Meinung, wodurch sie die Aufmerksamkeit von den Kindern weg und wieder auf sich selbst zieht.

Im Gespräch mit ihrem Mann erinnert Susanne sich an das schlimme Gefühl, als Kind von ihren Eltern nicht gesehen worden zu sein. So kann sie ihr Verhalten immer leichter durchschauen und verstehen. Nun übt sie, sich selbst wahrzunehmen, sich Aufmerksamkeit zu schenken und gleichzeitig ihren Kindern genügend Raum zu geben.

Narzisstisch aufgeladene Liebe ist für ein Kind eine leidvolle Erfahrung. Denn es spürt, dass seine Eltern es brauchen und damit missbrauchen: für deren eigene Bedürfnisse nach Nähe, Verbindung, emotionaler Versorgung. Kinder fühlen es unterschwellig, dass sie besetzt werden von der Bedürftigkeit der Eltern. Dabei bekommen Kinder von solchen Eltern nicht genug und werden so wenig gesehen, dass sie in sich einsam bleiben und sich unverstanden fühlen. Sie spüren, dass es im Grunde gar nicht um sie geht, sondern nur um ihre Eltern selbst (bzw. um den Elternteil, der sich im narzisstischen Um-sich-selbst-Kreisen befindet).

Ironischerweise kann narzisstische Liebe eine Familie schon auch zusammenhalten – aber mit einem negativen Unterton. Kinder können die übermäßige Liebesbedürftigkeit und der subtile Druck ihrer Eltern aggressiv machen; oder das »Zurücklieben« wird nur gespielt, damit der Elternteil Ruhe gibt. Kein echter Zusammenhalt, keine guten Beziehungen also, sondern eine belastete Situation. Was Familien auf eine gute Weise zusammenhält, ist, wenn die Bedürfnisse der Eltern nach Aufmerksamkeit, Zuwendung und Liebe ausreichend zufriedengestellt werden. Dafür sind aber nicht die Kinder, sondern andere Erwachsene zuständig: der Partner oder die Partnerin, Freundinnen und Freunde, die Großeltern, Kolleginnen und Kollegen usw.

Nein aus Liebe

Das Nein gehört zum Elternsein, es verdeutlicht Kindern, dass auch andere Menschen Bedürfnisse und Werte haben, dass auch Dinge und Gegenstände es wert sind, geschützt zu werden. Darin markiert das Nein auch die Führungsrolle der Eltern. Dummerweise registrieren wir oft zu spät, dass wir zu einem Wunsch besser Nein gesagt hätten.

> Nach einem Vortrag kommt eine Mutter zu mir und sagt: »Wir haben einen schweren Fehler gemacht. Wir haben unserem 12-Jährigen ein Smartphone gekauft. Er wollte es so sehr. Jetzt gibt es keine Minute mehr ohne, wir haben jeden Tag Probleme und Streit. Was sollen wir tun?« Im Gespräch beginnen wir, ihren Lösungsweg zu erarbeiten: Sie will mit ihrem Sohn in Verhandlung treten und außerhalb eines konkreten Konflikts das Gespräch suchen. Gemeinsam können sie auf diese Weise herausfinden, was für beide Seiten – Junge und Eltern – gerade noch erträglich ist, und dann zu einer Vereinbarung kommen. Zwei Wochen später rief mich die Mutter an und erzählte, wie erleichtert sie jetzt sei. Beide hätten einen Kompromiss gefunden, bei dem zwar beide etwas von ihren eigenen Vorstellungen hatten aufgeben müssen, was nicht leicht gewesen sei, doch beide hätten dadurch die Erfahrung machen können, dass sie aus einem »Gegeneinander« wieder in ein »Miteinander« gefunden haben.

Schwierig ist es für Kinder, wenn die Eltern aus Bequemlichkeit Ja sagen, obwohl sie in ihrem Inneren eigentlich ein Nein fühlen oder unentschieden sind. Das greift das Vertrauen zwischen Kind und Mutter oder Vater an, weil das Kind nicht weiß, woran es wirklich ist. Damit wird auch das Ja vergiftet. Viele Eltern können es auch nicht ertragen, ihr Kind unglücklich zu sehen. Es ist nicht leicht, ein Kind, das man liebt, Fehler machend oder in einer Krise zu sehen. Eltern, die das nicht aushalten, beginnen in ihrem Nein schnell zu schwanken und sind nicht konsequent. Eine schwierige Situation für das Kind, weil die Grenze zwischen sich – mit seinem Wunsch, seiner Enttäuschung – und den Eltern mit ihrer ablehnenden Haltung und ihrem Mitgefühl verschwimmt.

Kinder wollen wissen, woran sie mit ihren Eltern sind. Viele Eltern verhalten sich aber nicht offen und persönlich, sondern formal. Sie gleichen dabei Verkaufspersonal: »Möchten Sie vielleicht noch etwas dazu, dürfte ich Ihnen noch was zeigen?« Genauso sagen Eltern in lieblicher Tonlage: »Würdest du vielleicht, könntest du, hättest du«, und: »Ich möchte lieber, weißt du, ich würde gern …« Das ist der Verkaufsmodus, er funktioniert beim Einkaufen. Kinder aber werden dadurch verwirrt. Sie wissen weder, was Eltern wirklich wollen, noch, was sie selbst, die Kinder, tun sollen. Wer als Eltern Entscheidungen den Kindern überlässt und Konflikte scheut, muss sich nicht wundern über unstrukturierte, desorientierte Kinder, denen es Spaß macht, Eltern auf der Nase herumzutanzen. Im Beziehungsmodus ist es notwendig, Bedürfnisse des Gegenübers zu erfragen und eigene zu formulieren. Dafür braucht es eine persönliche Sprache, in der durchaus auch »Ich will« vorkommen darf. Das hört sich vor allem für viele Mütter nicht nett an, dafür ist es konkret.

Damit die Beziehung nicht autoritär wird, ist dabei die Gleichwürdigkeit wichtig: Die Bedürfnisse der Kinder sind ebenso von Belang: Das Recht, »Ich will« zu sagen, gilt natürlich auch für die Kinder.

Das lässt sich auch andersherum formulieren:

> Kinder haben ein Recht darauf, dass es ihnen auch mal nicht gut geht! Sie haben ein Recht, enttäuscht und frustriert zu sein! So, wie Kinder für eine gesunde Entwicklung die sogenannten Kinderkrankheiten brauchen, benötigen sie auch die Erfahrung von Krisen und Konflikten mit den dazugehörigen Enttäuschungen, Schmerzen, mit Leid, Ärger und Not! Wird ihnen diese Möglichkeiten genommen, werden sie mental nicht richtig stark.

Mit ausführlichen Erklärungen und vernünftigen Argumenten sind kleine Kinder noch überfordert. Der Dreijährige, der das teure Weinglas nehmen will, hört vielleicht: »Lukas, bitte lass das stehen, weißt du, das Glas ist teuer, und wenn es runterfällt, gibt es Scherben, daran kannst du dir wehtun …« Damit kann er nichts anfangen; er weiß weder, was »teuer« bedeutet, noch, wie sein Griff mit Scherben und Schmerzen zusammenhängen könnte. Ihm hilft es tatsächlich viel mehr, wenn er freundlich und bestimmt hört: »Nein, ich will nicht, dass du mit dem Glas spielst« – damit markieren die Eltern den richtigen Weg, und die Kinder wissen, woran sie sind.

Der Grund für das Nein liegt ja meist nicht im Nichtgönnen, sondern stützt sich auf Wissen und Werte der Eltern. Wenn das Kind das dritte Eis innerhalb von zwei Stunden möchte und ein Nein zu hören bekommt, steckt dahinter der Wert »Gesundheit des Kindes«. Bei größeren Kinder kann das Nein auch begründet werden, also z.B.: »Jetzt ist Schluss, das ist zu viel Zucker, das Durchfallrisiko steigt.«

Ob das Nein in einer Situation liebevoll ist, lässt sich von außen oft nicht erkennen. Im Extremfall kann der Rauswurf des spätpubertierenden Kindes ein harter, kalter, böswilliger Akt oder auch ein zwar harter, aber beherzter und liebevoller Schritt sein.

Erik ist in eine Drogenclique gerutscht; sein Abhängigkeitsgrad ist unklar. Der 17-Jährige klaut Geld; er hat sich das Sparbuch genommen, das seine Mutter für seine Ausbildung angelegt hat, und davon alles Geld abgehoben. In seinem Zimmer deponiert er Drogen. Seine Eltern versuchen es mit Verständnis und mit Strafandrohungen. Nichts scheint zu nützen, er geht auch nicht mehr mit zur Beratung. Sie fühlen sich immer hilfloser. Nach langem Ringen mit sich selber und vielen Gesprächen beschließen sie, dass er ausziehen muss, und teilen ihm das in aller Klarheit mit. Es ist ein sehr schmerzhafter Schritt für beide Eltern, und obwohl sie es schier nicht »übers Herz« bringen, stellen sie ihm seinen Koffer vor die Tür. Erik merkt, dass er einen Punkt erreicht hat, bei dem seine Eltern nicht mehr mitspielen. Diese klare Grenzziehung war für ihn ein einschneidendes Erlebnis und die Voraussetzung, sein Leben in die Hand zu nehmen. Nachdem er einige Wochen bei einem Freund gelebt hat, beginnt er mit einer Drogentherapie.

Nein zu sagen und dabei konsequent zu bleiben ist ein Aspekt der Liebe. Deshalb kann es nicht darum gehen, Wünsche aus Härte, Machterwägungen oder Prinzipienreiterei abzuschlagen. Es geht nicht um Konventionen (Das macht man nicht!) oder um ein technisches Verfahren, etwa nach der Regel: Jeder zweite Wunsch wird mit Nein beantwortet. Das ist unmenschlich, nicht authentisch, schlichter Blödsinn. Ziel auch des Neins sind glückliche Kinder. Wenn ein Kind dauerhaft unglücklich ist, dann kann keine Liebe im Spiel sein! Ein gutes Nein verlangt nach Ehrlichkeit, Einfühlung und Mut. So kann ein Nein eine ganz liebevolle Antwort sein. Es ist nicht egoistisch, sondern klar und bedürfnisorientiert: Wir sagen Nein, wenn wir Nein meinen und fühlen. Dann bin ich verlässlich, das Kind (und andere Menschen ebenso) wissen, wer ich bin und wo ich stehe.

NEIN-VARIATIONEN

Gibt es nur eine Form des Neinsagens? Natürlich nicht. Viele Wörter sagen dasselbe: »Keinesfalls«, »Abgelehnt«, »Kommt nicht infrage«. Eine weitere gute und oft überzeugende Variante des mageren Neins lautet: »Natürlich nicht!« Diese Aussage wird verwendet, wenn sich Eltern sicher sind und das auch vermitteln wollen. Fragt der dreizehnjährige Fabian: »Papa, darf ich mir deine Motorsäge ausleihen?« »Natürlich nicht.« Die fünfzehnjährige Ingrid will zum Reggae-Festival: »Darf ich dahin, dort übernachten und drei Tage bleiben?« »Natürlich nicht.« Probieren Sie die Wirkung aus: »Natürlich nicht« klingt kräftiger als »Nein«, meint dasselbe und ist eine schöne akustische Abwechslung.

Die notwendigen Grenzen in der Familie ergeben sich aus den Bedürfnissen aller Familienmitglieder. So kann das liebevolle Nein aus dem Herzen heraus signalisieren: Etwas ist (noch) nicht gut für dich. Es ist oder wäre zu viel. Oder auch: Es ist nicht gut für mich, ich will das nicht: »Nein, ich will jetzt Mittagspause machen und nicht spielen.« Aber selbst wenn sich herausstellt, dass das Nein ein Fehler war: Wenn das Kind weiß und spürt, dass das Verneinen der Eltern aus der Liebe heraus geschieht, dann schädigt dieses Verhalten nicht, auch wenn es falsch war.

Nur wer sich erlaubt, Nein zu sagen,
kann auch aus ganzem Herzen Ja sagen.

Das klare Ja und das eindeutige Nein hängen eng zusammen. Das Maß braucht Überfluss – und der Überfluss das Maß. Eltern können sich also entscheiden: Wo möchte ich großzügig sein und wo nicht? Sie sollten sich aber auch überlegen, wo ihr Bedürfnis nach Großzügigkeit vielleicht mit dem Betäuben oder Besänftigen eigener Schuldgefühle zusammenhängt oder wo eigene Entbehrungserfahrungen an einer Stelle ausgeglichen werden sollen, an der es dem Kind nicht guttut. Echte Großzügigkeit ist die Bereitschaft, zu geben, zu teilen, loszulassen. Im Akt des Gebens wird Liebe spürbar. Und das ist heute eher der Fall, wenn Zeit zusammen verbracht wird, wenn Raum für Mitgefühl geöffnet wird oder wenn Eltern ihren Kindern wirklich zuhören. Und nicht, wenn sich der Geldbeutel öffnet.

Aus der Perspektive des Kindes ist das Nein immer eine Hürde. Schließlich wird ja ein Wunsch abgelehnt. Auch ein liebevolles Nein wird vom Kind als Enttäuschung oder sogar als Zurückweisung erlebt. Das müssen Kinder lernen zu bewältigen. Und Eltern aushalten. Erhalten Kinder dagegen zu wenige Neins, machen sie es sich in Komfortzonen bequem und neigen dazu, dort zu bleiben. Ein Nein kann auch die Kräfte des Widerstands wecken, zu einer Herausforderung werden und damit zur Selbstständigkeit motivieren.

Beides, die Erfahrung von Ja und von Nein, lässt die soziale Kompetenz von Kindern wachsen. Sie lernen, zu erkennen, was Erwachsene wirklich meinen, und die Bedürfnisse anderer zu respektieren. Das strahlt weit über die Familie hinaus, Kinder werden dadurch sozial kompetent und gruppenfähig. Sie lernen, die Rechte anderer zu wahren, wie auch eigene Positionen zu erkennen und zu vertreten. Sie erleben und erhalten durch diese Erfahrung selbstverständlich auch die Befähigung zum eigenen Nein, um gegenüber aufdringlichen oder verletzenden Menschen Grenzen zu ziehen.

Die Wünsche von Kindern wechseln, sie sind verständlicherweise an schneller Lustbefriedigung, Genuss, Wohlbefinden oder Gier ausgerichtet. Es ist schön, diese Seite beglücken zu können: im Ja aus vollem Herzen. Doch liegen ihre eigentlichen Bedürfnisse viel stärker in einer liebevollen persönlichen Autorität der Eltern. Wenn Eltern ihre Führung nicht halten und ausfüllen, fehlt etwas. Die Kinder werden unzufrieden und wünschen sich sprichwörtlich alles Mögliche. Indem Eltern möglichst viele Wünsche erfüllen, nehmen sie ihre Kinder nicht ernst. Die fühlen sich zu Recht abgespeist.

Nicht selten liegt ein Unterschied zwischen Wünschen, die Kinder äußern, und echten Bedürfnissen, die sie haben.

Kinderwünsche abzulehnen erfordert oft Kraft und Mut, denn es führt zu Konflikten und Frustration – und daran wachsen Kinder. Zumindest, solange ihnen im Gegenzug oder vielleicht besser: als Gegenschlag der Erwachsenen keine Schuldgefühle in die Schuhe geschoben werden.

Sabine braucht Beratung, weil sie weiß, dass das Neinsagen ihr viel zu schwerfällt. Ihr wunder Punkt öffnet sich, wenn ihr Sohn nach einem Nein beleidigt ist, weggeht oder sie abwertet, indem er z.B. sagt: »Du bist blöd!« In diesen Momenten ist in ihrem Erleben etwas wie abgerissen. Ihr fehlt die erwachsene, sichere Einstellung, dass die liebende Beziehung ihrer Kinder zu ihr auch dann Bestand hat, wenn sie mal beleidigt oder enttäuscht sind. In ihr dominiert die Angst, dass das Kind ganz aus der Beziehung geht, und jedes Nein bringt sie fast panisch mit dieser Angst in Kontakt. In ihr muss die andere Seite des Vertrauens in kleinen Schritten gestärkt werden: »Ach, der kommt schon wieder, er darf auch mal ein bisschen beleidigt sein.« Denn auch wenn ein frustriertes Kind schimpft und wegläuft, bleibt es in Verbindung: Es ist ärgerlich auf die Mutter, und die Mutter hält das aus.

Im zu häufigen Nachgeben entgegen der eigenen Einstellung der Eltern zeigt sich eine problematische Dynamik. Denn dabei geschieht eine Trennung von sich selbst: Sie verlieren ihren inneren Kontakt zu sich selbst, unterdrücken ihre Wünsche, ihr Wissen oder ihre Werte. Ohne die liebevolle Beziehung zu sich selbst ist liebevolles Handeln nicht möglich. Bindung reißt ab. In einem »Dann nimm's halt« steckt deshalb oft etwas Ärgerlich-Abwertendes, etwas Liebloses, das die Erfüllung des Wunsches entwertet. Das Kind triumphiert vielleicht, weil es sich durchgesetzt hat, im Grunde fühlt es sich aber nicht geliebt, sondern abgeschnitten und einsam.

So wichtig das Nein auch ist: Es muss und darf auch verhandelt werden. Vielleicht haben die Mutter, der Vater die Kraft eines Wunsches unterschätzt? Oder sie haben gar nicht bemerkt, dass das Kind schon wieder größer geworden ist? Das herzliche Verhandeln gehört gerade bei größeren Kindern als weitere Variante neben dem offenen Ja und dem klaren Nein unbedingt hinzu. Es gilt, auch im Nein flexibel zu bleiben. Wenn beispielsweise dem Nein ein Angebot des Kindes folgt – vielleicht ein Tausch, eine angemessene Eigenleistung des Kindes – oder wenn diskutiert wird und überzeugende Argumente angeführt werden, dann müssen Eltern nicht standhaft bleiben, nur weil sie einmal Nein gesagt haben. In solchen Fällen sind Neins nicht in Stein gemeißelt, sondern können neu bewertet und verhandelt werden.

Hannes möchte am Samstag wieder bei seinem Freund übernachten; das hat er bereits am vorherigen Wochenende gemacht. Deshalb sagt seine Mutter Nein. Das überzeugt Hannes nicht: Sein Freund hat ihn eingeladen, dessen Eltern sind auch dafür, es gibt keinen besonderen Anlass, daheimzubleiben, und er fragt nach weiteren Argumenten. Seine Mutter merkt, dass ihr Sohn sie überzeugt, seine Argumente sind schlagkräftiger. Ihre sind schon alle genannt, aber er hat noch weitere auf Lager. Obwohl es ihr schwerfällt, weil sie Angst hat, zu nachgiebig zu sein, schwenkt sie ein:»Du hast recht!«

Nachdem Vanessa mit einem heftigen Alkoholrausch von einer Party mit Freundinnen nach Hause kam und ihre Eltern richtig Angst um sie hatten, ist das Vertrauen der Eltern ziemlich gestört. Deshalb darf Vanessa erst einmal nicht mehr mit ihren Freundinnen übernachten. Das akzeptiert sie auch. Aber nach einigen Monaten argumentiert sie, das müsse jetzt wieder drin sein. Sie zählt auf, was in der Zwischenzeit alles gut lief: Sie war pünktlich, hat ihre Aufgaben ordentlich erfüllt und es gab keine größeren Zwischenfälle. Das Vertrauen der Eltern ist zwar noch nicht so stabil, dass sie von selbst auf diese Idee gekommen wären, aber sie fragen sich, wie sie es denn außer im Ernstfall wieder bekommen könnten. So lenken sie ein und gestatten ihrer Tochter eine Nacht bei ihrer Freundin. Zur Probe.

Was geht, was geht nicht?

Das Nein ist auch ein wichtiges Wort der Eltern zu sich selbst. Im Leben mit Kindern ist es notwendig, sich auf das Wesentliche zu konzentrieren. Das gilt zweifellos auch für den Vater und die Mutter selbst. Es ist einfach so: Mit Kindern kann man eine Zeit lang nicht mehr alles andere haben. Eltern müssen sich beschränken – aber dafür bekommen sie ja auch recht viel. Die Kinderphase verlangt von Eltern, diese Beschränkung aktiv zu steuern: Freunden oder Freundinnen gegenüber, wenn kinderlose Kumpels tolle Aktionen planen, aber auch im Job – Überstunden, Karrieresprünge –, bei reizvollen Ehrenämtern und so weiter. Das Prinzip Liebe in der Familie ist das Motiv, hier häufiger Nein zu sagen, sicher auch mit dem Zusatz: »Später wieder.«

Für manche ist das wirklich schmerzhaft. Es fehlt etwas, fast ein Teil der Identität, die sie oder ihn früher ausgemacht hat. Und zudem leben wir ja in einer Zeit, in der versprochen wird, dass alles zu haben ist, vor allem dann, wenn man es sich leisten kann. Und dazu passt es überhaupt nicht, irgendwo Abstriche machen zu müssen. Wer hier trotzig reagiert und Einschränkungen nicht akzeptieren will oder wer so grundgierig ist, dass kein Zurückstecken infrage kommt, verlagert die Last auf andere Schultern: die des Partners oder (häufiger) der Partnerin und auf die Kinder, denen dann zu viel zugemutet wird. Besser ist es deshalb, die Sehnsüchte und Wünsche jenseits des Familienlebens offen anzusprechen und die notwendigerweise reduzierte Erfüllung gerecht zu verteilen. Das wirkt dann wie ein Trostpflaster: Der traditionelle Donnerstagabend mit den Jungs ist für ein paar Jahre gestrichen. Aber das coole Ski-Wochenende bleibt fest reserviert.

NEIN ZUR HEKTIK: DAS TRANQUILLO-PRINZIP

Eine Kraft des Familienzusammenhalts liegt in der Ruhe. Ruhe ist in unserer beschleunigten Gesellschaft etwas sehr Wertvolles geworden. Also kommt es für die Familie darauf an, die Ruhe zu bewahren. Und immer wieder zur Ruhe zurückzufinden. Ruhe hilft beim Regenerieren, und das ist ein Kernbereich der Familie. Aber wie lässt sich mehr Ruhe ins Familienleben bringen? Es geht ja nicht ums artige Leisesein der Kinder oder um den Flüsterton bei der Unterhaltung. Ruhe ist mehr, schön umschrieben im Begriff »tranquillo«. Das ist italienisch und bedeutet allerhand: beschaulich, friedlich, gemächlich, ruhig, stressfrei, unbesorgt, geruhsam (also ruhig und behaglich), still. Das Tranquillo-Prinzip ist das Gegenteil des stressigen Alltags. Elemente, die Sie »herunterbringen«, werden entweder spontan ausgeführt oder in Tagesabläufe und Wochenpläne eingebaut (und eingehalten).

* Unruheherde entstehen in der Familie durch die laufende Streuung der Aufmerksamkeit auf vieles gleichzeitig. Tranquillo heißt: eines nach dem anderen.
* Alle Geräte mit Bildschirm sind echte Ruhezerstreuer; sie machen es schwierig, den Geist zu zentrieren, sich und andere wahrzunehmen. Ruhe bewahren meint, immer mal wieder alles auszuschalten: Tablet, PC, Radio, Fernseher und das Handy.
* Warte mal: sich Zeit nehmen, um in Ruhe miteinander zu reden.
* Achtung: Jeder Perfektionismus frisst Zeit und schafft Unruhe. Ihn gilt es deshalb in Schach zu halten!
* Wenn du es eilig hast, geh langsam: Tranquillo heißt, einen Gang runterzuschalten, in der Wohnung oder zum Einkauf bewusst langsamer zu gehen oder Tätigkeiten gelassen auszuführen.

* Innehalten, tief durchatmen, den eigenen Atem beobachten, die Aufmerksamkeit zwischendurch weg von den Gedanken hin zum Körperspüren lenken, langsam bis zehn zählen.
* Immer mal wieder kurz oder länger aussteigen: Tee trinken, aus dem Fenster blicken, in eine Kerze oder ins Feuer im Ofen schauen, Tagträumen, vor sich hin sinnieren, Fantasien und Ideen nachhängen, den Aufgaben nicht hinterherrennen, etwas auf sich zukommen lassen.
* Mit den Kindern singen, ihnen vorlesen, spazieren gehen, in den Wald gehen.
* Das tun, was beruhigend wirkt: Sport, Yoga, Meditation, ein Bad nehmen, in den Park oder in eine Kirche gehen und sich einen Moment auf die Bank setzen.

Auch im Annehmen der Realität entsteht Ruhe – in jedem Fall mehr Ruhe, als wenn wir genervt und panisch gegen die momentane Situation ankämpfen. In dieser Ruhe können Eltern die Liebe wiederfinden – auf jeden Fall einen Zipfel davon.

Familienliebe hat viele Gesichter

Liebe ist etwas Vielfältiges, sie unterscheidet sich. Auch in der Familie wirkt die Unterschiedlichkeit im Lieben als Faktor für den Zusammenhalt: Die Mischung macht's – Vielfalt statt Monokultur. Diese Tatsache ist aber nicht selbstverständlich. Wenn in Familien solche Unterschiede auffallen, ist das oft Grund für Zweifel, Unverständnis und Streit; Väter oder Mütter halten ihr eigenes Lieben oder das des anderen Elternteils für nicht »richtig«. Es ist deshalb wichtig, zu akzeptieren, dass wir Menschen eben verschieden lieben, und diese Vielfalt sich selbst wie auch anderen zu erlauben. Mit dieser Haltung ist es sogar interessant, zu entdecken, wie vielseitig sich das Lieben ausformt: Ich liebe so, du liebst anders, er, sie oder es lieben auf eine dritte, vierte oder fünfte Weise – das ergänzt sich meistens prächtig. Unterschiede im Lieben zu akzeptieren ist eine Frage der Haltung: Vielleicht ist die eine Form besser als die andere, aber wer will das beurteilen? Beziehungen sind eben verschieden und das ist gut so.

Wie wir lieben, wie wir unser Zusammenleben mit anderen gestalten, hängt eng mit eigenen Liebeserfahrungen in Kindheit, Jugendphase und Erwachsenenalter zusammen, mit unterschiedlichen Temperamenten und Charakteren, mit Themen und Anliegen, mit denen Menschen eben in der Welt sind. So kommt die Liebe in zahlreichen Spielarten daher, in denen sich die Variationen des Lebens widerspiegeln.

In diesem Kapitel wenden wir uns Unterschieden im Lieben zu und wollen die für den Familienzusammenhalt bedeutsamen etwas ausführlicher darstellen. Das sind die Kinderliebe und die Liebe der Eltern zueinander und auch zu sich selbst ebenso wie die Variationen der Mutterliebe und der Vaterliebe und auch die durchaus unterschiedliche Verbindung der Eltern mit Geschwisterkindern.

Unterschiede bereichern

Kinder lieben anders als Erwachsene. Eltern lieben ihre Kinder in anderer Weise als ihre Partnerin oder ihren Partner. Und wenn Großeltern mit einbezogen werden, ist deren Liebe zu den Enkeln wieder von einer anderen Gestalt. Für Kinder sind solche Eigenarten der Liebe von Bedeutung, weil sich darin für sie Beziehungswelten erschließen. All das gibt es, und es ist in Ordnung, dass wir verschieden sind – auch darin, wie wir lieben.

Aber wie unterscheidet sich die Liebe der Erwachsenen von der Liebe zu Kindern? Ein Unterschied zwischen der Elternliebe und der Liebe zwischen Gleichaltrigen bzw. unter Erwachsenen wird durch Unausgewogenheit bestimmt. Sowohl bei Liebespaaren wie auch in Freundschaften kommt es auf ein ausgeglichenes Geben und Nehmen an. Das ist bei der Elternliebe zum Kind anders gelagert. Eltern bekommen zwar auch viel zurück. Aber zuerst heißt Elternliebe, zu geben, ohne auf einen Ausgleich zu schielen.

Kinder lieben ihre Eltern, Geschwister und auch Großeltern offen, ursprünglich und unbefangen – kindlich eben. Ihre Liebe ist ein Geschenk aus der Freiheit heraus. Kinder sind nicht dafür da, Bedürfnisse von Vater, Mutter oder Großmutter zu erspüren und zu befriedigen. Umgekehrt ist genau dieses Erspüren von Bedürfnissen ein wichtiger Teil der Elternliebe. Erwachsene können und müssen selbst für sich sorgen, ihre Bedürfnisse artikulieren oder sie sich selbst erfüllen. Kinder brauchen es, dass für sie gesorgt wird: um zu überleben, um sich gut zu entwickeln, um sich selbst annehmen und wertschätzen zu können. Kinder macht es glücklich, wenn Eltern ihre Bedürfnisse wahrnehmen oder dies zumindest versuchen, selbst wenn das – bei schreienden oder trotzenden Kindern – manchmal nicht gelingt. Und dieses Glück schwingt zurück in die ganze Familie.

Nicht zuletzt beinhaltet die Liebe in Partnerschaften innerhalb derselben Reifestufe – unter Erwachsenen bzw. unter Jugendlichen – häufig auch genitale Sexualität, die auf Lusterfahrung gerichtet ist. Hier gibt es nicht ohne Grund eindeutige Generationengrenzen. Sinnliche Erfahrungen gehören zur Liebe. Sexuelle Lustbefriedigung, genitale Sexualität zwischen Eltern und Kindern nicht. Das ist ein Tabubereich. Mit einer solch klaren und eindeutigen Einstellung ist die Familie geschützt. Sexuelle Gewalt und Missbrauch entstehen dort, wo diese Grenzen unklar sind und überschritten werden.

Wie Kinder ihre Eltern lieben

Von Geburt an lieben Kinder ihre Eltern. Kinder wollen mit ihnen verbunden sein, weil sie ihre Eltern unbedingt und offen lieben. Deshalb wollen alle Kinder grundsätzlich kooperieren. Sie sind von ihrer Anlage her auf liebevolle Beziehung geeicht und weder Bösewichte noch Egoisten oder kleine Tyrannen. Ihre ursprüngliche Liebe verändert sich je nach der Welt, in der sie leben. Erst allmählich lernen Kinder in ihren Beziehungen – in der kleinen und großen Familie, in Nachbarschaft, Kindergarten, Schule usw. – ihre unbedingte Liebe auch zu nutzen, sie strategisch einzusetzen oder zu verfälschen.

»Weißt du eigentlich, wie lieb ich dich habe?«

Von Kindern kommt unaufgefordert viel Liebe zurück. Kinder entscheiden dabei selbst über die Form, in der sie ihre Eltern zurücklieben und wie sie das zeigen. Eltern haben wohl ihre eigenen Vorstellungen, wie sie das gern hätten: z.B. als Dank für das feine und aufwendig gekochte Essen; die Eltern zu schonen, indem sie am Sonntagmorgen lang ausschlafen können; ein stets aufgeräumtes Zimmer; ein mit Liebe gebasteltes Geschenk. Die Erfüllung solcher Wünsche gönnen Kinder ihren Eltern oft nicht.

Die Liebe der Kinder zeigt sich durch andere Geschenke und auf ihre Weise. Es ist notwendig, hinzuschauen und die Kinderliebe so anzunehmen, wie sie vom Kind spontan kommt: das Kuscheln und ihre Zärtlichkeit; die interessierten Fragen von Kindern; ihr unverstelltes Sich-so-Zeigen, wie sie sind und wie es ihnen gerade wirklich geht; die Kämpfe, die sie mit Opa genießen; ihr Strahlen nach einem Lob von Oma; ihre Freude, wenn die Mama oder der Papa heimkommen. Von Kindern kommt auch vieles, was zunächst nicht als Liebe zu identifizieren ist. Kinder lernen ja noch, und das gilt auch fürs Äußern ihrer Liebe.

Einen wesentlichen Teil ihrer Liebe schenken Kinder dadurch, dass sie einfach sie selbst und in Verbindung mit der Familie sind. Das ermöglicht Erwachsenen das Miterleben auf ganzer Linie; sie haben durch ihre Kinder teil am Lebensstrom. Die Liebe der Kinder zeigt sich auch darin, dass sie sind und wachsen, dass sie leben, gesund oder krank sind, dass und wie sie ihr

Leben bewältigen. Eltern erfahren in unmittelbarer Nähe, wie Leben entsteht, wie Persönlichkeiten reifen, wie Kinder, Jugendliche, junge Erwachsene im Moment wirklich sind, jenseits von Zuschreibungen und Medienbildern. Eltern können hautnah miterleben, wie ätzend manche Phasen der Pubertät sein können und wie Jugendliche aus sich herauskommen; wie sie eine Identität entwickeln, sich verlieben, trennen, fest binden, wie sie vielleicht selber wieder Eltern werden wollen (oder nicht); wie die Welt sich weiterdreht; wie es ist, alt zu werden und miterleben zu dürfen, dass eine nahe Generation nachwächst.

> Kinder haben es mit der Liebe zu ihren Eltern nicht einfach. Kinder, sind wir doch mal ehrlich, machen eine ganze Menge mit ihren Eltern durch: die persönlichen Macken von der Aufräumwut über Großputzaktionen, Weihnachtsorgien und Kontrollzwänge, Leistungsdruck und Zukunftsängste, Smoothie- und Öko-Trips, Verwandten-, noch schlimmer: Museums-, Konzert- und Kirchenbesuche. All das mag in der Kindheit vielleicht noch gehen, aber in der Jugendphase, wie kann da Familie nicht zur Katastrophe werden? Da müssen sich Kinder mitten in der Pubertät mit den peinlichsten Eltern der Welt auf einer Schulveranstaltung zeigen, und dann haben die Eltern auch noch wirklich bescheuerte Klamotten an. Manchmal sagen sie sogar etwas. Öffentlich! Oder sie begrüßen Freunde der Kinder, wenn die zu Besuch kommen, und reden auch noch dummes Zeug. Oder sie tanzen völlig altmodisch auf dem Abschlussball! Mal ehrlich: Das sind wirklich heftige Zumutungen, die Kinder erleiden müssen!

Die Liebe der Kinder ähnelt zwar der Elternliebe. Ein Unterschied zwischen der Liebe der Eltern und der der Kinder ist jedoch gravierend: Kinder sind nicht nur finanziell oder bezogen auf die Versorgung von ihren Eltern abhängig, sie sind auf die Liebe ihrer Eltern angewiesen. Sie kommen in große Not, wenn sie die Elternliebe nicht mehr spüren oder das Gefühl bekommen, die Liebe der Eltern würde abreißen oder verschwinden. Sogar wenn die Eltern nicht gut zum Kind sind, wenn sie es vernachlässigen, schlagen oder ins Heim geben, verteidigen Kinder ihre Eltern. Sie sind bereit, große Opfer dafür zu bringen, dass es den Eltern gut geht – aus ihrer Liebe heraus, die aus der Tiefe ihrer Herzen kommt.

> *Michaela kommt mit viel schlechtem Gewissen in die Beratung. Ihr Sohn ist auf dem Gymnasium, ein waches und kluges Kind. Dennoch ist sie mit viel Druck hinterher, dass Robin Leistung bringt. Er muss alle Hausaufgaben vollständig und richtig erledigen, sie kontrolliert und lässt ihn Fehler nacharbeiten. Sie bezeichnet sich selbst sogar als »manchmal grausam«. Jetzt hat der Junge begonnen, sich zu verweigern und zu wehren, was in Machtspiele ausartet: Wer setzt sich durch? Michaela kann es selbst sehen und fühlen: Robin spürt in dem ganzen Druck keine Bindung und keine Liebe mehr. Seine Mutter fühlt sich in Liebe verbunden und meint auch, aus ihrer Liebe heraus zu fordern. Aber das dringt in dem Stress, den sie produziert, nicht mehr durch. Das beschließt sie zu ändern: Sie nimmt den Druck heraus, sucht viel mehr nach dem Gelingenden und nimmt sich zurück. Leicht fällt ihr das nicht, doch dadurch gibt sie Robin den Freiraum, den er braucht, um sein eigenes Tempo, aus seiner eigenen Motivation heraus, zu finden. Robin entspannt sich; er spürt das Vertrauen, das seine Mutter ihm entgegenbringt und darin wieder ihre Liebe.*

Kinder brauchen die Sicherheit, dass die Liebe der Eltern bleibt, auch wenn sie sich danebenbenehmen, sich mal nicht so nett und liebenswürdig zeigen. Es ist die große Kunst der Elternliebe, dass Kinder auch im Nein, bei Aufgaben und Anforderungen, bei schlechter Stimmung und auch im Streit nicht daran ins Zweifeln kommen, dass ihre Eltern sie dennoch lieben. Eltern dürfen und müssen manchmal ärgerlich, konsequent, sogar wütend sein. Sie dürfen unperfekt sein und aus der Haut fahren – und darin dennoch ihre Liebe spüren und vermitteln können.

Es gibt Sätze, die schnell mal dahingesagt sind und die Kinder normieren sollen: »Da kann dich der Papa/die Mama nicht lieb haben, wenn du so bist.« Dann verhält sich das Kind vielleicht wieder »lieb«, aber es unterdrückt etwas in sich: den Teil, mit dem es auch geliebt werden will. Oder aber das Kind lässt es drauf ankommen, es setzt vielleicht noch einen drauf, um die Liebe der Eltern auf die Probe zu stellen, indem es die Frage provoziert: Stimmt das denn, geht wegen so etwas die Liebe der Eltern wirklich verloren?

> *Die größte Grausamkeit, die man den Kindern zufügt, besteht wohl darin, dass sie ihren Zorn und Schmerz nicht artikulieren dürfen, ohne Gefahr zu laufen, die Liebe und Zuwendung der Eltern zu verlieren.*
>
> **Alice Miller, Am Anfang war Erziehung, S. 128**

Liebesformen und -äußerungen der Kinder sind ähnlich vielfältig wie die der Eltern. »Lieb sein« ist aber nicht unbedingt ein Ausdruck für die Liebe des Kindes. So kann es auch ein Ausdruck ihrer Liebe sein, wenn Kinder sich in ihrer Not zeigen, durch schlechte Laune, sogar Schreien und Toben. Innere Spannungen werden ausgedrückt, wenn beispielsweise das dreijährige Kind im Krankenhaus den ganzen Tag »lieb« war und plötzlich weint und schreit, wenn die Eltern zu Besuch kommen. Im Erleben des Kindes heißt das: »Wie erleichtert bin ich, dass jemand da ist, der mich liebt und dem ich vertraue. Jetzt kann ich mich mit meiner furchtbaren Angst zeigen, ich kann sie ausdrücken und werde darin gehalten.«

Oder die harmlosere Variante: Der Besuch ist weg, die Kinder haben sich den ganzen Nachmittag von ihrer besten Seite gezeigt – und dann bricht das Chaos los. Alle, auch die Eltern, sind müde, und schon ist der schönste Familienstreit da. Auch dies ist ein unausgesprochener Vertrauensbeweis: Bei euch brauche ich mich nicht zusammenzureißen, jetzt kann ich mich so benehmen, wie mir zumute ist.

Gerade negative Aufmerksamkeit deuten Eltern oft als Ablehnung. Auch der Protest, der Aufstand in Situationen, die fürs Kind herausfordernd oder unerwünscht sind, wird nicht als Liebesbeweis erkennbar. Aber glückliche Kinder protestieren – und der Protest kann ein Zeichen des Vertrauens und der liebevollen Beziehung sein. Wenn das Kind nach der Eingewöhnungszeit allein im Kindergarten bleiben soll und der Papa weggeht, ist das Weinen ein Ausdruck der Liebe zum Papa.

Zu weinen oder sein Missfallen zu äußern ist also ein gutes Zeichen, ein Liebes-»Beweis« und ein Beweis des Vertrauens in die Eltern: weil das Kind zu zeigen wagt, was ihm missfällt oder wirklich in ihm vorgeht. Gut, sich immer mal wieder vor Augen zu führen, dass die Liebe der Kinder sich eben oft auch über solche Umwege zeigt. Aufgabe der Eltern ist es, das wahrzunehmen und sich auch über die Umweg-Liebe der Kinder zu freuen. Können Eltern solche Liebessignale nicht entschlüsseln, entstehen Missverständnisse und Fehlinterpretationen. Das ist bei kleinen Kindern angesichts ihrer unbeholfenen und oft indirekten Äußerungen allerdings oft unvermeidlich. Trotzdem können sich Eltern darauf verlassen, dass ihre Kinder sie lieben – und ihnen sofort oder vielleicht erst eines Tages verzeihen.

> *Anfangs lieben Kinder ihre Eltern; wenn sie älter werden, halten sie Gericht über sie; manchmal verzeihen sie ihnen.*
> **Oscar Wilde, Das Bildnis des Dorian Gray, Kapitel 5**

Elternliebe als Paarliebe

Ausgangspunkt und Basis der Liebe in der Familie ist die Liebe der Eltern zueinander. In Zweielternfamilien prägt die Liebe des Paars die Liebeskultur und -atmosphäre der ganzen Familie. Auch in Einelternfamilien gibt es schöne Formen familiärer Liebe. Für Alleinerziehende gilt Ähnliches wie für Paare, die gemeinsam erziehen: Um die Liebeskultur zu gestalten, ist es hilfreich, sich auf andere Erwachsene verlassen zu können, die die Mutter oder den Vater annehmen und stützen, ihnen weiterhelfen und sich auch mal kritisch äußern. In der Mehrzahl der Familien leben zwei Eltern mit Kindern (wobei nicht unbedingt beide die biologischen Eltern sein müssen); in diesem Fall ist es wichtig, dass es ihnen als Paar in ihrer Beziehung gut geht. Ihr Wohlbefinden miteinander strahlt in die ganze Familie hinein und überträgt sich auf jedes einzelne Familienmitglied. Wenn es da klemmt, ist es auch schwierig, die Liebe in der Familie zu gestalten.

FEINTUNING

Worauf es ankommt, sind die Feinheiten des Paaralltags: eine
Umarmung, ein liebevoller Kuss, ein klärender Blickkontakt,
ein Gespräch der Eltern beim Essen oder eine kurze Abspra-
che, wenn es etwas zu tun gibt: Bist du oder bin ich verantwortlich? Gehst du oder gehe ich? Sind die Sprösslinge aus dem
Kleinkindalter heraus, kommen Klärungen als Beziehungsmar-
ken hinzu: Was hast du zu seiner Frage gesagt? Was hast du
mit ihr ausgemacht?

Um als Paar aufeinander bezogen zu sein und zu bleiben, brauchen Eltern dafür eigene Zeiten. Kinder müssen nicht immer
einbezogen sein. Wenn es nötig ist, weisen Vater und Mutter
respektvoll darauf hin: »Bitte lass uns das fertig besprechen,
gleich haben wir wieder Zeit für dich.« Das Paar nimmt damit
seinen eigenen Platz ein. Das mag für das Kind im Moment
kränkend sein, erlaubt ihm aber, sich zu entwickeln. Die Paarliebe strahlt aus, sie kommt immer auch den Kindern zugute.
Deshalb zahlt es sich langfristig für die Kinder aus, wenn sie für
die Paarliebe immer mal wieder zurückstecken müssen. Sie me-
ckern oder weinen, wenn die Eltern am Abend weggehen oder
ein ganzes Wochenende für sich reservieren? Das lässt sich gut
mitfühlen – und trotzdem ist es eben für das Paar wichtig.

Was ein Paar ausmacht, ist zu einem wesentlichen Teil die Unterschiedlichkeit, auch die geschlechtliche. Eine Voraussetzung
für gelingendes Paarsein ist die gegenseitige Akzeptanz gerade
in den Unterschieden: Er ist sehr ordentlich – sie eher chaotisch;
er redet viel – sie eher weniger; er ist introvertiert – sie das Gegenteil. In derselben Weise gilt dies natürlich auch für die Ver-
schiedenheiten in gleichgeschlechtlichen Partnerschaften. Zwei

Voraussetzungen braucht es: Einerseits ein Ja zu sich selbst, ein Selbstbewusstsein in Klarheit – ich bin ein solcher Mann, ich bin eine solche Frau. Und andererseits die wechselseitige Akzeptanz, auch im Geschlechtlichen: Ich liebe dich so, wie du als Frau bzw. als Mann bist – auch dann, wenn mir das eine oder andere daran nicht gefällt. Es gilt, diesen Aspekt als Paar zu halten und immer wieder neu zu beleben.

> Alarmzeichen für das Paarleben wollen rechtzeitig wahrgenommen werden: Wenn Paare – oder ein Elternteil – vergessen, dass sie als Paar Bedürfnisse haben; wenn sie keine Lust (mehr) aufeinander haben; wenn sie ihre ganze Aufmerksamkeit dem Kind oder den Kindern widmen: Dann sinkt die Chance, liebevoll Familie zu sein; gleichzeitig steigt das Risiko, bald kein Paar mehr zu sein.

Dass das Leben als Paar nicht einfach ist, ist bekannt. Weniger bekannt ist, dass Paarbeziehungen von selbst schlechter werden, wenn das Paar nichts für sich tut. Die Konsequenz liegt auf der Hand: Beide Partner müssen sich aktiv um die Paarbeziehung kümmern, nicht nur um die Kinder.

Der liebevolle Umgang mit sich selbst

Die Liebe zu sich selbst ist ein Urgrund, aus dem heraus die Liebe zu anderen erwächst. Sie ist eine Voraussetzung, um Kindern (und erwachsenen Liebespartnern) ein gutes Gegenüber sein zu können – ohne Opferhaltung. Und sie ist gleichzeitig ein wichtiges Signal. Kinder lernen ja vieles über die Nachahmung, Eltern sind in der Kindheit die wichtigsten Vorbilder für sie. In dem Maß, in dem sich Eltern selbst annehmen, beachten und wertschätzen, können sie diese Haltung aufrichtig den Kindern vermitteln.

Selbstliebe meint auf der einen Seite das Annehmen der eigenen Stärken, was den meisten Menschen nicht so schwerfällt. Selbstliebe gilt aber ebenso den negativen, unentwickelten Seiten wie Neid, Eifersucht, Angst, Trägheit oder Bequemlichkeit, den ablehnenden Gefühlen, auch Rachegelüsten bis hin zum Hass. Solche negativen Anteile müssen nicht gutgeheißen werden. Aber Eltern sollten sie erkennen und akzeptieren, dass es sie gibt, auch bei sich selber. Dadurch wird es ihnen möglich, einen Umgang damit zu finden. Das Annehmen ist sogar eine Voraussetzung dafür, sie irgendwann gehen zu lassen, indem liebevoll verstanden wird, wodurch sie entstanden sind. Mindestens jedoch kann erreicht werden, dass die negativen Aspekte durch das Nichtannehmen nicht mehr blindlings ausagiert werden. Dieses Nichtagieren bedeutet zum Beispiel, Wut zu bemerken, wenn sie hochkommt – um dann zu entscheiden, sie *nicht* am Kind abzureagieren, also weder laut, handgreiflich noch ausfallend zu werden, und stattdessen tief durchzuatmen.

Sich selbst zu lieben fällt vielen Eltern schwer. Während Menschen aufwachsen, nehmen sie verdeckte Botschaften ihrer Eltern und anderer Erwachsener in sich auf. Bewertet zu werden ist im westlichen Kulturkreis eine der häufigsten Informationen, die Kinder erhalten: Lob, aber mit viel stärkerer Vehemenz Kritik – das eigene Handeln war falsch oder schlecht. Wenn sie später als Erwachsene Fehler machen, reagieren sie mit strafenden, oft vernichtenden Selbstbezichtigungen: »Wie konnte ich nur so blöd sein! Was hab ich nur für ein Problem! Mit mir stimmt etwas nicht! Immer bringe ich alles durcheinander!« Fehler verstricken viele Väter und Mütter in Selbsthass, statt dass sie als Gelegenheit genutzt werden, etwas zu lernen.

Manche Eltern sind davon überzeugt, im Grunde schlechte Menschen zu sein; sie können sich so, wie sie sind, kaum annehmen. Hass, Schuld oder Scham sind jedoch keine Motivatoren für Veränderung. Und für die Stimmung in der Familie, für den Zusammenhalt wirken solche Selbsteinschätzungen störend: Denn auch andere tun sich schwer, den sich selbst nicht liebenden Elternteil einfach draufloszulieben. Falls Sie merken, dass Sie mit der Selbstliebe noch zulegen könnten, gilt es zweierlei zu tun: Stärken Sie den liebevollen Umgang mit sich selbst und schwächen Sie das negative Denken.

FAMILIEN-
BANDE
KNÜPFEN

SICH SELBST LIEBEN

Achten Sie auf Ihre Gedanken über sich selbst; unterscheiden Sie, welche Ihrer Gedanken es gut mit Ihnen meinen und welche selbstabwertend und -verurteilend sind. Verwandeln Sie die »schlechten Gedanken« in liebevolle Aussagen oder steigen Sie daraus aus, und wandeln Sie automatische Selbstabwertungen in Verständnis und Selbstannahme um. Anstatt z.B. automatisch verurteilend zu denken: »Das ist ja wieder typisch, so vergesslich, wie ich bin«, sagen Sie zu sich: »Oh, schon wieder etwas vergessen! Na, ist ja auch verständlich, so viel, wie ich mir merken muss«, und fühlen Sie darin die liebevolle Grundstimmung für sich selbst.

Die Liebe zu sich selbst ist eine Voraussetzung für die Liebe zum Kind. Leitsätze oder Affirmationen können dabei helfen, mehr Selbstliebe ins Schwingen zu bringen:

* ★ Ich möchte gesund sein und bleiben.
* ★ Ich will entspannt sein.
* ★ Ich will mich friedlich verhalten.
* ★ Ich möchte glücklich sein.

Selbstablehnung ist kein unveränderlicher Zustand. Eigentlich lieben Menschen sich selbst. Trotz ihrer Selbstverurteilung wünschen sie sich, glücklich zu sein, darin ist die Selbstliebe ausgedrückt. Das Schöne in Familien ist die Möglichkeit, zu lieben: Indem sich Menschen mit der Liebe zu anderen verbinden, kommen sie auch stärker mit ihrer Liebe zu sich selbst in Kontakt.

Erweiterte Ehre für die Eltern: In der Bibel heißt es in den Zehn Geboten, man solle Vater und Mutter ehren. Schön und gut. Wir können das Gebot erweitern: Du sollst dich selbst als Mutter oder Vater ehren – schließlich willst du dein Elternsein gut machen und möchtest das Bestmögliche für dein Kind!

Väter lieben anders. Mütter auch

Dass der Vater und die Mutter desselben Kindes es jeweils auf ihre Art besonders lieben, ist geradezu unvermeidlich. Zu den persönlichen kommen auch Geschlechterunterschiede der Eltern ins Spiel der Familienliebe. Werden Müttern und Vätern Tonaufnahmen von fröhlichen und weinenden Säuglingen vorgespielt, reagieren deren Gehirne unterschiedlich. Die biologisch bedingten Unterschiede sind das eine, doch was die Betrachtung der Mutter- und Vaterliebe darüber hinaus so speziell macht, ist, dass beide mit gesellschaftlichen Erwartungen aufgeladen sind. Ihre Form des Vater- oder Mutterseins können Eltern nur bedingt für sich allein, oder zu zweit entscheiden. Immer mischen da auch andere mit, weshalb Klärungen vonnöten sind. Die väterliche Liebe erweitert und ergänzt die Liebe der Mutter und umgekehrt. Selbst wenn Rollenunterschiede nur schwach entwickelt oder umgekehrt verteilt wären, würden sich die Elternteile ergänzen. Auch von diesem Zusammenspiel profitieren Kinder, sie sind ja gewissermaßen doppelt und zugleich mit unterschiedlichen Aspekten der Liebe versorgt.

FAMILIEN-
BANDE
KNÜPFEN

VERSCHIEDEN LIEBEN

Menschen lieben unterschiedlich. Das ist gut so und das darf so sein. Erlauben Sie sich das – und Ihrer Partnerin, Ihrem Partner ebenso! Wenn Sie möchten, überlegen Sie doch mal, wo Sie sich unterscheiden und wo nicht:

★ Was würden Sie sagen: Was für ein »Liebestyp« sind Sie?
★ Und Ihr Partner, Ihre Partnerin: Wie würden Sie seine bzw. ihre Art des Liebens beschreiben?
★ Sie lieben teils gleich, teils unterschiedlich – gut so: Und wie ergänzen Sie sich?
★ Wir können (auch zu zweit) niemals alles abdecken. Was meinen Sie: Welche Seite fehlt bisher in Ihrem doppelten »Liebesrepertoire«? Wo könnten Sie sich noch entwickeln?
★ Welche Personen könnten dem Kind sonst noch guttun? Seien Sie bei der Suche kreativ: die Oma, der Opa, der große Nachbarsjunge, der Fußballtrainer, die Tanzlehrerin …

Mutterliebe: mehr als Glucke und Rabenmutter

Mutterliebe! Der Begriff weckt Emotionen und polarisiert: Während die einen glänzende Augen bekommen, stellen sich bei den anderen die Nackenhaare, und das nicht ohne Grund, denn der Begriff wurde in der Vergangenheit häufig missbraucht. Nüchtern betrachtet, ist mit der Mutterliebe zuerst eine gleichsam angeborene Form der Liebe gemeint. Das Kind ist in der Mutter herangewachsen und wird von ihr, aus ihr heraus in die Welt geboren, ein spürbarer Teil von ihr. Das wirkt auch in den ersten Lebensmonaten weiter, Mutter und Kind erleben sich grenzenlos verbunden. Das Kind ist körperlich von der Mutter abhängig, darauf reagiert die Mutter mit Fürsorge. Sie nimmt sich selbst mit ihren eigenen Bedürfnissen zurück für sein Wohl. Genau genommen ist Mutterliebe also auch ein Trick der Natur, Frauen dazu zu bringen, für ihre Kinder vieles zu tun, was sie für keinen anderen Menschen auf sich nehmen würden.

Mutterliebe ist aber kein unabänderlicher Instinkt, sondern ein menschliches Gefühl und eine Einstellung zum Kind. Stärker als bei der Vaterliebe ist die Liebe körperlich geprägt. In der frühen Mutter-Kind-Beziehung wirkt das Liebes- und Bindungshormon Oxytocin, das für Zuneigung und zwischenmenschliche Nähe zuständig ist und bereits in der Schwangerschaft die Muttergefühle schürt. Der Botenstoff wird im Gehirn während der Geburt und beim Stillen ausgeschüttet. Der Anblick ihrer Säuglinge verursacht bei Müttern einen Anstieg der Aktivität im sogenannten Belohnungssystem im Gehirn (der auch bei Drogenkonsum und sexueller Erregung aktiv ist).

Die hormonelle Mutterliebe ist ein körperlich-psychisches Wechselspiel. Der Oxytocinspiegel bei werdenden Müttern hat Einfluss darauf, wie intensiv sie sich später mit ihrem Kind beschäftigen und wie stark sie sich ihm zuwenden. Umgekehrt lösen die Berührungen und der Anblick des kleinen Kindes Oxytocinausschüttungen im Körper aus, ein feines, auch körperliches Zusammenspiel. Die Bindung wird damit getriggert und gefestigt.

Hormone und die Reaktionen, die sie auslösen, sind jedoch nicht der einzige Weg, über den sich Muttergefühle entwickeln. Es werden ja auch Kinder adoptiert, und deren Mütter (und Väter) sind auch ohne die Oxytocinschübe bei Geburt und Stillen in der Lage, liebevoll für sie zu sorgen. Und trotz biologischer

Grundlagen lieben Mütter ihre Kinder nicht automatisch. Mutterliebe ist also nicht nur naturgegeben, sondern entsteht auch durch Interaktionen zwischen Mutter und Kind.

Die Liebe zwischen Mutter und Kind ist eine biologisch-kulturelle Schlüsselerfindung und gewissermaßen das Muster von Liebe überhaupt. Der Verhaltensforscher Eibl-Eibesfeldt vermutete, dass sie noch vor der romantischen Liebe unter Erwachsenen existierte. Zudem wird mütterliches Verhalten erlernt, als Erfahrung, die von Generation zu Generation weitergegeben wird: gleichermaßen als Kompetenz wie in ihrem Gegenteil auch als Unfähigkeit, eine gute Bindung zum eigenen Kind aufzubauen.

Es gibt Situationen oder Phasen, in denen eine Mutter ihr Kind weniger mag. Aber wenn die Mutterliebe über längere Zeit ausbleibt oder noch nie richtig fühlbar war, ist es angebracht, Hilfe zu suchen, z. B. in Erziehungs- und Lebensberatungsstellen oder bei psychologischen Fachkräften.

Je älter das Kind wird, desto mehr wird auch die Mutterliebe herausgefordert. Hormone reichen längst nicht mehr, bei älteren Kindern wirken vor allem Wissen und geistige Reife der Mutter. Die Jahre der Auseinandersetzungen in der Pubertät sind damit im wahrsten Sinne des Wortes Auseinander-Setzungen: Die Wege gehen auseinander. Streit ist hilfreich und nötig, um auch die unsichtbaren Nabelschnüre aus der früheren Einheit der Mutter-Kind-Beziehung zu durchtrennen. Es ist in dieser Zeit eine der Aufgaben der Mutter, ihrerseits Verbindungskanäle, die sie an das Kind angedockt hat, zurückzunehmen. Nur so wird es ihrem Kind möglich, erwachsen auf eigenen Füßen zu stehen. Deshalb ist die Zeit der Loslösung in der Pubertät und Adoleszenz auch von widersprüchlichen Gefühlen bei Mutter und Kind geprägt. Es gibt Zeiten, da demonstriert das Kind seine Unabhängigkeit, und Zeiten, in denen das kleine bedürftige Kind wieder mehr zum Vorschein kommt. Die Mutterliebe reagiert auf beide Pole, je nachdem, welches Bedürfnis des Kindes gerade die Oberhand hat.

Als ich mich bei einem Streit mit meinem 18-jährigen Sohn wiederholt vehement mit meinen Argumenten in sein Vorhaben einmischte, sagte er laut: »Hör endlich auf. Das ist mein Leben. Du hast nur Angst, dass ich unter der Brücke lande. Aber auch dazu hätte ich das Recht.« Das war eine klare Ansage, und ich musste ihm recht geben.

Der Rückzug der Mutter mit ihrer Fürsorge und Liebe ist für beide Seiten ein schwieriger Entwicklungsschritt, der Gefühle von Abschied, Schmerz und Trauer beinhalten kann. Kinder fordern in der Jugendphase ihre Eigenständigkeit ein, während Mütter ihnen einen Liebesdienst im Loslassen erweisen. In der heutigen Zeit, in der manche erwachsenen Kinder sich dauerhaft im Hotel Mama einrichten, kann das sogar bedeuten, die Kinder zum Auszug aufzufordern, sie aus dem Nest zu schubsen.

Die biologischen Hintergründe der Mutterliebe, ihre soziale und psychische Bedeutung führten in der Vergangenheit und auch heute noch zu Überhöhungen und Auswüchsen: Vor allem in Deutschland hatten und haben Mütterideologien Konjunktur. Dem meist spontanen mütterlichen Sorgeverhalten wird sozial und kulturell noch vieles draufgepackt, und Frauen, die im Muttersein nicht ihr einziges Glück sehen, gelten schnell als unnormal und moralisch angreifbar. Die Ideologie der Mutterliebe ist im Wesentlichen die Aufopferung für die Kinder: Mutterliebe als gelebte Selbstlosigkeit. Darin setzt sich eine antiquierte Erwartungshaltung an die Frau fort, die im Alltag unerfüllbar ist. Solchen Ideologien liegen Machtansprüche über Frauen zugrunde, die weder das Wohl der Mutter noch das Wohl des Kindes im Sinn haben.

Besonders perfide ist die Koppelung der Mütterlichkeit an Weiblichkeitsbilder nach dem Motto: »Weiblich ist mütterlich, und mütterlich ist weiblich.« Weibliche Klischees wirken nach wie vor stilbildend für die Liebe in der Familie. Sie verknüpfen die Liebe der Frauen mit Fürsorge, bedingungsloser Hingabe und Selbstlosigkeit. Unabhängigkeit, Eigenständigkeit und eigene Bedürfnisse sollen Vorstellungen von familiärer Harmonie und Gemeinsamkeit nachgeordnet werden. Die subtile Wirkung solcher Bilder ist auch angesichts veränderter weiblicher Lebensmodelle nicht gebrochen. Deshalb sind es viel mehr Mütter als Väter, die sich unter hohen Druck stellen und sich mit Selbstzweifeln quälen: Kind, Partner, Job, Haushalt, Garten, Hund – alles soll perfekt sein und funktionieren, denn das schafft eine tolle Mama locker. Die Latte liegt hoch, und die Wirklichkeit zeigt sich meist anders: Kinder und Partner haben ihren eigenen Kopf, das Unkraut sprießt, das Essen ist verkocht – die zu hohen Ansprüche sind einfach nicht zu verwirklichen. Der Frust darüber schüttelt das ideale Bild der Mutter ordentlich durch und lässt die Frage zurück, ob sie eine »gute Mutter« ist.

Mit den Mütterideologien müssen sich auch heutige Eltern auseinandersetzen, weil sie – oft aus dem unbewussten Untergrund heraus – nachhaltig wirken. Alte Ideologien haben bisweilen eine unglaubliche Langzeitwirkung. Gekoppelt mit den biologischen Ursprüngen der Mutterliebe funktionieren sie in vielen Müttern wie eine belastende Hypothek, die Schuldgefühle verursacht.

HINTER DIE FASSADE BLICKEN

Gegen diffuse Gefühlslagen hilft, ins Reflektieren zu kommen und sich Ursachen und Wirkungen bewusst zu machen, gerade dort, wo sich die Frage nach dem Gute-Mutter-Sein hinterlistig einschleicht. Das ist nicht nur eine Aufgabe für die Mütter, sondern tatsächlich eine gemeinsame Frage der Eltern, weil es die Kultur der Familie und die Arbeitsteilung betrifft.

Rabenmutter trifft Glucke

Mutterliebe ist immer eine Frage des richtigen Maßes. Zwei Vergleiche aus der Vogelwelt umreißen das Problem: Rabenmutter auf der einen, Glucke auf der anderen Seite. Die beiden Bilder finden sich schon im Deutschen Wörterbuch der Brüder Grimm: Zweifel am Zuviel bzw. Zuwenig kannten Mütter damals wohl auch schon. Sie weisen in zwei Richtungen: zu viel für sich selbst tun oder zu viel fürs Kind. Bildlich gesprochen liegt zwischen dem Egoismus der Mutter und der selbstlosen Überversorgung von Kindern ein Korridor des Gesunden für Mutter und Kind – aber wer weiß schon genau, wo seine Grenzen liegen?

Besonders wenn Mütter beruflich für ihre eigenen Bedürfnisse sorgen und Kindern statt eigener Rundumversorgung Fremdbetreuung zumuten, geraten sie in Verdacht, »Rabenmütter« zu sein. Oft macht ihnen weniger die Zuschreibung anderer zu schaffen: Die könnte durch ein stabiles Selbstbewusstsein gut gekontert werden. Viel problematischer sind die inneren Unsicherheiten und Fragezeichen: Darf ich mir das rausnehmen? Habe ich als Frau ein Recht auf meinen Beruf? Opfere ich mich nicht genug für meine Kinder auf? Solche Ungewissheiten und Fragen sind vor allem eines: große Einfallstore für Schuldgefühle.

Die Rabenmutter-Zuschreibung ist das negative Abziehbild der Mütterideologie. Niemand kann genau sagen, was das eigentlich ist, und auch nicht, wann denn die Grenze vom normalen Muttersein zum Rabenmuttersein überschritten wird. Ähnlich unscharf ist das Gegenbild der Rabenmutter, die Glucke. Damit sind überversorgende und -behütende Mütter gemeint, die Selbstständigkeit und Eigenverantwortung des Kindes nicht zulassen können. Durch ihre übereifrige Fürsorge versuchen sie, von sich selbst das Bild einer idealen Mutter zu schaffen. In Wirklichkeit handelt es sich dabei mehr um Egoismus durch Kontrolle und ein manipulierendes Festhalten: »Du gehörst mir, (nur) ich weiß, was gut für dich ist, und wenn du immer schön das tust, was ich dir sage, wird dein Leben gelingen.« Wo die Möglichkeit, ein Kind zu lieben, zum einzigen Kristallisationspunkt für ein glückliches Frauenleben wird, wird die Liebe instrumentalisiert. Die Beziehung zum Kind wird belastet, und andersherum gilt: Eine Mutter, die ihre Freude am Leben auch in anderen Bereichen findet, entlastet ihr Kind.

Weil mit dem Begriff der Mutterliebe ideologisch Schindluder getrieben wurde, ist Vorsicht angebracht, wenn die Qualität der Mutterliebe hinterfragt wird, und zwar besonders dort, wo unterschiedliche Auffassungen über die Intensität der Betreuung zu abwertenden Vorwürfen führen: Dann werden die einen als Glucken beschimpft, den anderen wird vorgeworfen, Rabenmütter zu sein.

FAMILIEN-
BANDE
KNÜPFEN

DER MÜTTER-SCHNELLTEST:
GLUCKE ODER RABENMUTTER?
Beantworten Sie die folgenden Fragen spontan und ehrlich durch Zustimmung oder Ablehnung:

* Ich bin immer und ausschließlich nur für mein Kind da und mache alles für das Kind, ob es das will oder nicht.
* Ich bin für mein Kind praktisch nie erreichbar, es gibt so viele wichtige Sachen, die mich ganz fordern, da bleibt mir keine Zeit fürs Kind.
* Mein Kind bedeutet mir eigentlich gar nichts; es gibt so viel Wichtiges, was erledigt werden muss, bevor das Kind dran ist.
* Mein Kind bedeutet mir alles, es gibt überhaupt nichts, was sonst noch irgendeine Bedeutung in meinem Leben hat.

Auswertung: Wenn Sie mehr als einer Aussage zustimmen, sind Sie gefährdet, eine Glucke oder eine Rabenmutter zu sein. Stimmen Sie keiner oder nur einer Aussage zu? Oder würden Ihre Antworten wöchentlich, täglich oder gar mehrmals täglich wechseln? Dann sind Sie eine ganz normale Mutter!

Mütter sollten besser keine Energie darauf verwenden, an ihrem Heiligenschein zu basteln. Kinder verlieren dadurch das Vertrauen, weil sie ihre Mama nicht richtig einschätzen können. Ihnen hilft mehr, zu wissen, wie sie wirklich ist. Wichtiger ist also, dass Mütter ihre Bedürfnisse kennen, dazu stehen, sie einfordern und selbst aktiv umsetzen. Keine Mutter muss immer fröhlich sein, das geht gar nicht, aber wichtig ist, dass jede Mutter genügend für sich sorgt. Das Wissen um die große Bedeutung der eigenen Zufriedenheit und Lebensfreude der Mutter räumt auf mit dem verklärten Mutterideal. Eine Mutter liebt auch sich selbst. Punkt. Und wenn das nicht so ist, tut es ihr und dem Kind gut, wenn sie es lernt.

Vaterliebe zwischen Vollgas und Bremsung

Das Vatersein befindet sich in einer gravierenden Veränderung. Was in der Vergangenheit als Aufgabe des Vaters und als Ausdruck seiner Liebe galt – Erzeuger, Versorger, Ernährer sein –, hat heute an Gewicht verloren. Auch der Schutz der Familie wird mittlerweile anderweitig garantiert, vom Sicherheitsschloss und von der Versicherung bis hin zur Polizei.

Der Umbruch zeigt gravierende Auswirkungen fürs Vatersein und für die Liebe der Väter. Traditionell orientierte Männer tun sich damit schwer: Erich Fromm und auch Wolfgang Bergmann sind in ihren Vorstellungen noch stark im alten patriarchalen Bild des Väterlichen verhaftet, im Herstellen von Geschlecht über Gegensätze. Dem Väterlichen wurde damals der strukturierende, wertende, fordernde, gar strafende Teil zugeschrieben. Das droht – bei Fromm deutlich spürbar – die Väter aus der liebevollen Beziehung zum Kind zu werfen. Gut, dass dies mittlerweile anders gesehen wird. Die heutige Vätergeneration hat sich bereits vielfach neu verortet. Sie legt mehr Gewicht darauf, die Vaterrolle aktiv und eigenständig auszufüllen. Und ist immer weniger bereit, ihre Familienrolle blind dem Beruf zu opfern. Mehr und mehr gehen Männer mit hoher Motivation, mit Vollgas ins Vatersein.

Heute ähnelt die Liebe des Vaters in vielem der Mutterliebe: Beide sind wichtig als liebevolle, verlässliche Partner, in ihrer Fürsorglichkeit, indem sie zuhören oder vorlesen, schmusen, füttern und wickeln. Umgekehrt haben Mütter – über die Selbstverständlichkeit einer qualifizierten Berufstätigkeit – einen Teil des materiellen Versorgens mit übernommen.

Vaterliebe und Mutterliebe sind also weniger scharf zu trennen. Gut so, weil sich damit einengende Rollenzuschreibungen auflösen. Gleichzeitig stellt sich für Väter die Frage nach ihren speziellen Aufgaben und nach dem Besonderen der väterlichen Liebe neu. Denn neben dem Gemeinsamen leisten Väter auch wichtige eigene Beiträge für die Entwicklung der Kinder. Es ist für die Beziehung zwischen Vater und Kind förderlich, wenn das Kind von Beginn an den Vater als männliches Gegenüber hat: einen Vater, der eine liebevolle, fürsorgliche, zugewandte und sicher gebundene Beziehung hält. Neuere Forschungen haben gezeigt, dass Väter tatsächlich besonders durch ihre emotionale Beziehung für die Entwicklung des Kindes bedeutsam sind.

Sensation Papa

Kinder erleben die Liebe ihrer Väter als eine Überraschung: Die Liebe der Mutter ist eine andere, sie ist aus der Perspektive des Kindes durch die körperliche Verbindung im Bauch oder beim Stillen selbstverständlicher. Der Vater ist nun der erste Erwachsene, der das Kind »einfach so« annimmt und liebt, ohne Nabelschnur und Muttermilch. Das Sensationelle dabei ist die erfahrene Vaterliebe, die ein Aufgehobensein vermittelt, das mitentscheidend ist für das Vertrauen des Kindes in die Welt. Sie ist damit eine wichtige und eigene Grundlage für die Stabilität im Größerwerden.

Zudem drückt sich die väterliche Liebe in der Art aus, wie er mit dem Kind spielt – auch hier wieder: in vielem gleich wie die Mutter, aber in manchem eben doch verschieden. Meistens sind Väter etwas robuster sozialisiert, in ihrer Kindheit haben sie wildere Aktivitäten erlebt; im Freien, inklusive Abenteuer, Durchsetzen, Wettbewerb, Kämpfen und Risiken. Väter spielen mehr körperlich, sie raufen, ermutigen Kinder, Risiken einzugehen, und fördern ihre Wettbewerbsbereitschaft und Autonomie. Väter waren ja körperlich nicht so eng mit dem Kind verbunden wie die Mutter, weshalb viele ihren Kindern mehr zutrauen und zumuten: Der Vater wirft das Kind hoch und fängt es wieder auf, und das Kind freut sich und jauchzt. Er schleudert es herum, schaukelt es wild oder lässt es balancieren, klettern und rutschen (wobei die Mama bisweilen wegsehen muss). Väter gehen dabei eher an die Grenzen des Zumutbaren und der Angstlust; sie fordern die Kinder also, überfordern sie aber nicht und sind deshalb neben ihrer fürsorglichen Liebe auch für das forschende und erlebnisorientierte Spiel wichtig.

Väter setzen eher klare Regeln und Grenzen, sie sagen eher mal Nein, fördern gleichzeitig Selbstbestimmung und Durchhaltevermögen. Auch später, in seinen Erwartungen an die Tochter, den Sohn ist die väterliche Liebe enthalten, aber es ist eine *unbedingte* Liebe: Das Kind wird auch dann geliebt, wenn sie oder er die Erwartungen nicht erfüllt. Der Vater ist vielleicht enttäuscht, aber seine Liebe bleibt erkennbar.

Die Liebe des Vaters hat insgesamt einen großen Einfluss auf Charakter und Verhalten der Kinder – manchmal sogar stärker als die Liebe der Mutter. Weil zumindest in sehr traditionellen Familien der Vater als die eigentliche Führungskraft wahrgenommen wird, haben die durch ihn vermittelten Werte besonderes Gewicht. Seine Zuverlässigkeit und Verantwortung im (nicht nur finanziellen) Versorgen werden von Kindern genauso als Ausdruck seiner Liebe registriert wie Großzügigkeit und klare Linien. Und nicht zuletzt dient er den Kindern als der Prototyp des Männlichen, bei dem die Liebe als wesentliches Element nicht fehlen darf.

> Kinder, die Vaterliebe genießen durften, bewältigen im Erwachsenenalter ihr Leben besser und eigenständiger, sie haben weniger Probleme als Kinder, die darauf verzichten mussten. Von ihren Vätern liebevoll begleitete Kinder sind im Durchschnitt erfolgreicher in der Schule und kommen später weniger mit Gesetzen in Konflikt.

Was für den Einfluss der Vaterliebe fürs Positive zählt, gilt mit umgekehrten Vorzeichen für Probleme und Störungen, wenn seine Liebe fehlt: Kinder erleben die Vernachlässigung oder Zurückweisung durch einen lieblosen Vater als heftige negative Erfahrung. Folgen sind Angst und Unsicherheit, die Kinder reagieren ihrerseits ebenfalls mit abweisendem Verhalten oder Aggressivität.

Wie ein Vater die Liebe zum Kind gestalten und in die Welt bringen kann, muss er ausprobieren; sein Verhalten soll ja zu ihm, zu seinen Lebensumständen, zu seiner Partnerin oder seinem Partner und natürlich auch zu seinem Kind passen. Keine leichte Aufgabe, aber ein wichtiger Beitrag für die nächsten Generationen.

Martin liebt seine beiden Kinder von ganzem Herzen, wie er sagt. Das glaube ich ihm gleich, als er von ihnen erzählt. Er spürt, wie sehr sie ihn ebenfalls lieben und brauchen. Vor allem seit der Geburt des zweiten bringt ihn das jedoch immer stärker in Konflikte. Natürlich will er ein guter Vater sein, aber er weiß nicht, wie er das bewältigen soll: Im Job wird voller Einsatz erwartet, auch wenn sein Vorgesetzter sein Engagement in der Familie grundsätzlich gut findet und Martin mit flexiblen Arbeitszeiten unterstützt. Seine Frau arbeitet ebenfalls in Teilzeit; sie möchte, dass er im Haushalt mehr Aufgaben übernimmt und nicht nur mit den Kindern spielt, wenn er mal Zeit hat. Den Kindern gegenüber empfindet er immer häufiger Schuldgefühle, weil er so wenig da ist. Er meint zudem, selbst auf der Strecke zu bleiben, er kommt überhaupt nicht mehr zu sich. Und allmählich schwindet in alldem seine Lebensfreude. So kommt er in die Beratung. Seine Überforderung ist spürbar. Nach und nach arbeiten wir die unterschiedlichen »Baustellen« ab. Meistens beklagen sich Väter erst hinterher, wenn die Kinder groß sind, darüber, sich zu wenig Zeit für sie genommen zu haben. Das trifft für Martin nicht zu: Fast jeden Mittag kommt er zum Essen heim, ist einen Nachmittag in der Woche ab 14.30 Uhr zu Hause, abends ist er meistens da, und die Wochenenden verbringt er mit der Familie. Das müsste doch gut reichen, meinen wir beide.

Allmählich wird klar: Nicht die Menge der Aufgaben zieht ihm den Boden weg, sondern die Höhe seiner Ansprüche. Martin will alles sehr gut machen. Ganz besonders gilt dies in Bezug auf die Kinder. Mit dieser Erkenntnis entspannt sich die Lage bereits etwas, er ist fast erleichtert: Nicht er packt es nicht, sondern seine Ansprüche sind zu hoch. Was hilft ihm dabei, auf den realistischen Boden zu kommen? Am Beruf lässt sich nichts mehr machen, das ist ausgereizt. Ein Problem ist, dass auch seine Frau – vor allem, was den Haushalt angeht – Ansprüche hat; Auch sie macht sich ein schlechtes Gewissen, seit sie arbeitet. Hier hat Martin einen realistischeren Blick, und nach ein paar

Konfliktgesprächen heißt eine Lösung: weniger Perfektionismus im Haushalt und für den Wochenputz eine Haushaltshilfe, zwei Stunden lassen sich gerade noch finanzieren. Die Wohnung ist damit lange noch nicht verdreckt, nur ein wenig unordentlicher. Doch das ist noch nicht alles. Immer wieder reden wir über sein Vatersein und seine große Vaterliebe. Hier fällt es ihm am schwersten, seine extremen Vorstellungen loszulassen. Es ist wie ein magischer Schwur, er muss es unbedingt gut und richtig machen. Aber warum? Wir finden die Lösung bei Martins Vater. Der war viel beruflich unterwegs und abends noch politisch engagiert; für Martin emotional nicht erreichbar, obwohl er sich nach ihm gesehnt hat und ihn gebraucht hätte. Sein wenig präsenter Vater hinterließ eine Lücke in der Familienstruktur, in die hinein Martin sich mit der Idee gesetzt hat, es besser zu können. Und das wurde zu einem Muster in seinem Selbstverständnis: »Ich mache das besser.« Dieser Plan hat ihn in eine Art Größenwahn getrieben, von seiner Mutter bekam er dafür viel Anerkennung: Er war immer der brave, pflegeleichte und zuverlässige Sohn. Als er selber Kinder hat, verfolgt er unbewusst das Ziel, auf gar keinen Fall ein schlechter Vater zu sein, nein, er kann das Vatersein besser als sein Vater. Diese Vorstellung führt ihn dummerweise genau in die andere Richtung: Sein Gut-sein-Wollen kippt ins Problematische.

In schmerzhaften Schritten kann Martin dieses Muster erkennen und sich davon lösen. Er akzeptiert, dass es genügt, ein einigermaßen guter Vater zu sein, und dass er in dieser Hinsicht durchschnittlich ist – ja, dass das für die Kinder besser ist als ein unglücklicher Vater im Größenwahnmodus. Dies führt dann auch zu einer Versöhnung mit seinem Vater, der seine väterliche Liebe nur so dürftig ins Leben bringen konnte, wie es für ihn damals gerade ging.

Bremsen für Papas Liebe

Wenn Vaters Liebe so wichtig ist – was steht ihr dann eigentlich im Weg? Insbesondere wirkt hier die Welt der Berufsarbeit, die sich nur allmählich wandelt. Da es sich um Strukturen handelt, braucht der Vaterwandel strukturelle Stützen für die Veränderung, wie z. B. das Recht auf Erziehungszeiten. Um die Arbeitgeberseite in Schach zu halten und zu entwickeln, sind Gesetze notwendig, die das Engagement der Väter in der Familie absichern. Auch die Familiengesetzgebung trägt dazu bei, etwa durch das geteilte Sorgerecht. Gesellschaftliche, rechtliche und wirtschaftliche Rahmenbedingungen bestimmen wesentlich mit, wie stark Väter ihr »Liebe-Tun« für die Kinder leben können.

Eine Folge des Wandels im Vatersein ist die Unsicherheit vieler Väter, auch in ihren Liebesversuchen. Stabile Vorbilder oder kulturell vermittelte Formen väterlicher Liebe, die ihnen als Orientierung dienen könnten, sind in Zeiten starken Wandels selten. Idealisierende Medienbilder gibt es dagegen zahlreich, sie sind aber wenig nützlich.

> Bei vielen Vätern gibt es echte Informationsdefizite: Sie wissen einfach nicht, wie bedeutsam sie für die Entwicklung ihrer Kinder sind und wie wichtig ihr Beitrag oder der Charakter ihrer Liebe in der Erziehung ist. Da helfen keine moralgetränkten, wenn auch gut gemeinten Kampagnen wie »Mach dich unsterblich. Werde Vater« des Vereins »Aktion Gemeinsinn«, sondern handfeste Informationen, die mit der Degradierung des Vaters als Beifahrer aufräumen.

Auch viele Mütter halten die väterliche Unsicherheit und ein zaghaftes Aneignen der Vaterrolle nicht gut aus. Sie verdrängen den

Vater mit einer dominanten Haltung: »Familie ist mein Revier; ich mach das eh besser!« Unsichere Männer ziehen sich dann zurück, anstatt ihren Platz zu behaupten. Das ist mehrfach schlecht: fürs Kind und für den Vater ebenso wie für die Beziehung und den Zusammenhalt in der Familie.

Umgekehrt haben viele Väter an sich selbst hohe Erwartungen. Daraus entsteht Druck oder das Bemühen, dass möglichst viele sehen, wie toll der Papa ist – das katapultiert sie aus der Liebe, die ja bekanntlich uneigennützig daherkommt. Andere verstehen ihre Liebe als Leistung und gehen sie an wie ein Bauprojekt: Ärmel hochkrempeln und los geht's mit der Liebe, aber zackig! Oder als Job, der in einem passenden Zeitfenster abgearbeitet wird, ob das nun zu den Bedürfnissen des Kindes passt oder nicht.

Oft gibt es in Väterköpfen viele Bilder und genaue Vorstellungen, wie ihre Liebe stattzufinden hat, im Wald, am Lagerfeuer, beim Fußballspielen. Solche Bilder setzen sich gern fest, wenn es weniger geglückte Erfahrungen im Geliebtwerden als Sohn gab. Sie können als Sehnsuchtsträger hilfreich sein, engen aber das Erleben im Jetzt ein. Beziehung lässt sich nicht planen oder an Vorstellungen ausrichten. Ein Augenblick auf dem Teppich oder ein Streit ums Heimkommen wird dann nicht unter Liebe verbucht, weil es kein Bild dazu gibt. Zurück bleiben Enttäuschungen, wenn die erwarteten Bilder sich nicht einstellen.

Schließlich werfen Trennungen die Väter häufig aus der Familie und damit aus der Liebe zum Kind. Wenn Eltern kein Paar mehr sind, heißt das nicht, dass ein Vater sein Kind nicht mehr liebt oder dass das Kind seinen Papa nicht mehr braucht. Die Bindung geht weiter, auch wenn die Eltern sich getrennt haben. Viele Väter ziehen sich nach einer Trennung zurück – ein Drama für das Kind. Umgekehrt gibt es auch Frauen, die aus der Kränkung einer Trennung heraus alles daransetzen, die Vaterliebe zu unterbinden.

Trotz aller Bremsen hat sich das Vatersein in den vergangenen Jahrzehnten neu bestimmt und stabilisiert. Und alle Zeichen deuten darauf hin, dass sich diese Entwicklung nicht umkehren wird.

Geschwisterkinder: Jedes Kind anders lieben?

Sobald es mehr als ein Kind in der Familie gibt, zeigen sich auch im Lieben Unterschiede. Aber dürfen die Kinder in einer Familie verschieden geliebt werden? Ist das gut? Und gerecht?

Margrets Liebe zu Miriam fühlt sich anders an als die zu Sebastian. Erst will sie es sich nicht eingestehen, aber es ist so, und mit dieser Entdeckung kommen die Schuldgefühle: Eigentlich muss ich doch jedes Kind gleich stark lieben. »Was mache ich denn jetzt?«, fragt sie in der Beratung. Gemeinsam arbeiten wir heraus, wo jedes ihrer Kinder seine Eigenheiten hat und dass diese die Art der Beziehung mitbestimmen. Sie machen es manchmal auch leichter oder schwerer, die Liebe wahrzunehmen. So gesehen ist es sogar unmöglich, seine Kinder genau gleich zu lieben.

Es bleibt gar nicht aus, dass Eltern, die mehr als ein Kind haben, diese auch unterschiedlich lieben. Das Prinzip Liebe ist keine Einbahnstraße, sondern fließt interaktiv hin und her. Unterschiede im Lieben sind eher ein Hinweis auf die Individualität der Kinder und die eigene Qualität der Beziehung zu ihnen.

Denn wenn Kinder in ihrem Sosein geliebt werden, dann ist die Verschiedenheit der Liebe auch ein Ausdruck ihrer Einzigartigkeit. Und das gilt sogar für eineiige Zwillinge. So gesehen sind die Unterschiede eigentlich selbstverständlich, dennoch bleiben häufig Unwohlsein und Schuldgefühle: Verantwortlich dafür sind zwei Dinge:

★ Ein hoher Gerechtigkeitsanspruch: Man muss Kinder immer ganz exakt gleich behandeln, bloß keine Unterschiede erkennen lassen.
★ Die Wertung der Unterschiede: Aus einem *anders* wird hier ein mehr und weniger oder ein besser und schlechter; Unterschiede werden mit Wert aufgeladen und in ein hierarchisches Verhältnis gesetzt.

Nicht nur was die Liebe angeht, auch bei anderen Bedürfnissen ist es unmöglich, Kindern immer exakt das Gleiche zukommen zu lassen. Können Eltern etwa genau abmessen, wie intensiv interessiert sie einem Kind zuhören? Ob sie sekundengenau mit dem einen und dem anderen Kind gleich lang in der Badewanne sitzen? Ob die exakt gleiche Zahl Pommes oder Erbsen auf dem Teller liegt? Gerechtigkeit ist ein wichtiger Wert, auch in der Familie; aber es handelt sich dabei um eine Näherungsgröße: einigermaßen gerecht, das genügt. Und wo es Unterschiede bei Bedürfnissen gibt, finden sich verschiedene Formen, diese zu befriedigen.

Verschieden lieben tut allen gut. Gleiche oder gerechte Beziehungen sind ein Anspruch, der nicht einzulösen ist und zu lieblosem Aufrechnen führt.

Ähnlich ist es mit der Bewertung: Wie soll Liebe gemessen werden? Durch Anschluss an einen Lieb-o-Mat, der die Intensität der Liebe misst? Unsinn! Das eine Kind braucht heute vielleicht eine harmonische Kuschelliebe, das andere eine gute Portion unterstützender, haltender Liebe. Jedes Kind ist besonders und einzigartig, so wie die Kinder eben sind. Und wenn sie bekommen, was sie gerade brauchen, sind dies wertvolle Unterschiede, die so sein dürfen und müssen. Die »Grundliebe« sollte vorhanden sein, aber wie sie sich ausformt, darf sich unterscheiden.

Jenseits von Erbsenzählereien kann es aber gerade im Geschwistervergleich auffallen, dass etwas im Lieben besonders schwierig ist oder gar nicht stimmt. Meistens merken Eltern intuitiv, dass es nicht um Bedürfnisunterschiede oder um eine temporär verschiedene Verteilung von Zuwendung geht. Zum einen Kind scheint es »keinen Draht« zu geben, es liegt einem nicht so oder ist einem vielleicht sogar unsympathisch. Dem einen fliegen mit seinem unwiderstehlichen Charme alle Herzen zu, während sich beim anderen nichts tut. Auch solche Tendenzen kommen vor. Sie zu registrieren, sie sich bewusst zu machen ist wertvoll und kann wichtige Alarmsignale liefern.

Wenn sich ein Elternteil (oder gar beide Eltern) über längere Zeit oder gar ausschließlich zu einem Kind hingezogen fühlt oder wenn eines der Kinder dauerhaft abgelehnt wird, dann steckt meist eine gravierende Störung dahinter: zum Beispiel, dass Eltern im Kind Wesenszüge sehen, die sie an sich selbst ablehnen. Das können negativ bewertete Eigenschaften sein, mit denen die Eltern selbst Mühe haben; Fehler sehen wir nicht gern, schon gar nicht bei denen, die uns lieb sind. Auch die starke Identifikation mit einem Kind – weil es kleiner ist, das Nesthäkchen, chronisch krank, schutzbedürftiger, weil es das Mädchen ist – kann zur Ablehnung des anderen führen.

Normalerweise liegt im Erkennen und Sicheingestehen der Schwierigkeiten schon der erste Schritt zur Veränderung. Dann kann gezielt und verstärkt auf das Liebenswerte, Starke und Positive geachtet werden, das jedes Kind hat. Gleichzeitig scheint es angebracht, sich mit den abgelehnten Seiten in sich selbst anzufreunden. Starke und dauerhafte Schwierigkeiten beim Lieben des einen oder anderen Kindes können auch Anlass sein, sich Unterstützung zu holen, etwa in Form von Erziehungsberatung.

Elternliebe wächst mit

In allen Lebensphasen können Geborgenheit und die wohlwollende, warmherzige Verbindung zum Kind ausgedrückt werden und spürbar sein. Welche Formen der Liebe das Kind braucht, wandelt sich aber mit dem Größerwerden des Kindes.

Die »Liebesentwicklung« zum Kind ist mit der eines Liebespaars vergleichbar: Da gibt es die erste Phase des Verliebens und der Verliebtheit, sie beinhaltet die Idealisierung des Partners oder der Partnerin. Dann entfaltet sich die Beziehung weiter, sie wächst in einer Phase der Entillusionierung mit ersten Enttäuschungen; dann wird sie reifer, vielleicht nüchterner oder vernünftiger, Streit oder Konflikte entstehen und werden ausgehalten, jedenfalls ändert die Liebe sich und wächst mit der Zeit. Dieses Kapitel beleuchtet die spannenden Veränderungen der Beziehungen in der Familie in den unterschiedlichen Lebensphasen des Kindes.

Alles ist Liebe!

In den Anfängen des Lebens, im Bauch der Mutter und in der ersten Lebenszeit erlebt das Kind das Gefühl der Einheit – die Liebe ist einfach da, ohne dass jemand etwas »macht«. Dieses grenzenlose Lieben erleben die Eltern in der Resonanz ähnlich. Im Gehaltensein, beim Hautkontakt, besonders beim Stillen erfährt das Kind Zuneigung, Zuwendung, Hingabe: direkte Liebe. Darin entdeckt das Kind allmählich die Welt, seine ersten Begegnungen. Im liebevollen Kontakt entsteht das Urvertrauen. Signale des Kindes werden verstanden, Bedürfnisse erfüllt, eine feste Bindung entsteht. Liebe macht im Kind die Erfahrung aus, dass es genau als das, was es ist, willkommen ist. Es braucht die Freude, die in den Augen der Mutter und des Vaters strahlt. Diese Liebe ist notwendig im wörtlichen Sinne: Sie wendet die Not des Kindes, indem es sich als liebenswert empfindet.

Gerade zu Beginn des Lebens ist diese Elternliebe wichtig, um Grenzerfahrungen auszuhalten. Die Mutter erlebt die Belastungen in der Schwangerschaft; sie empfindet Schmerzen bei der Geburt und vielleicht auch beim Stillen. Die Eltern stehen mitten in der Nacht und aus ihrem Tiefschlaf gerissen auf, um das Kind zu beruhigen, es zu trösten, ihm das Fläschchen zu geben oder die Windel zu wechseln. Babys mit Blähungen werden stundenlang herumgetragen und massiert. Über solche nächtlichen Störungen würden sich Eltern bei Menschen, die sie nicht lieben, heftig beschweren.

Aus der Liebe heraus wird die eigene Befindlichkeit hinter die Bedürfnisse des Kindes zurückgestellt.

Ausdruck findet die Liebe vor allem in der Berührung. In der frühen Kindheit geschieht viel über den körperlichen Kontakt, und in ganz besonderer Weise drückt sich diese Liebe beim Stillen aus. Denn über Berührungen wird Nähe ausgedrückt, und gleichzeitig entstehen Verbindung und Zusammenhalt. Den allermeisten Babys sieht man an, wie sehr sie die Brust genießen, und auch Mütter schwärmen oft von der Nähe und der Innigkeit beim Stillen. Wie gut Wärme und Körperkontakt beim Stillen wirken, ist wissenschaftlich belegt; sie sorgen für einen guten Start ins weitere Leben des Kindes, vermitteln Urvertrauen und machen es emotional stark.

> **WAS TUN, WENN ES MIT DEM STILLEN NICHT FUNKTIONIERT?**
> Mütter, die nicht stillen wollen oder können, und auch Väter müssen auf diese Liebesgaben nicht verzichten: Kuscheln und Schmusen, am besten Haut auf Haut, können als Ersatz fürs Stillen dienen und ähnliche Gefühle vermitteln. Bei allen Beteiligten!

FAMILIENBANDE KNÜPFEN

Auch später, nach der Kleinkindphase, bleibt das Lieben über Berührung wichtig. Nun geschieht es über Kontakt, vor allem den Blickkontakt, über Gefühle, Gedanken, Geschichten – und immer wieder über den Körper: wenn das Kind in den Arm genommen und getröstet wird, wenn es die Hand der Eltern sucht und ergreift, in kurzen Berührungen, im Balgen auf dem Teppich, bei gemeinsamen Aktivitäten mit Mutter und Vater oder auch Geschwistern, Großeltern usw.

Angenehme Berührungen lassen die Liebe fühlbar werden, Hormone werden ausgeschüttet: Endorphine, Serotonin und Oxytocin; sie versetzen Berührende und Berührte wie eine gesunde Droge in einen entspannten Glückszustand und wirken dem Stress der ersten Herausforderungen des Lebens entgegen. Wichtige Momente im Leben mit Kindern werden dort erlebt, wo sich Eltern von ihnen *angerührt* fühlen. Durch körperliche

Zuwendungen, im Gesehen- und Angenommensein wird im Kind der Kern für sein eigenes Lieben und sein Mitgefühl bewahrt.

Was, das soll Liebe sein? Liebe als Ärgernis

In den ersten Lebensmonaten zeigt sich die Liebe eines Kindes unverstellt, es liebt alle und alles – ein Hinweis darauf, dass die Fähigkeit, zu lieben, angeboren ist. Alle Menschen haben diese Liebeskompetenz mitbekommen; sie wird nur im Lauf der Biografie geschwächt, verdeckt oder überlagert. Viele Eltern kommen in ihrer Beziehung zum Kind mit dieser ursprünglichen Liebesfähigkeit wieder in Kontakt, indem sie die unverfälschte Liebe des neugeborenen und kleinen Kindes erfahren und beantworten. Dabei nährt die Liebe der Eltern die Liebe des Kindes, so wie sie von dieser genährt wird.

Doch bald wächst der Säugling aus der gänzlichen Abhängigkeit von den Eltern heraus. Er entdeckt eigene Bedürfnisse und versucht, sich damit durchzusetzen oder sich zurückzunehmen und anzupassen. Durch die Liebe der Eltern wird beides in einer gesunden Balance gehalten. Und das Kind kann eine weitere, zunächst gar nicht so angenehme Liebeserfahrung machen: Eltern sind nicht unbegrenzt verfügbar, sie sagen auch mal: »Ich kann nicht mehr«, »Ich mag nicht«, »Nein«, oder: »Schluss jetzt«: Die versagende Mutter, der enttäuschende Vater kommen ins Spiel.

MITFÜHLEN MIT DEM KIND

Durch das Mitgefühl der Eltern lernen Kinder ihre eigene Gefühlswelt kennen. Mitgefühl bedeutet Verbindung auf der emotionalen Ebene, was sich ganz einfach in dem Satz »Ich fühle mit dir« ausdrückt. Das ist etwas anderes als Mitleid, das trennt und sich in eine überlegene Position setzt: »Ach, du armes Kind da unten.« Im Mitgefühl empfinden Eltern die Gefühle des Kindes mit: Trauer, Angst, Wut, Freude. Mitgefühl tut dem Kind gut. Über die Spiegelneuronen im Gehirn sind Menschen auf dieses Mitfühlen gepolt. Mitgefühl fließt automatisch und nebenher im Kontakt mit dem Kind: Eltern fühlen mit, während sie z.B. zuhören und ab und zu etwas sagen. Es ist hilfreich, das Mitfühlen aktiv zu üben, um die Gefühle klar zu bekommen – und sich bewusst zu machen, dass Mit-Fühlen nicht das *eigene* Fühlen ist, sondern dass das Gefühl des Kindes geteilt wird. Dabei hilft es, auch die eigenen Gefühle zu registrieren, die völlig andere als die des Kindes sein können: Wenn die Tochter über die Menge an Hausaufgaben jammert, ist sie vielleicht traurig, weil sie lieber spielen möchte – während der Vater wegen des Jammerns ärgerlich wird oder in Stress kommt, weil es noch anderes zu erledigen gibt und die Tochter ihn braucht.

Das Mitfühlen gibt dem Kind Halt und Kraft, weil es über das mitempfundene Gefühl in Verbindung ist. Es spürt damit, dass eine Situation trotz heftiger Gefühle auszuhalten ist.

Wenn Sie Mitgefühl üben möchten, versuchen Sie, es sich wie eine Hin-und-her-Bewegung vorzustellen:

* Stimmen Sie sich aufs Kind ein und erspüren Sie sein momentanes Gefühl so genau wie möglich: Unsicherheit, Angst, Enge, Verzweiflung – oder auch Freude, Glück … Atmen Sie dieses Gefühl in Ihr Herz ein.

* Senden Sie mit dem Ausatmen Ihr Mitgefühl zu Ihrem Kind hin, zusammen mit einem konkreten Gefühl, von dem Sie

meinen, dass es Ihrem Kind jetzt guttut, also zum Beispiel Trost, Hoffnung, Beruhigung, Zuversicht, Mut, Vertrauen, Mitfreude, Erfüllung …

★ Sie können sich dabei einen Strahl vorstellen, der aus Ihrem Herzen strömt, gefüllt mit Ihrer Liebe zu Ihrem Kind, mit Mitgefühl und Güte.

Geborgenes Größerwerden

Der unbefangene Zustand der ersten Lebensjahre ist für beide Seiten schön. Dennoch löst sich das Kind allmählich aus den frühen Liebesbindungen; es braucht dabei von den Eltern die Erlaubnis, sich weiter zu entfalten. Und die Eltern folgen dieser Entwicklung mit veränderten Formen ihres Liebens.

Mit seinen Sinnen und seinem Verstehen erlebt das Kind im Größerwerden die Welt: Die anderen Menschen, die Dinge, die es umgeben, Tiere, Pflanzen, Gerüche, Farben, Geräusche, Musik als unmittelbare Erfahrungen, physisches Erleben mit den Sinnen, Neugier und Spieltrieb. Und immer wieder macht es die Erfahrung des Neuen, des ersten Mals. Die Liebe der Eltern verbindet und umhüllt dieses Erleben im Mitfühlen, Mitentdecken, Mitfreuen.

> *Die Liebe in der Familie wird in der frühen Kindheit zum Fundament für die weitere Entwicklung und für das Sein des Kindes in der Welt.*

Kinder wollen lernen und können sich anpassen. Aus den Liebeserfahrungen besonders in den ersten fünf, sechs Lebensjahren entwickeln sich im Gehirn feste Strukturen, eine gesunde Persönlichkeit. Fähigkeiten werden angelegt – dafür braucht das Kind die Liebe der Eltern und anderer familiärer Personen, die Bindung aufbauen und halten können. Ein nüchtern-liebloses, abweisendes oder aggressives Umfeld lässt im Kind ablehnende Verhaltensmuster entstehen, Auffälligkeiten, schwieriges Sozialverhalten. Durch Lieblosigkeit verpasste Chancen in der Entwicklung lassen sich später nicht oder nicht mehr so einfach ausgleichen.

In liebevollen Familienbezügen sind ganz kleine Kinder (bis zum Alter von ein-, eineinhalb Jahren) besser aufgehoben als in jeder Krippe mit den aktuellen Qualitätsstandards. Natürlich können professionelle Betreuungspersonen kleine Kinder auch liebevoll zugewandt betreuen und versorgen – aber sie lieben die Kinder nicht in der Weise, wie das Eltern oder auch Großeltern tun. Die Versorgung der Kleinen ist selbstverständlich sichergestellt, aber viele Kinder sind mit dieser Situation überfordert. Umgekehrt »verarbeitet« ein einjähriges Kind, das in einer liebevollen Familie aufwächst, auch die Kita besser: Solchen Kindern nützt zwar eine Krippe nichts, aber sie schadet ihnen auch nicht.

In der späteren Kindheit erweitert und verändert sich die Liebe zum Kind. Immer stärker wird die kindliche Person mit ihrem Charakter, mit Eigenheiten, Vorlieben, Begabungen erkennbar. Der Respekt dem Kind gegenüber, sein unbedingtes Angenommensein durch Wertschätzung, Güte und Zärtlichkeit wirkt weiter. Nun wachsen die Fähigkeiten des Kindes, es kann immer mehr und wird darin bestätigt und bewundert.

Kinder nehmen wach und aufmerksam die Eltern, ihre Beziehung zum Kind und zu anderen Menschen wahr. Darin werden Werte vorgelebt und für das Kind erkennbar. Grundlegend dabei ist zuerst, dass Eltern ein »gutes Herz« haben. Das erfahren die Kinder unmittelbar in dem, wie mit ihnen, aber auch mit anderen umgegangen wird: Die Güte bezieht sich nicht nur auf den engen Kreis der Familie, sondern auf den Umgang mit allen Menschen.

Werte, Wissen und Fähigkeiten ergänzen und erweitern den Horizont der Kinder. Auch das ist Teil der Liebe: Dem Kind wird etwas gezeigt, es ahmt nach, was es sieht (und dafür muss es etwas zu sehen bekommen), es darf mitmachen und mithelfen. So kann es Selbstvertrauen und Lebensmut entfalten. Dem Kind wird nun mehr zugetraut und zugemutet, es gehört zur Familiengemeinschaft, und geliebt werden heißt nun auch, Aufgaben zu übernehmen und mehr und mehr in seiner eigenen Meinung gehört zu werden: Es darf mitbestimmen und erkennt daran, dass es geliebt ist.

Etwa ab dem dritten Lebensjahr kann und will sich das Kind auf neue Erfahrungen einlassen, auch in der Gruppe anderer Kinder: eine spannende Zeit der Entdeckungen. In Liebe aufgewachsen, weiß es dann ganz sicher, dass die Eltern auch dann noch da sind und bleiben, wenn sie mal weg sind, oder dass sie wiederkommen werden. Das Kind entwickelt und wagt nun seinen eigenen Willen, der sich in der Trotzphase zum ersten Mal kraftvoll zeigt und den Eltern Nerven und Geduld abverlangt.

Die dreijährige Lina hat ein neues Lieblingswort: »Nein!« Sie will vieles selbst tun und entscheiden: die Schuhe selbst anziehen, das Essen selbst schöpfen. In ihrem Drang nach Selbstbestimmung besteht sie am Mittagstisch darauf, den Pudding vor der Suppe zu essen. Mit viel Geschrei wirft sie sich auf den

Boden und pocht auf ihren Willen. Ihre Eltern sind inzwischen recht einfallsreich im ständigen Aushandeln von Kompromissen geworden. Schließlich bieten sie Lina an, einen Löffel Nachtisch vor der Suppe zu essen. Nach einigem Hin und Her willigt Lina ein. So erfährt Lina, dass sie mit ihrem Willen willkommen ist und ihn dennoch nicht immer und überall durchsetzen kann.

Die Liebe bekommt nun auch eine sprachliche Form, sie wird zunehmend auch verbal ausgedrückt. Verbindung geschieht über die Sprache: mit dem Kind reden, ihm zuhören, Erlebnisse kommentieren, erzählen. Das Vorlesen (möglichst viel!) ist dabei eine Form der Familienbindung und nebenbei ein guter Treibstoff für die kognitive Entwicklung des Kindes. Auch Werte werden bedeutsam: Was ist gut und richtig, welche Regeln gelten, wo sind unsere Grenzen und warum achten wir sie?

Spielräume

Kinder lernen spielend; das Spiel ist eines ihrer Grundbedürfnisse. Hier entwickelt das Kind seine Persönlichkeit und lernt, die Welt zu verstehen. Spielräume zu schaffen und frei zu halten ist deshalb ebenfalls Aufgabe der Eltern. Leistung spielt dabei erst einmal keine große Rolle. Kinder, die zu früh mit hohen Leistungsansprüchen konfrontiert sind, können oft den Erwartungen von Eltern und professionell Erziehenden nicht gerecht werden. In der Überforderung erlebt sich das Kind als Versager; viele reagieren mit psychosomatischen Beschwerden, mit Bauch- oder Kopfweh, oder psychisch mit Ängsten, Niedergeschlagenheit, Depression, Aggressivität. Zu hohe Leistungsanforderungen und Druck stören Kinder in ihrer Entwicklung. Liebe sollte deshalb nicht an Leistung geknüpft sein.

Die Liebe folgt ganz organisch der Entwicklung des Kindes. Sie muss sich verändern, weil sie sonst erstarrt und eine bloße Vorstellung wird und erstickt. Das gilt für alle Lebensphasen (und im Übrigen für jede Liebe unter Menschen).

Wir können festhalten: Liebevolle Erziehung ist vielseitig und ausgewogen, die Liebe zum Kind braucht Zuwendung und Zurückhaltung, Gewähren und Versagen, das Ja und das Nein. In den ersten Lebensjahren genießen es Säuglinge und ganz kleine Kinder, nach Herzenslust verwöhnt zu werden, und das heißt vor allem, ihre körperlichen und sinnlichen Bedürfnisse erfüllt zu bekommen: mit viel Knuddeln, Anschauen, Zusammenlachen. Aber später ist diese Grenzenlosigkeit nicht mehr altersentsprechend. »Gepamperte« Schulkinder, die rundum versorgt werden und deshalb unselbstständig bleiben, sind eine Plage für ihre Umwelt – und letztendlich auch für sich selbst.

Überversorgung kommt häufig daher, dass sich Eltern zu viele Sorgen machen – ihr Versorgungsdrang ist dann die Watte, in die sie Kinder packen. Andere überschütten ihre Kinder grenzenlos und völlig unbesorgt mit allem Möglichen. Vielen Eltern fällt es schwer, das rechte Maß zu finden; sie bieten ihnen einen »Rund-um-die-Uhr-Service«, wo es besser wäre, ein liebevolles Nein entgegenzusetzen. Den Folgen davon begegnet man vielerorts: verwöhnte Prinzen und Prinzessinnen, die sich als Nabel der Welt empfinden und unfähig sind, die Bedürfnisse anderer zu sehen und zu respektieren. Solcherart traktierte Kinder kreisen innerlich stark um sich selbst. Sie sind so sehr auf sich fixiert, dass sie später Schwierigkeiten im Umgang mit anderen bekommen. Ihr Verhalten kann Erzieherinnen, Lehrkräfte und Eltern schier in den Wahnsinn treiben. Ein liebevoller Kontakt zu diesen Kindern fällt dann schwer. Aber nicht nur die Kinder, auch die Eltern werden schwierig. Denn Überversorgung strengt an und raubt Kräfte, die an anderer Stelle fehlen. So werden auch viele überversorgende Eltern allmählich unausstehlich.

Auch ununterbrochene Aufmerksamkeit vonseiten der Erwachsenen ist penetrant, kontrollierend und misstrauisch. Weil in unseren Zeiten Individualität, Selbstdarstellung und Selbstbehauptung als hohe Werte gesehen werden, wird der Fokus auf das Kind häufig überzogen. Die Korrektur, die früher oft allein durch eine Vielzahl von Kindern in einer Familie wirkte, fehlt heute oft. Das Überschütten mit kommerziellen Produkten und Geschenken, das Vermeiden von Forderungen an Kinder oder das Leugnen eigener Bedürfnisse der Eltern – all das tut Kindern nicht gut, es hemmt sie in ihrer Entwicklung, weil das Zuviel sie überfordert. Das kann deshalb keine Liebe sein, sondern markiert oft eher Lieblosigkeit. Wer Kinder zum einzigen Lebensmittelpunkt macht, wer sämtliche Erwartungen und Ansprüche für das eigene Glück auf das Kind überträgt, der tut sich schwer mit der Liebe, ist schneller geneigt, das Kind unangemessen zu verwöhnen und ihm damit zu schaden: Süßer Brei ist lecker – aber zu viel süßer Brei droht das Kind zu ersticken.

Weggehen, um anzukommen: Elternliebe in der Jugendphase

Das Lösen der Kinder von den Eltern in Pubertät und Jugendphase verlangt wieder nach veränderten Beziehungsformen. Ihre Suche nach dem Eigenen und sich selbst, die Wünsche nach Unabhängigkeit und dem Aufbegehren machen es Eltern nicht leicht: Die Liebe zum jugendlichen Kind ist gleichermaßen von Auseinandersetzungen geprägt wie von Momenten des Glücks, wenn Wesen und Persönlichkeit des Kindes immer stärker erkennbar werden.

Auch wenn Eltern andere Ansichten vertreten als der oder die Jugendliche, besteht genau darin die liebevolle Verbindung. Zusammenhalt der Familie in der Jugendphase bedeutet, die Kinder immer mehr loszulassen, sie ihre eigenen Wege und Umwege gehen zu lassen, ihnen ihr Leben selbst zuzutrauen.

> *Es ist fast paradox: Indem sich Eltern und jugendliche Kinder auseinandersetzen, sind sie verbunden.*

Eltern ziehen sich auch aktiv nach und nach aus dem Leben des oder der Jugendlichen zurück und bleiben dennoch verbunden. In immer mehr Bereichen beginnt das Kind, seine Eltern zu überflügeln: Kinder klettern gleichsam auf die Schultern ihrer Eltern. In ihrer Liebe lassen Eltern das zu, können es aushalten oder sich daran freuen, stolz sein auf ihr Kind. Die Bindung zeigt sich in der Bereitschaft, einen Rat zu geben, wenn das – was immer weniger vorkommt – verlangt wird. Und umgekehrt keine Empfehlung zu geben, wenn nicht darum gebeten wird. Auch das finanzielle Versorgen, das Absichern der Ausbildung sind Ausdruck der Liebe (selbst wenn dieser Beitrag gesetzlich geregelt ist).

Lieben im Hier und Jetzt

In jeder Lebensphase lassen sich Stärke und Kraft der Liebe in eigenen Schattierungen spüren und erkennen. Jede Veränderung bietet die Chance, zu lieben, und die Fähigkeit dazu wächst mit den Veränderungen. Selbst wenn irgendwo auf diesem Entwicklungsweg der Eindruck entsteht, die Liebe sei abgerissen oder verschwunden, ist es möglich, immer wieder neu zu beginnen. Der Wandel selbst ist Ausdruck des Lebens. Wenn die Liebe lebendig bleiben soll, muss sie sich ebenfalls kontinuierlich verändern.

Nicht nur in den innigen, harmonischen oder glücksstrotzenden Augenblicken, sondern in jeder Situation mit dem Kind kann Liebe entdeckt und erlebt werden. Das Ganze mit allen Farben und Schattierungen ist der Stoff, der Familie ausmacht und zusammenhält.

Was in jeder Lebensphase des Kindes wirklich und ausschließlich zählt, ist, dass im Moment, im Jetzt geliebt wird. Ein wenig Wehmut kann schon immer wieder aufkommen, wenn das Kind wächst, größer wird, wenn eine Phase endet. Damit die Liebe nicht erstarrt, ist es jedoch wichtig, nicht im Vergangenen hängen zu bleiben. Sonst bekommt das Kind das Gefühl, es sei falsch – weil es kein Säugling, kein Kleinkind, kein Kind mehr ist. Kinder brauchen die »passende« Liebe.

FAMILIEN-
BANDE
KNÜPFEN

SICH VERBINDEN ÜBEN

Gehen Sie aktiv in Verbindung zu allem, was Sie mögen, lieben und lieben wollen:
* Haben Sie gern eine aufgeräumte und saubere Wohnung? Putzen Sie sie achtsam und liebevoll.
* Lieben Sie den Duft eines frisch gebackenen Kuchens? Backen Sie einen!
* Lieben Sie den Sonnenuntergang? Schauen Sie ihn sich an!

Holen Sie sich selbst aus dem Gefühl des Getrenntseins heraus:

★ Rufen Sie eine Freundin oder einen Freund an, erzählen Sie, was Sie gerade beschäftigt.
★ Gehen Sie durch den Wald, reden Sie mit den Bäumen, und hören Sie den Vögeln zu.
★ Auch mit Gegenständen können Sie sich verbinden: »Diese Tasse ist wirklich hübsch ...«
★ Setzen Sie sich in ein Café und überlegen Sie, was Sie mit den Menschen um Sie herum verbindet.

Verbinden Sie sich aktiv mit Ihren Kindern:

★ Üben Sie, Ihr Kind so zu sehen, wie es ist, mit allen Eigenheiten, Ecken, Macken und Kanten.
★ In der nonverbalen Kommunikation: Blickkontakt aufnehmen, am Bett abends die Hand halten, den Arm um die Schulter legen. Bei älteren Jungs die coole Variante: abklatschen.
★ Im aktiven Zuhören: »Ah!« »Ja?« »Echt?« »Ach.« »Oh!« »Okay ...«
★ Im Ausdrücken von Gefühlen: »Das freut mich aber«; »Oh wie schön«; »Ja, das ist traurig«; »Das verstehe ich gut«.

Familienbande 2.0: die bunte Vielfalt der Familien

Gab es in der Vergangenheit nur ein legitimes Modell von Familie, so findet sich heute ein bunter Strauß von Möglichkeiten. Unter Familie wird mittlerweile jede Form des nahen Zusammenlebens mit Kindern verstanden. »Familie ist, wo Kinder sind«, das ist seit den 1990er-Jahren ein Leitsatz der Familienpolitik. Kinder wachsen in Familien mit einem Erwachsenen oder mit zwei Eltern auf, unabhängig von deren sexueller Orientierung, mit zwei, aber auch noch mehr Generationen; Erwachsene leben mit leiblichen oder angenommenen Kindern zusammen, und auch in kollektiven Lebensformen ist Familie, also in Wohngemeinschaften, religiösen oder politischen Gruppen oder Kommunen.

Selbstverständlich hat die Art des Zusammenlebens auch Auswirkungen auf die Beziehungen innerhalb der Familie. Die Frage dabei lautet heute aber weniger ob richtig oder falsch, sondern: Welche Familienform passt zu mir und zu uns? Oder: Welche Form entwickelt sich? Neben Zweielternfamilien finden sich heute viele Beispiele von Patchwork- oder Einelternfamilien, wo die Liebe nur so sprüht und sich Kinder bestens entwickeln.

Noch in den 1960er- und 70er-Jahren wurde die Kleinfamilie als das einzige und beste Modell propagiert. Nur in einem Haushalt mit beiden leiblichen Eltern, so wurde damals gedacht, könne sich ein Kind gut entwickeln. Tatsächlich war dies eine Idealisierung; dafür muss man sich nur vor Augen halten, wie viele Störungen sich in »vollständigen« Familien bilden, von ganz normalen Neurosen bis hin zu Gewaltübergriffen. Die Lebensrealität zeigt: Es gibt Paare mit Kindern, die ein Leben lang gern und erfüllt zusammenleben, und solche, die sich wieder trennen. Hohe Scheidungsraten belegen, dass viele Menschen die Grenzen ihrer Paarbeziehung anerkennen und lernen müssen, in neuen Lebenszusammenhängen zu leben. Familien entstehen, wenn sich die Eltern lieben, sie verändern sich, wenn die Liebe der Eltern endet, und es entstehen neue Familien, wenn zwei Erwachsene sich lieben, die bereits Kinder haben. Was Familien in ihrer Vielfalt ausmacht, darum soll es in diesem Kapitel gehen.

Jede Familienform birgt ihre besonderen Stärken oder Chancen und stellt Anforderungen, die individuell bewältigt werden müssen.

Netz und doppelter Boden fürs Kind: Zweielternfamilien

Mutter, Vater und Kind oder Kinder – dieser Kern von Familie bildet für viele eine archaische Form der Familie ab, eine Kernidylle. Statistisch ist diese Familienform in Deutschland (noch) die häufigste, fast drei Viertel der Familien gehören dazu, bei knapp 70 Prozent davon sind die Eltern verheiratet. Es gibt zwar keinen Grund, diese Konstellation generell zu idealisieren, doch steckt in ihr mehr als nur eine Familienform unter vielen möglichen: Immer noch steht sie exemplarisch für die Sehnsucht nach Geborgenheit.

Die Zweielternfamilie bietet einen Liebesraum, in den das Kind eingebettet ist. Ein Dreiklang der Liebe beginnt zu schwingen und sich zu entfalten. Das Kind erfährt beides: dass es selbst geliebt wird und dass seine Eltern sich lieben, ein beglückender und zutiefst beruhigender Zustand für ein Kind, in dem es sich niederlassen und geborgen fühlen kann.

Indem sie Eltern werden, handeln sich Paare also mit der Verantwortung fürs Kind im Kombipack gleich noch etwas anderes ein: die Verantwortung für ihre Partnerschaft. Hier unterscheiden sich gleichgeschlechtliche nicht von gegengeschlechtlichen Zweielternfamilien. Oft ist es gar nicht so leicht, die Partnerliebe gleichzeitig zur Elternliebe weiterleben zu lassen. Auch sie muss gepflegt und beschützt werden, sogar vor den Kindern. Sie dürfen nicht der Grund sein, dass sich die Eltern keine Zeit für sich als Paar nehmen oder auf Sexualität verzichten, z.B. weil das Kind mit im Elternbett schläft. Dann muss das Paar für die erotische Begegnung eben einen anderen Ort in der Wohnung suchen. Und ab und zu braucht es einen Babysitter, damit das Paar ausgehen kann, oder hilfsbereite Großeltern, um zwischendurch mal ein Paarwochenende zu zweit verbringen zu können.

Als meine Tochter ihr erstes Kind erwartete, hat sie sich von ihren Geschwistern einen gemeinsamen Urlaub gewünscht, damit ihre Geschwister das Kind mal nehmen können und sie die Möglichkeit hat, mit ihrem Mann lange auszuschlafen, essen zu gehen und Zeit zu zweit zu verbringen.

Kinder auch einmal zum Wohle der Liebe der Eltern untereinander zu enttäuschen und hintanzustellen schadet den Kindern nicht. Im Gegenteil, es entlastet Kinder, wenn sie merken, dass die Eltern gut füreinander sorgen und sich umeinander kümmern.

Immer wieder unterscheidet sich die Liebe der Kinder zu den beiden Eltern. Dabei sind beide gefragt. Zum Beispiel kommen Kinder zwischen dem vierten und dem sechsten Lebensjahr in eine Entwicklungsphase, in der sie beide Eltern verschieden besetzen. In dieser Zeit verliebt sich der Junge in die Mutter, und das Mädchen möchte den Vater heiraten; die Tochter beginnt, mit der Mutter um den Vater zu rivalisieren, und der Sohn konkurriert mit dem Vater um die Mutter. In der Alltäglichkeit der Zweielternfamilie bewältigen Kinder diesen Entwicklungsschritt »gesund«. Das Kind kann seine Liebe zum einen Elternteil ausdrücken und mit dem anderen konkurrieren; gleichzeitig erleben die Kinder, dass ihre realen Chancen beschränkt sind: Die Eltern lieben ja einander als Erwachsene. Das bedeutet für Mädchen und Jungen eine Enttäuschung und gleichzeitig Entlastung und Sicherheit; sie müssen nicht wirklich heiraten, alles bleibt auch mit ihren Liebesgefühlen in Ordnung.

Später dann identifiziert sich meistens das Mädchen mit der Mutter und der Junge mit dem Vater. Sie möchten so werden wie der Elternteil des eigenen Geschlechts und lassen den anderen etwas mehr »links liegen«. Auch dann ist es gut, wenn es zwei Eltern gibt und die Erlaubnis, sich nicht für beide gleich stark interessieren zu müssen.

Zum Glück gibt's Unterschiede

Eltern sind und bleiben Individuen, auch wenn sie in der Liebe verbunden sind. Sie unterscheiden sich, oft auch in ihrer Vorstellung, wie ein Kind erzogen werden soll. Das darf auch genauso sein, und ein Kind darf das auch wissen. Ausschlaggebend ist der Umgang damit, vor allem, wenn Entscheidungen anstehen.

Das Kind kann hier von seinen Eltern einen konstruktiven und respektvollen Umgang mit Konflikten lernen.

Kinder lernen aus der Verschiedenheit der Eltern,

* dass jede und jeder – die Mutter, der Vater, das Kind – eine eigene Meinung haben und vertreten darf. Jede Meinung zählt und wird wertgeschätzt – keiner wird für seine Meinung abgelehnt,
* dass Meinungsverschiedenheiten sein dürfen, genauso wie gleicher Meinung sein,
* dass Streiten guttut, Energien freisetzt und trotzdem nicht gefährlich ist.

Es gibt viele Anlässe für unterschiedliche Auffassungen: Das Kind möchte den Teller nicht leer essen, länger aufbleiben, bei Freunden übernachten, Süßkram naschen, einen Krimi schauen. Eltern können sich nun zusammensetzen und sich auseinandersetzen oder sich auseinandersetzen und dann zusammensetzen. In manche Entscheidungsprozesse können Kinder mit einbezogen werden, bei eher grundsätzlichen Themen ist es die Aufgabe der Eltern, die Linie vorzugeben und ihre gemeinsame Basis zu ermitteln. Ziel ist immer, eine Einigung zu finden, die dem Kind guttut und die von beiden Eltern getragen werden kann. Da, wo die Mutter vielleicht etwas zu streng reagiert, ist der Vater nachsichtiger. Das ist in Ordnung, und das Kind weiß dann immer noch sehr wohl, woran es ist. Schwierig wird es erst, wenn Paarschwierigkeiten oder Machtkämpfe in die Beziehung zum Kind drängen.

»Was, der Papa hat dir das erlaubt? Der spinnt wohl!«

»Das ist ja mal wieder typisch deine Mutter, immer nimmt sie dich unter ihre Fittiche!«

Wenn ein Elternteil versucht, das Kind im Konflikt auf seine Seite zu ziehen oder sich mit ihm gegen den anderen Elternteil zu verbünden, bringt er das Kind in einen Loyalitätskonflikt. Jede Abwertung eines Elternteils durch den anderen Elternteil tut dem Kind weh und verunsichert es in seiner Liebe.

WURZELBEHANDLUNG

Viele Streitigkeiten der Eltern über das Kind haben Ursachen, die in der Partnerschaft zu suchen sind. Fragen Sie sich:

★ Worum geht es hier eigentlich? Geht es um die Belange des Kindes?

★ Gibt es Streitursachen, die verborgen sind?

★ Geht es vielleicht um die Macht, also z.B. darum, wer recht hat?

★ Reagiere ich so, weil ich mich vernachlässigt fühle oder gekränkt bin?

★ Reagiere ich so, weil etwas Älteres schwelt?

FAMILIEN-BANDE KNÜPFEN

Der doppelte Boden fürs Kind

Der Vorteil der Zweielternfamilien liegt im alltäglichen zweifachen Halt, im doppelten Boden. Er trägt beim Kind, das sich beim Papa über die blöde Mama ausheult oder umgekehrt. Es ist schön, wenn das Kind vom Elternteil ernst genommen und getröstet wird, der gerade der »gute« ist. Es tut dem Kind gut, seine Wut oder Enttäuschung auszusprechen. Ohne Angst vor Liebesverlust in Konflikte gehen zu können entlastet, denn der andere Elternteil steht ja noch zur Verfügung. So kann man es wagen, es sich mal mit dem Papa und mal mit der Mama so richtig zu verscherzen.

Zwei Ansprechpartner auch für unterschiedliche Themenbereiche zu haben bietet Kindern Sicherheit. Und da darf es auch einmal sein, dass etwas mit dem Papa besprochen werden muss, was die Mama erst mal lieber nicht wissen soll, oder etwas der Mutter anvertraut wird, bevor es der Vater erfährt. Sofern die Geheimnisse nicht zu groß werden, ist es für Eltern gut, dies als Chance für das Kind zu sehen und nicht als Verrat am Partner.

Vera erzählt: Ihr Sohn Jan ist 24 Jahre alt und hat gerade sein Studium in Betriebsmanagement abgeschlossen. Sein Vater ist sehr stolz und freut sich, dass sein Sohn nun bald auf eigenen Beinen stehen wird und er ihn nicht mehr finanziell unterstützen muss. Während einer längeren Urlaubsreise ist Jan klar geworden, dass er viel lieber im Gesundheitsbereich arbeiten würde. Aus Angst vor der Reaktion seines Vaters und weil er die Eltern doch auch als innere Unterstützung für sein neues Vorhaben braucht, vertraut er sich zunächst seiner Mutter an und bittet sie, dem Vater noch nichts zu sagen, bis er sich selbst stark genug dazu fühlt. Vera freut sich einerseits über das entgegengebrachte Vertrauen ihres Sohnes und weil sie ihn gern in der Verwirklichung seiner Lebensziele unterstützen möchte, andererseits gerät sie in Konflikte, weil sie keine Geheimnisse vor ihrem Mann haben will und weil sie befürchtet, ihr Mann könne das als Verrat erleben. Im weiteren Verlauf des Gesprächs stellt sich heraus, dass Vera jetzt im Nachhinein bedauert, dass sie aus einer Idealvorstellung über Loyalität zu ihrem Mann heraus ihrem Sohn nicht auch schon früher die Möglichkeit geben konnte, sich vertrauensvoll auch einmal nur an sie zu wenden. Sie spürt jetzt, dass beides gleichzeitig möglich ist, die Liebe zu ihrem Sohn und die Liebe zu ihrem Mann, und dass es kein Widerspruch ist, wenn sie in dieser Situation ganz für sich steht.

Wenn Kinder mit beiden Eltern zusammenleben, haben sie den Vorteil, dass beide Eltern sich nicht nur dem Kind zuwenden, sondern sich auch zusammen Gedanken über das Kind machen. So können beide Eltern herausfinden, was das Kind braucht und wie es am besten in seiner Entwicklung unterstützt werden kann. Die Eltern ergänzen sich dabei, sie können sich aber auch korrigieren und einander vor zu einseitigen Sichtweisen schützen. Da kann die Mutter den Vater schon mal bremsen und sagen: »Ich finde, du bist zu streng! Hör deinen Sohn doch erst einmal an, bevor du gleich loswetterst.« Oder der Vater sagt zur Mutter: »Ich glaube, du steigerst dich da in was rein und machst dir zu viele Sorgen. Unser Mädchen schafft das schon.«

Die zweifache Elternschaft ist für die Erwachsenen auch insofern hilfreich, als sie das Kind an den anderen Elternteil »abgeben« können, etwa in Überlastungs- oder Überforderungssituationen: Ob das der Säugling ist, der herumgetragen sein möchte, oder die pubertierende Tochter, die ihre Mutter fast zum Ausrasten bringt. Es kann auch ganz lustig sein, wenn offen und liebevoll mit Überforderungen umgegangen wird.

Keine Angst vor Spannungen

Krisen sind wichtige Entwicklungsphasen für eine Partnerschaft; sie entstehen, wenn Altes überholt und so nicht mehr lebbar ist. Durch sie entwickelt sich etwas Neues. Für Kinder sind Krisen in der Elternbeziehung schwer auszuhalten: Sie bekommen leicht Angst, dass ihr Boden wegbricht. Aber sie erfahren auch, dass Krisen zu bewältigen sind.

Paarkrisen brauchen nicht verheimlicht zu werden, Kinder spüren es, wenn oder dass etwas nicht stimmt. Altersgemäße Offenheit ist entlastend für Kinder, weil sie sich schnell verantwortlich dafür fühlen, wenn es den Eltern nicht gut geht. Oft glauben sie, sie selbst hätten etwas falsch gemacht. Wenn das Kind fragt, warum sie traurig ist, kann die Mutter dann auch mal sagen: »Ja, ich bin traurig, weil Papa heute wieder Überstunden machen muss und ich so gern einen gemütlichen Abend mit ihm verbringen wollte.« Oder der Vater erklärt: »Ja, uns geht es zurzeit nicht so gut miteinander. Das hat aber gar nichts mit dir zu tun. Wir bekommen das schon wieder hin.«

Ein Liebesrisiko und ein Grund für Krisen ist die Konkurrenz um die Liebe in der Familie. Aus der Kinderperspektive ist der Vater bzw. die Mutter ein Mitspieler mehr. Leicht entsteht das Gefühl, zu kurz zu kommen: »Immer, wenn der Papa heimkommt, redet die Mama nur noch mit ihm.« Auch aus dem Blickwinkel des Vaters und der Mutter ist die Frage offen, wie viel Liebeskraft der Partner bzw. die Partnerin noch übrig hat, nachdem die Kinder dran waren. Hier gilt es immer wieder neu herauszufinden: Wer braucht was, wem kann und muss zugemutet werden, seine Bedürfnisse auch einmal hintanzustellen? Das klappt besser, wenn sich die Eltern miteinander befassen, wenn sie gut in Beziehung sind und genauso Absprachen über die Arbeitsteilung treffen wie Absprachen für ihre Rendezvous.

Nach wie vor werden Zweielternfamilien als optimale Konstellation gesehen. Da ist sicher etwas dran, sofern bestimmte

Voraussetzungen zutreffen. Wer die Dramen kennt, die sich in vielen sogenannten vollständigen Familien zwischen den Elternteilen abspielen, und wer die Auswirkungen dauerhaft schlechter Elternbeziehungen auf Kinder sieht, kann aber auch ziemlich ernüchtert werden. Es gibt Fälle, in denen es für Eltern und Kinder besser ist, wenn die Familienstruktur sich auflöst oder reduziert.

Gleichgeschlechtlich Eltern: Regenbogenfamilien

Kinder in sogenannten Regenbogenfamilien wachsen ebenfalls in Zweielternfamilien auf: Sie haben entweder zwei Mütter oder zwei Väter, meist einen leiblichen und einen sozialen Elternteil, oder beide sind Adoptiveltern. Die Eltern sind häufig einen langen Weg gegangen, ihre sexuelle Orientierung festzustellen und zu lernen, sich so anzunehmen, wie sie sind, selbst auf die Gefahr hin, von ihrem Umfeld und auch den eigenen Eltern abgelehnt zu werden. Der Mut, den Regenbogeneltern dafür in unserer Gesellschaft bis heute immer noch aufbringen müssen, führt zu einer inneren Stärke, das eigene Sosein anzunehmen und dazu zu stehen.

Diese Kraft ist ein Ausdruck besonderer Selbstliebe, und die allermeisten Eltern können sie an ihre Kinder weitergeben. So wachsen sie von vornherein in einem Umfeld von hoher Akzeptanz, Toleranz und Erlaubnis für das Verschiedensein auf. Sie erfahren Achtung und Wertschätzung, die über die vorherrschenden Bewertungen hinausgehen. Eltern in Regenbogenfamilien können ihren Kindern besonders gut deutlich machen, dass die sexuelle Orientierung nur eines von vielen Merkmalen ist (wie auch die ethnische oder nationale Herkunft, die Sprache oder

Hautfarbe, die politische oder religiöse Überzeugung) und dass jede Art der Diskriminierung das Gefühl von Respekt und Sicherheit verletzt. Die Eltern können so ihren Kindern ein gutes Rollenmodell für den Umgang mit Diskriminierung sein und stärken dadurch das Selbstbewusstsein ihrer Kinder.

> Ein Kind zu bekommen bedeutet für lesbische und schwule Paare einen mutigen Schritt, zu ihrer sexuellen Orientierung zu stehen. Der Wunsch nach einem Kind ist groß, es »passiert« nicht einfach und stellt sich nicht wie von allein ein. Sie vertreten eine Erlaubnis, die an das Kind weitergegeben wird: Du kannst so leben, wie es für dich passt.

Die Ergebnisse der BMJ-Studie über die Lebenssituation von Kindern in gleichgeschlechtlichen Lebenspartnerschaften belegen, dass sich Kinder in Regenbogenfamilien ebenso gut entwickeln wie in anderen Familienformen. Sie verfügen über eine größere Autonomie und empfinden eine hohe emotionale Verbundenheit zu beiden Elternteilen. Sie weisen sogar »nachweislich ein höheres Selbstwertgefühl auf (...) als Gleichaltrige in allen anderen Familienformen.«[*]

Kinder aus Regenbogenfamilien werden von ihrem sozialen Umfeld, von Klassenkameraden und Freunden nicht verstärkt abgelehnt, obwohl natürlich auch bei ihnen Hänseleien durch Gleichaltrige vor allem in der Schule vorkommen. Dass sich die Kinder so gut entwickeln, wird von den Forschern auf die ausgeprägt sichere und vertrauensvolle Beziehung zu den Eltern zu-

[*] Familien- und Sozialverein des Lesben- und Schwulenverbandes in Deutschland e.V.: Regenbogenfamilien – alltäglich und doch ganz anders; S. 147

rückgeführt. Es ist wichtig, dass die Eltern auf die Ängste und Befürchtungen ihrer Kinder eingehen und mit ihnen z. B. einen guten Umgang mit und sinnvolle Reaktionen auf Sticheleien besprechen.

Wenn zeitweise eine größere Verunsicherung bei den Kindern auftaucht, was vor allem während der Pubertät beobachtet wird, ist es sinnvoll, wenn sich die Eltern zurücknehmen und das Bedürfnis des Kindes nach »Geheimhaltung« achten. Dann muss festgelegt werden, wer erfahren darf, dass die Eltern lesbisch oder schwul sind, oder wo das offen gezeigt werden kann und wo nicht. Den Kindern tut es gut, wenn ihre Eltern hier auf sie Rücksicht nehmen. Im Grunde ist diese Rücksichtnahme nicht anders gelagert als in anderen Familien auch. Überall gibt es Zeiten, in denen Kinder sich für ihre Eltern schämen und sich nicht mit ihnen blamieren wollen, selbst wenn das für die Eltern kaum nachzuvollziehen ist.

Meine Tochter bat mich irgendwann inständig, ich möge mich doch, wenn ich zum Elternabend an ihre Schule gehe, »wenigstens einmal ganz normal kleiden«.

Wieder andere Kinder schämen sich für die Automarke ihrer Eltern und wollen mit diesem uncoolen Modell nicht öffentlich abgeholt werden. Eltern kennen das: Mama, Papa ihr seid ja so peinlich. Auch diese Zeiten gehen vorüber, und Eltern brechen sich keinen Zacken aus der Krone, wenn sie die Schamgrenze ihrer Kinder auch hier achten, jedoch ohne sich deshalb gleich ein neues Auto zu kaufen – dann wird das Kind eben eine Straße weiter abgeholt. Und gleichgeschlechtliche Eltern halten dann aus Rücksicht auf ihr Kind nicht vor deren Freunden Händchen.

Im kleineren Rahmen stark:
Einelternfamilien

Einelternfamilien sind heute alltäglich. Für Elternteile wie für Kinder ist es zunehmend normal, in einer Einelternfamilie zu leben.

Fast jede fünfte Familie in Deutschland ist mittlerweile alleinerziehend; in Familien mit einem Kind sind es schon fast ein Drittel (25,3 % alleinerziehende Mütter und 5,4 % alleinerziehende Väter). Die Tendenz ist steigend.

Dass sich Paare mit Kindern trennen, kommt häufig vor, und eine Trennung ist für alle Beteiligten eine heftige Krise. Nicht nur Trennungen führen zu Einelternfamilien, auch Krankheiten, Unfälle oder der Tod eines Elternteils sind Ursachen; auch hier steht am Ausgangspunkt dieser neuen Familienform eine heftige Krise. Und selbst wenn eine Frau von Anfang an allein die Elternschaft trägt, schwingt häufig eine Portion Schuldgefühl dem Kind gegenüber mit. Ob nun dramatische Umstände oder eine bewusste Entscheidung dazu führen: Einelternfamilien sind eine Realität, in der unter günstigen Bedingungen Kinder ebenfalls liebevoll und glücklich aufwachsen. Das frühere Stigma des Unvollständigen löst sich immer mehr auf, und das ist gut so. Denn Eltern in Einelternfamilien haben auch ohne diese moralische Belastung einiges zu beackern: Im alltäglichen Zusammenleben mit den Kindern müssen sie alle Erwachsenenaufgaben allein bewältigen. Und falls es einen getrennt lebenden Elternteil gibt, müssen sie mit ihm so auskommen, dass die Kinder die Liebe beider Eltern weiterhin erleben können. Alleinerziehende tragen dabei ein großes Paket, das Anerkennung verdient.

Als ihre Kinder ausgezogen waren, sagte mir eine alleinerzie-
hende Freundin: »Ich weiß nicht, wo ich die Kraft dazu her-
genommen habe. Ich glaube, ich habe die ganzen langen Jahre
immer das Beste draus gemacht, weil ich meine Mädchen so
sehr liebe. Und ohne die finanzielle Unterstützung meiner Eltern
wäre es gar nicht gegangen.«

Eltern in Eineltternfamilien sind über Jahre hinweg hoch belastet und oft überfordert. 20 % der Kinder aus Eineltternfamilien sind in Deutschland von Kinderarmut betroffen. 2008 lebten laut dem Familienbericht der Bundesregierung etwa 40 % der alleinerziehenden Eltern in Deutschland von Arbeitslosengeld II. Viele Mütter müssen immer noch um den Unterhalt kämpfen, weil die Väter ihren Unterhaltsverpflichtungen nicht nachkommen. Dass der Unterhalt oft ohnehin kaum ausreicht, wird von vielen getrennten Vätern nicht wahrgenommen. Das ist teilweise verständlich, denn wer nicht mit Kindern zusammenlebt, weiß oft nicht, was sie kosten.

Auch weil sie meist die ganze Verantwortung allein zu tragen haben, fühlen sich alleinerziehende Mütter oder Väter gestresst und oft auch überfordert: die tägliche Hausarbeit, Geld verdienen, Zahnarzttermine vereinbaren, Elternabende besuchen, bei den Hausaufgaben helfen, die Tochter in ihrem Liebeskummer trösten, den Sohn vom Fernseher wegziehen, die Kinder zum Sport und zum Musikunterricht chauffieren und ständig kleine oder große und wichtige Entscheidungen allein treffen müssen.

Aufatmen können sie, wenn die Kinder – wenn es gut läuft und es ihn gibt – alle zwei Wochen beim anderen Elternteil sind. Allerdings sind die Kinder oft durcheinander, wenn sie wieder zurückkommen; sie bringen Spannungen mit, müssen den Übergang bewältigen und sich erst wieder eingewöhnen, z. B. an die Regeln, die in den beiden Haushalten unterschiedlich gelten.

Einelternliebe herausgefordert

Alleinerziehende Eltern wissen oder spüren, dass ihr Lieben in ihrer oft schwierigen Situation eine besondere Bedeutung bekommt. Wenn »alles an ihnen hängt«, dann gilt das auch für die Liebesbindung im Alltag. Zwar entlastet die Gewissheit, dass eine Mutter nicht den Vater und ein Vater nicht die Mutter ersetzen kann und muss. Dennoch spüren Eltern, wie sehr ihre Kinder die Liebe beider Elternteile brauchen. Was hier hilft, ist, die Kinder einfach zu lieben – ohne angestrengtes Bemühen, das Fehlen eines Elternteils ausgleichen zu wollen. Kinder vermissen den anderen Elternteil und das Gefühl der »ganzen« Familie. Das braucht, auch wenn es Lichtblicke der Zufriedenheit gibt, nicht schöngeredet werden.

Viele alleinerziehende Eltern wissen und spüren das. Sie versuchen dennoch, meist vergeblich, aber wie in einem Reflex, bei Kindern den Schmerz auszugleichen, der durch das Fehlen entsteht: etwa durch Überfürsorglichkeit, grenzenlose Großzügigkeit oder im Versuch, besonders streng zu sein. Das sind verständliche, aber hilflose Versuche, oft aus der Motivation heraus, sich nicht nachsagen lassen zu müssen, sie hätten etwas versäumt.

Es ist traurig, Kindern nicht das bieten zu können, was bei zwei Eltern eher möglich ist; und es ist anstrengend für alleinerziehende Eltern, wenn sie es dennoch versuchen.

Die Unmöglichkeit, einen zweiten Elternteil zu ersetzen, kann umgekehrt der Mutter oder dem Vater helfen, ihre Begrenzung anzunehmen. Dann heißt es ganz praktisch: Die Kleider sind nicht immer gebügelt, die Lieblingshose der Tochter ist nicht frisch gewaschen, das neue Playstationspiel können wir uns nicht leisten, die Kinder müssen mithelfen (ja, mehr als in Zweieltern-familien, so ist es eben), zum Mittagessen gibt es Tiefkühlpizza, im Urlaub geht's zum Wandern in die Jugendherberge oder zur Vater-Kind-Kur.

Sobald die Mutter bzw. der Vater das akzeptiert und es den Kindern vermitteln kann, wird Entlastung spürbar. Das ist die Situation, und nichts muss mehr perfekt sein. Dabei haben alleinerziehende Eltern die Chance, die Liebe mehr in den Mittelpunkt ihres Wirkens zu stellen: Eben weil es gar nicht möglich ist, alles hinzubekommen!

In unserer Eineltternfamilie entstand der Satz: »Hauptsache, wir haben uns alle lieb.« Wir haben ihn in schwierigen, ärgerlichen oder scheinbar ausweglosen Situationen gesagt, und er rief, weil er so kitschig und so wahr ist, Zuversicht oder mindestens ein Lächeln hervor.

Eltern bleiben Eltern: Trennung konstruktiv gestalten

Kinder lieben ihre Mutter und ihren Vater, und das müssen sie auch dürfen. Eine Trennung zu bewältigen verlangt ihnen viel ab. Wenn versucht wird, seine gute Beziehung zum anderen Elternteil zu verhindern, wird das Kind zusätzlich irritiert, verletzt oder geängstigt. Über Kinder ausgetragene Streitereien zwischen getrennten Partnern bringen sie in Loyalitätskonflikte.

> *Nüchtern betrachtet lautet das Ziel nach einer Trennung: Die Eltern sind nun kein Liebespaar mehr – das muss sie aber nicht davon abhalten, gute Eltern zu bleiben.*

In diese einfache Nüchternheit können getrennte Eltern hineinfinden, sie schaffen durch ihre Liebe zu ihren Kindern eine neue Form für den Familienzusammenhalt und geben ihren Kindern die Erlaubnis und die Möglichkeit, beide Eltern weiterhin zu lieben.

Es gibt Kinder, die furchtbare Szenen erleben, wenn ihre getrennt lebenden Eltern aufeinandertreffen, z. B. wenn die Kinder an Besuchstagen abgeholt oder gebracht werden:

> *Sven ist fünf Jahre alt und hängt sehr an seiner Mutter. Wenn die Mutter ihn vom Kindergarten oder von den Großeltern abholt, rennt er immer voll Freude auf sie zu, umarmt sie und will von ihr gedrückt sein. Wenn der Vater ihn am Sonntagabend wieder zur Mutter bringt, schaut Sven zu Boden, bleibt am Auto stehen und wagt nicht, seine Liebe zur Mutter zu zeigen. Obwohl er noch so jung ist, hat er bereits verstanden, dass sein Vater seine Mutter nicht mag. Um sich bei ihm nicht unbeliebt zu machen, verbirgt er seine Liebe zur Mutter.*

Schon eine kleine abfällige Bemerkung stresst oder schmerzt Kinder, z. B. wenn die Mutter bei der »Kinderübergabe« zum Vater sagt: »Hast du mit Karla die Vokabeln gelernt? So, wie ich dich kenne, bestimmt nicht!«

> Getrennte Partner sollten die Fähigkeit entwickeln, sich mit Wertungen zurückzuhalten und sich auf die Zunge zu beißen: keine Abwertung, negative Bemerkungen oder schlechtes Reden über den früheren Partner!

Aus Liebe zum Kind nehmen getrennte Eltern sich selbst zurück: den Ärger, die Vergeltungs- und Rachegelüste aufgrund der erlebten Enttäuschungen und Verletzungen. Die negativen Gefühle sind natürlich immer noch da und brauchen auch eigene Räume, um sie zu bearbeiten, sich davon zu lösen, um alles zu bewältigen. Dafür sind aber nicht die Kinder da, sondern gute Freundinnen oder Freunde, Selbsthilfegruppen, Beratungsstellen, Therapeuten oder Therapeutinnen.

Max ist 16 Jahre alt. Seine Eltern haben sich getrennt, als er fünf Jahre alt war. Er wuchs bei seiner Mutter auf. Dominik, sein Vater, hat kurz nach der Trennung wieder geheiratet. Max sieht Dominik einmal im Monat. Sie gehen zusammen Fußball spielen oder Pizza essen. Max erzählt mir, er kenne seinen Vater kaum und habe das Gefühl, dass dieser im Grunde nichts von ihm wisse. Bei jedem Treffen erzählt ihm der Vater, wie schlimm es für ihn (den Vater) gewesen sei, dass seine Mutter sich von ihm getrennt habe und dass sie ihm dadurch Furchtbares angetan habe. Max sagt, dass er es kaum ertrage, diese Geschichte seit über zehn Jahren wieder und wieder zu hören. Er hat den Eindruck, sein Vater wolle ihm immer wieder »eintrichtern«, wie schlecht seine Mutter sei. Max liebt seine Mutter und hat von seinem Vater, seit er ein kleiner Junge war, nicht die Erlaubnis, seine Mutter zu lieben. Mit der Zeit wurde das für ihn zu einer inneren Zerreißprobe. Wir besprechen, dass es wichtig für Max ist, seinem Vater hier eine klare Grenze zu setzen (was eigentlich die Aufgabe des Vaters gewesen wäre) und ihm zu sagen, dass er nicht möchte, dass sein Vater schlecht über die Mutter redet, und dass er sich das in Zukunft nicht mehr anhören wird. Nach dem Gespräch mit Max überlegte ich, was Dominik so viele Jahre lang veranlasst haben könnte, die Mutter seines Sohnes abzuwerten. Ich bat auch Dominik zu einem Gespräch, und es stellte sich heraus, dass er seinem Sohn die Botschaft mitgeben wollte: »Vertraue keiner Frau.« *Langsam konnte er erahnen, dass er dadurch seinem Sohn dessen Vertrauen in die Mutter und dadurch in die Frauen nehmen wollte. Dominik meinte, dies doch aus Liebe gemacht zu haben, um seinen Sohn zu warnen und ihn vor Enttäuschungen zu schützen nach dem Motto:* »Lass dich nicht auf die Liebe ein, vertraue dich nicht an, nicht mal deiner Mutter, du könntest enttäuscht werden.« *In weiteren Gesprächen wurde Dominik aber klar, dass er aus eigener Hilflosigkeit gehandelt und versucht hatte, seinen Sohn in sein eigenes Leid hineinzuziehen. Das bedauerte er nun und wünschte sich ein versöhnendes Gespräch mit seinem Sohn.*

Nun konnte der Vater seinem Sohn erzählen, wie weh ihm die Trennung früher getan hatte. Und er konnte sagen: »Es tut mir leid: Ich habe dabei nur an mich gedacht, ich brauchte jemanden, der mich in meinem Leid sieht und versteht. Jetzt weiß ich, dass es falsch war, mich damit an dich zu wenden. Ich hätte dir ein Vorbild sein müssen, indem ich dir vorlebe, dass man mit Verletzungen klarkommen kann, und hätte dadurch dein Vertrauen in deine eigene Kraft gestärkt. Es tut mir leid, dass mir das nicht möglich war.«

Dasselbe gilt im Übrigen umgekehrt genauso: Mütter, die schlecht über Väter reden, nehmen ihren Kindern das Vertrauen in Männer.

Auf Abstand und doch greifbar: der getrennt lebende Elternteil

Für einen getrennt lebenden Elternteil kann es auf den ersten Blick eine Entlastung sein, die täglichen Aufgaben und Sorgen nicht tragen zu müssen. Er scheint den einfacheren Part zu haben und kann in den Besuchssituationen oder im Urlaub glänzen. Dennoch erleben viele getrennt lebende Väter und Mütter ihre Situation als schmerzlich. Das ist verständlich, denn die Liebe will gerade im Zusammensein im Alltag, im Zusammenleben mit dem Kind erfahren und erlebt werden.

Deshalb ist es nicht nur fürs Kind, sondern auch für die Erwachsenenseite wichtig, dass die Eltern regelmäßige und verlässliche Kontaktformen vereinbaren, an die sich alle halten. Die Entscheidung, wann und wie oft die Kinder den getrennt lebenden Elternteil sehen, wird von den Eltern gefällt und eingehalten.

Viele Eltern kommen in die Beratung mit der Frage, was sie tun sollen, wenn das Kind nicht zu Mama oder Papa gehen möchte. Da ist zunächst wichtig, welche Bedenken vorliegen. Leidet das Kind? Wird es vernachlässigt oder sonst schlecht behandelt? Diese Fragen müssen ernst genommen werden. Liegen keine solchen Gründe vor und muss lediglich das Zimmer ordentlicher aufgeräumt sein oder pünktlich die Nachtruhe eingehalten werden, sind das keine Gründe, den Kontakt zu unterbinden oder das Kind in seiner Verweigerungshaltung zu unterstützen. Eltern sind unterschiedliche Menschen mit unterschiedlichen Werten und Normen und stellen unterschiedliche Regeln auf. Das können sie ihren Kindern zumuten.

Dass Eltern Partei für ihre Kinder ergreifen ist gut und Ausdruck ihrer Zugehörigkeit und Liebe. Die Parteilichkeit darf jedoch nicht gegen den anderen Elternteil gerichtet sein. Dadurch entsteht neben der äußeren auch eine innere Trennung. Das Interesse des Kindes ist es aber, sich mit beiden Eltern zu verbinden. Getrennte Eltern sind versucht, das gegen den anderen Elternteil zu verwenden, was sie selbst an ihm oder ihr stört. Ihre Aufgabe ist es, ihre emotionalen Altlasten loszulassen – oder sie zumindest nicht in die Elternebene einfließen zu lassen.

> *Marias Vater fand die Sauberkeitsansprüche seiner ehemaligen Frau schon immer übertrieben. Wenn sich Maria bei ihm über ihre Mutter beklagt, sagt er: »Ja, das hat mich auch oft genervt. Aber damit könnt ihr schon klarkommen.« Er nutzt dies bewusst nicht, um gegen die Mutter zu agieren.*

Lange und nervenaufreibende Sorgerechtsklagen sind häufige Folgen derartiger Machtkämpfe der Eltern.

> *Der achtjährige Sven fragt mich in der Sprechstunde, ob ich nachher noch in die nahe gelegene Stadt fahre und ob ich ihn mitnehmen könne, denn dort lebe sein Papa. Ich frage ihn, ob er nicht warten könne, bis er ihn wieder besuchen könne. Das dürfe er nicht, weil seine Mama das nicht wolle, sagt er. Auf meine Frage, ob er wisse, weshalb seine Mama das nicht wolle, sagt er: »Weil die Mama den Papa nicht leiden kann und weil ich beim Papa abends länger aufbleiben darf.« Vielleicht hält es die Mutter für Liebe, wenn sie argumentiert, das Kind müsse regelmäßig früh zu Bett gehen? Doch es ist fühlbar, dass sie aus alten Verletzungen und Rachegefühlen heraus handelt. »Wenn sich der Vater nicht an meine Regeln hält, bekommt er das Kind nicht mehr.« Später, im Gespräch mit Svens Mutter, frage ich, wie sie handeln würde, wenn sie ihre Wut auf den Vater einmal beiseitelasse und sich so weit wie möglich in Sven hineinversetze, der sich danach sehne, seinen Vater zu sehen. Nun solle sie liebend an Sven denken und ihm das Allerbeste wünschen. Nachdem die Wut Platz hatte, ausgesprochen zu werden, war es ihr wieder möglich, sich auf das Wohl ihres Sohnes zu besinnen. Aus ihrer Liebe heraus spürte sie ihre Bereitschaft, für Sven über ihren Schatten zu springen, und ermöglichte die Verbindung zwischen Vater und Sohn. Es braucht Zeit und Raum,*

Liebe zu leben, sie zu pflegen und zu festigen. Auch wenn es in einer Weise geschieht, die den pädagogischen Vorstellungen des anderen Elternteils nicht entsprechen.

**FAMILIEN-
BANDE
KNÜPFEN FÜR
GETRENNTE
FAMILIEN**

WAS HILFT DEM KIND, SEINE GETRENNTE FAMILIE IN SICH ZUSAMMENZUHALTEN?

Auch wenn Sie kein Paar mehr sind, bleiben Sie Eltern und damit in der elterlichen Verantwortung. Kinder leiden meist sehr unter Trennungen und müssen ihre familiären Beziehungen und ihr Bild von Familie in sich neu zusammenbringen. Getrennte Eltern können sie darin unterstützen:

* Halten Sie aktiv die Beziehung, zeigen Sie Ihrem Kind, dass Sie weiterhin für es da sind.
* Kommunizieren Sie direkt mit dem anderen Elternteil (d. h., dass Sie das Kind nicht als Boten missbrauchen).
* Streiten ist o. k., aber nicht, wenn das Kind dabei ist.
* In Konflikten führen Sie einen Elternstreit – Kinder sollen nicht schlichten, vermitteln oder stoppen.
* Das Kind darf beide Eltern lieben, es ist sein Recht. Sagen und zeigen Sie ihm das.
* Bringen Sie Ihr Kind nicht in Loyalitätskonflikte: Fragen Sie es nie, wen es mehr liebt.
* Die vereinbarten Zeiten mit dem anderen Elternteil sollten eingehalten werden; dafür zu sorgen ist Aufgabe beider Eltern.
* Gestalten Sie Übergaben nach Besuchen oder Wohnungswechseln friedlich. Achten Sie dabei bewusst auf einen kultivierten und höflichen Umgang.
* Nachdem Sie die negativen Gefühle für Ihren ehemaligen Partner/Partnerin losgelassen haben, erzählen Sie Ihren Kindern von den schönen Erinnerungen an die früher gemeinsam erlebte Zeit. Das tut Kindern gut, sie hören es gern, auch wenn sie älter sind.

Ein bunter Flickenteppich: Patchworkfamilie

In den USA ist sie bereits die häufigste Familienform, und auch bei uns nimmt die Zahl der Patchworkfamilien ständig zu. Wie aus unterschiedlichen Stoffresten etwas Neues, Schönes entsteht, so ist es auch in Familien: In Patchworkfamilien finden sich die Familienmitglieder aus verschiedener Herkunft und in unterschiedlichen Rollen zu etwas Neuem zusammen. Als bunte Zutaten gibt es geschiedene Eltern, wiederverheiratete Eltern, von ihren Kindern getrennt lebende Eltern, Stiefeltern, leibliche Kinder, Stiefkinder, Stiefgeschwister, Halbgeschwister. Hier wird der Familienstrauß so richtig bunt.

FAMILIEN-BANDE KNÜPFEN

BUNT UND BEWUSST

Die Farbigkeit ist nicht immer einfach, weil unterschiedliche Rollen zu füllen sind und Familiensysteme und -kulturen aufeinandertreffen. Daraus entstehen Anforderungen und Herausforderungen an alle Familienmitglieder, die es sich bewusst zu machen gilt, z. B.:

* Wie kommen die Stiefgeschwister miteinander klar, gibt es Anlass für besondere Rivalität?
* Wer hat was zu bestimmen, wie sind die Verantwortlichkeiten und Aufgaben verteilt?
* Wer hat wem was zu sagen und wer hat wem gar nichts vorzuschreiben?
* Wer mag wen wie sehr?
* Werden leibliche Kinder bevorzugt? Oder trifft es auf Widerstand, den leiblichen Kindern Liebe zu zeigen?

Manches entspricht der klassischen Zweielternfamilie. Auch Patchworkfamilien finden durch die Liebe der Erwachsenen zusammen. Eltern sind gefordert, aus den vorhandenen Zutaten Formen zu entwickeln, die den Bedürfnissen aller Familienmitglieder gerecht werden.

Das Leben in Patchworkfamilien braucht gute Absprachen, vielleicht mehr noch als in den anderen Familienformen. Denn das Familienleben muss neu zusammengesetzt, renoviert, erfunden und ausprobiert werden. Klar, dass da auch mal die Fetzen fliegen. Hier wird viel diskutiert, gestritten, Regelungen werden ausgehandelt und wollen ausprobiert sein. Der gemeinsam verbrachten Zeit kommt eine besondere Bedeutung zu. So wächst ein neuer Familienzusammenhalt.

FAMILIEN-
BANDE
KNÜPFEN

AUCH FAMILIENKULTUREN SIND IN PATCHWORK-FAMILIEN BUNTER – WIE GEHT DAS PRAKTISCH?
Einmal am Tag oder in der Woche unternehmen alle etwas gemeinsam. Feste Rituale wie z. B. wöchentliche Familienkonferenzen mit anschließendem gemeinsamem Kochen und Essen sind hilfreich. Es kann Zeiten geben, in denen das Elternpaar sich Zeit für sich nimmt, und Zeiten, in denen die gemeinsamen Kinder nur etwas mit ihren Bio-Eltern unternehmen.

Kränkungen entstehen immer dort, wo ein Kind sich ungerecht behandelt oder vernachlässigt fühlt. Dies erleben zwar auch Kinder in der Zweielternfamilie, in Patchworkfamilien kann dies aber besonders geschürt werden. Toleranz und Feinfühligkeit der Eltern sowie das Beachten und Ernstnehmen der Bedürfnisse der Kinder gleichen Schieflagen aus. Es verlangt einige Kraft, die vielen verschiedenen Bedürfnisse unter einen Hut zu bringen und ihnen gerecht zu werden. Alle Beteiligten stehen immer wieder vor der Aufgabe, Verbindungen liebevoll praktisch werden zu lassen.

Patchwork-Mythos: Die böse Stiefmutter – und der böse Stiefvater noch dazu!

In früheren Zeiten verstand man unter dem Begriff »Stiefmutter« die neue Partnerin, die mit dem Kind bzw. den Kindern des leiblichen Vaters in einem Haushalt lebte, weil der Vater verwitwet, getrennt oder geschieden war. Diese Konstellation war wegen der hohen Sterblichkeit der Frauen im Kindbett ein wohl häufiger Fall. Heute wird es öfter vorkommen, dass die Mutter mit ihren Kindern zusammenlebt und ein Mann hinzukommt, der nicht der leibliche Vater der Kinder ist. In Märchen wird erzählt, in welch vielfältiger Weise die Stiefmutter das Leben des Kindes schwer macht. Als Märchenfigur ist sie für Kinder wichtig, weil sie in ihr die »bösen« Seiten ihrer liebenden Mutter verorten können (und analog im garstigen Stiefvater).

Und in der Wirklichkeit? Wie im Märchen gibt es sie tatsächlich, die böse Stiefmutter, genauso wie den bösen Stiefvater. Natürlich sind die echten Stiefmütter und -väter nicht immer nur böse, im Gegenteil: Viele Frauen und Männer wachsen in eine liebevolle und ganz eigene Beziehung zu den »übernommenen« Kindern hinein. Dennoch, die schwierige oder »böse« Seite gibt es durchaus. Was veranlasst eine »soziale« Mutter oder einen »sozialen« Vater, im Zusammenleben »böse« zu werden? Dafür gibt es im Alltag sehr viele gute Gelegenheiten:

* Vielleicht hört sie: »Du hast mir gar nichts zu sagen, du bist nicht meine Mutter«, z. B., wenn sie die Kinder bittet, nach dem Essen den Tisch abzuräumen.
* Oder er hat den Anspruch, den Vater zu ersetzen – was nicht möglich und auch nicht wirklich gewollt ist und sich deshalb sehr anstrengend und nervenaufreibend gestaltet.

* Oder die Kinder erinnern sie durch ihre bloße Existenz an die leibliche Mutter, die ihr ein Dorn im Auge ist, weil sie durch sie an das frühere Liebesleben ihres Partners erinnert wird. Zu Recht, denn die Kinder sind aus einer anderen Liebesbeziehung heraus entstanden. Vielleicht möchte sie ihrem Mann und den Kindern deshalb zeigen, dass sie die bessere Frau und Mutter ist, und will ihre Vorgängerin ausbooten?
* Oder er möchte seine Partnerin ganz für sich allein, ihre ungeteilte Liebe bekommen, und dabei sind die Kinder ein Hemmnis?
* Vielleicht sieht sie auch einfach nur nicht ein, dass sie so viel zusätzliche Arbeit und persönliche und finanzielle Einschränkungen wegen »fremder« Kinder in Kauf nehmen muss.

Solche Gründe sind mögliche Motive, die für Stiefmütter wie Stiefväter große Herausforderungen an ihr Leben in der Familie und an ihre Liebe stellen. Es kann schwer sein, den jeweils eigenen Liebesfluss zu finden. Und doch haben die meisten Stiefmütter und -väter den Anspruch, die Kinder zu lieben – obwohl es so schwierig ist.

Stiefvater oder -mutter zu sein kann, aber muss nicht schwierig werden. Wenn es aber der Fall ist, dann können sie sich, wie auch leibliche Eltern, professionelle Unterstützung suchen, z. B. in der Eltern- oder Familienberatung.

Lieben zu *müssen*, das kann nicht funktionieren! Auch die angenommenen Kinder zu lieben wäre schön; es kann die Hinzugekommenen aber entlasten, dass sie die Kinder gar nicht zu lieben brauchen: Zunächst genügt es, die Kinder – auch mit ihren Konflikten oder ihrer Ablehnung – zu achten, ihnen Respekt und Zuwendung zu geben. Wenn daraus Liebe erwächst, ist es schön. Aber es besteht kein Zwang dazu.

Patchwork-Situationen sind nie einfach. Aber häufig wird durch das Zusammenleben mit der Zeit die Verbindung inniger und stärker, und eine eigene Qualität der Zuneigung und Liebe entwickelt sich. Eine wichtige Voraussetzung für ein gelingendes Miteinander ist für den Stiefelternteil, die eigene Begrenztheit in der direkten Einflussnahme auf die Erziehung zu akzeptieren und darin seine Selbstachtung zu wahren. Ihre große Chance ist es, als Vorbild zu dienen.

Hilfreich ist es, wenn Stiefeltern akzeptieren, dass die leiblichen Kinder und ihren Partner eine längere gemeinsame Geschichte verbindet. In anderen kulturellen Traditionen und in der Familientherapie wird hier von den »älteren Rechten« gesprochen: Es ist eine Tatsache, dass die Eltern-Kind-Beziehung bereits vor der neuen Paarbeziehung bestand. Daraus ergibt sich, dass bei Konflikten der leibliche Elternteil ab und zu auch den Kindern den Vorrang einräumt. Das verlangt vom neuen Partner die Fähigkeit, immer wieder auch zurückzutreten und den Beziehungen mit den »älteren Rechten« den Vortritt zu lassen.

> *Es ist sinnlos, mit den Kindern um den ersten Platz konkurrieren zu wollen.*
> **Jesper Juul, Aus Stiefeltern werden Bonus-Eltern, S. 47.**

Die eigene Rolle und Position als Stiefelternteil zu finden und zu bestimmen ist nicht leicht; der Prozess kann durchaus auch schmerzhaft sein. Häufig kommt es vor allem dann zu Problemen, wenn der Stiefelternteil zu den leiblichen Kindern seines Partners in starke Konkurrenz tritt. Das bringt den leiblichen Elternteil in Loyalitätskonflikte. Darauf reagieren die Kinder feinfühlig und empfindlich, sie rebellieren, was wiederum die Paarbeziehung belasten kann.

Stiefmutter und Stiefvater haben sich für den Partner, die Partnerin entschieden, im Wissen um dessen Liebe, Beziehung und Verantwortung für seine Kinder. Dies beinhaltet die Übernahme von Verantwortung und die Bereitschaft, zum Gelingen der neuen Paarbeziehung unter Einbeziehung des Wohls der leiblichen Kinder aktiv beizutragen. Die Stiefmutter tut dies aus Liebe zu ihrem Mann, der Stiefvater aus Liebe zu seiner Frau. Ist das Wohl der Kinder durch Loyalitätskonflikte gefährdet, beeinträchtigt und belastet es die Liebe zwischen den Erwachsenen.

Kindern tut es gut, wenn sie ihrerseits die Erlaubnis haben, Stiefmutter oder -vater nicht lieben zu müssen. Ein respektvolles Verhalten sollte aber durchaus verlangt werden.

Michael ist jetzt 60 Jahre alt. In den ersten Lebensjahren seiner Kinder lebte er allein mit ihnen. Dann heiratete er Sibylle. Sie zog zu ihm und seinen Kindern. Michael denkt heute gern an früher zurück und ist Sibylle sehr dankbar: »Es konnte so gut gelingen, weil Sibylle erst einmal lange beobachtet und geschaut hat und dadurch eine Einfühlung in die Kinder entwickelt hat, bevor sie selbst Ansprüche an sie stellte. Sie hat versucht, zuerst eine Beziehung zu den Kindern aufzubauen, bevor sie, auch in Bezug auf deren Sozialverhalten, klare und deutliche Erwartungen geäußert hat. Erst recht hat sie nicht versucht, erzieherisch zu wirken, bevor sie eine Beziehung aufgebaut hatte. Sie hat sich an vielen Stellen zurückgehalten und mich das regeln lassen. Insgesamt hat sie Geduld und auch Mäßigung gezeigt und mit Heiterkeit und Humor versucht, deutlich zu machen, dass sich die Dinge schon gut entwickeln werden. Trotzdem hat sie nicht auf wichtige Bedürfnisse von sich verzichtet, sondern versucht, es gemeinsam zu regeln. Ich bin ihr sehr dankbar für ihre feinfühlige Art und dafür, wie ihr das mit den Kindern gelungen ist.«

Teil 2

ZUSAMMEN HALT SCHAFFEN

12 Familienanker

Gemeinsam mit Eltern und anderen Fachleuten haben wir zwölf konkrete »Gebrauchsanweisungen« für die Aktivierung der Familienliebe entwickelt. Sie helfen, Familie zu stärken und das Prinzip Liebe im Familienleben zu verankern. Natürlich sind das keine Patentrezepte mit Erfolgsgarantie; wir verstehen die Familienanker vielmehr als Anstöße, durch die Beziehung ins Schwingen kommt. In jedem Kapitel zeigen wir äußere und innere Hürden auf, die es den Beziehungen in der Familie nicht leicht machen – und Wege, sie zu überwinden. Was kann gestützt und entwickelt werden, damit es sich positiv auf das Zusammenleben auswirkt? Es gibt ja durchaus Familien, denen Zusammenhalt und Verständnis grundsätzlich gelingen – atmosphärische Störungen nicht ausgeschlossen! – und von denen sich vieles abschauen lässt.

Steuern Sie die Ankerplätze der Liebe an, um die Liebe im Alltag der Familie lebendig zu halten oder aufzufrischen.

1 Kurs halten auf die Liebe

Wie es gelingt, die bereichernden Beziehungen in der Familie nicht aus den Augen zu verlieren – also: die Familienliebe anzusteuern, auch im Gegenwind –, darum soll es in diesem Kapitel gehen.

Bewusste Entscheidungen und eine absichtsvolle Haltung der Entschiedenheit öffnen das Lieben und geben ihm die Kraft, auf die es in der Familie oft ankommt. Im romantischen Verständnis ist die Liebe einfach da oder Menschen werden von ihr überwältigt. Auch die natürlich vorausgesetzte Liebe zum Kind verlangt keinen Entschluss, zu lieben. Deshalb empfinden Sie es womöglich als ungewöhnlich, das Lieben mit Wollen und Entscheidung in Verbindung zu bringen. Doch wir sind uns sicher: Absicht und Entschiedenheit gehören dazu, damit der Zusammenhalt auch in den schwierigen Seiten und Zeiten einer Beziehung zum Kind bestehen bleibt.

Setzt man die Liebe zum Kind in Bezug zur Liebe unter Erwachsenen, so wird deutlich: Was in Bezug aufs Kinderlieben irritiert, ist im Lieben Erwachsener als Entscheidung ein selbstverständlicher Teil von Beziehung, zum Beispiel dann, wenn geheiratet wird: »Ja, ich will«, versprechen sich zwei Menschen im Standesamt oder vor dem Traualtar: »Ich will dich lieben, achten und ehren.« In ihrer zu diesem Zeitpunkt spürbaren Liebe nehmen sie sich vor, einander zu lieben, auch wenn die Liebe zwischendurch mal abhandenkommen sollte. Sie verleihen ihrem

Wunsch und ihrer Absicht, zu lieben, Ausdruck. In ähnlicher Weise wird mit dem Entschluss, ein Kind zu bekommen, es als Eltern anzunehmen und durch sein Leben zu begleiten, eine tiefe Absicht, zu lieben, verankert: »Ich will dich lieben!« bedeutet für das Kind Verlässlichkeit und die Erlaubnis, sich frei zu entwickeln.

Gerade weil Kinder sich unablässig verändern und immer mehr sie selbst werden, kann die ursprüngliche Absicht, zu lieben, im Größerwerden des Kindes schwinden. Eltern können scheinbar den Anschluss an ihr Lieben verlieren. Dann ist es hilfreich, sich daran zu erinnern, dass sie die Entscheidung getroffen haben und zur Liebe zurückfinden wollen. Sobald diese Absicht besteht, geht es auch in Richtung Liebe weiter.

Das Besondere in der Liebe zu Kindern sind die häufigen Veränderungen. In jeder Phase brauchen Kinder Raum für Entwicklung und Wandel.

Es tut dem Lieben der Eltern gut, wenn sie ihre Entscheidung von Zeit zu Zeit gleichsam »runderneuern«: Ich will aus der Liebe heraus handeln; ich habe mich entschieden, mein Kind liebevoll zu erziehen, und ich entscheide mich jetzt wieder dazu. Ich will mit ihm in Liebe verbunden sein und bleiben. Auch wenn die Liebe gerade nicht spürbar ist oder sich sogar unangenehm anfühlt, wird es dadurch möglich, dem Kind Achtung und Respekt entgegenzubringen. Die Absicht ist wie ein Türöffner, ein erster oder erneuter Schritt in Richtung Liebe, die dadurch an Schwung und Kraft gewinnt, bis Haltung und Handeln tatsächlich von Liebe geprägt sind.

Stefanie kam in die Beratung, weil sie große Schwierigkeiten hat, ihren 18-jährigen Sohn wirklich loszulassen. Sebastian hat das Abitur gemacht und will nun ein Jahr in die USA. Stefanie leidet und trauert, aber vor allem hat sie große Angst, dass ihm etwas zustoßen könnte. Im Lauf der Beratung betont sie, dass sie wirklich die Absicht hat, ihren Sohn gehen zu lassen, aber dass ihre Angst sie daran hindert. Im Nachspüren auf die Frage, woher denn diese Absicht kommt, konnte Stefanie erkennen: Ihre Absicht kommt aus ihrer Liebe zu ihm. Sich zu entscheiden, das Kind los- und in die Selbstverantwortung zu entlassen, ist ein Schritt hin zum entschiedenen Lieben. Damit wird es ihr möglich, ihn trotz ihrer Angst loszulassen.

Die Entscheidung, zu lieben, kann auch dazu beitragen, Verfestigungen in der eigenen Persönlichkeit zu hinterfragen oder aufzulösen. Kinder zu lieben bedeutet immer auch Auseinandersetzung mit sich selbst. In der liebevollen Beziehung zum Kind lösen Eltern sich auch von ihren eigenen Begrenzungen und Ängsten, vom Um-sich-selbst-Kreisen und wenden sich den Bedürfnissen des Kindes zu. Natürlich haben alle Menschen in ihrer Biografie auch Schwieriges erlebt. Es stellt sich nur die Frage, inwieweit sie es als Erwachsene zulassen, sich in den Strudel ihrer eigenen Vergangenheit hinabziehen zu lassen. Die Entscheidung, sein Kind zu lieben, kann die Kraft dafür zur Verfügung stellen, sich mehr im Jetzt zu verankern und der Vergangenheit nicht zu viel Macht zu überlassen.

SO TUN, ALS OB

Etwas wird ersehnt, es wäre schön, aber ist noch nicht so richtig da. Die Vorstellung, die in dieser Übung eingesetzt wird, ist eine starke Kraft. Beim »So tun, als ob« wird ein von sich selbst gewünschtes Verhalten oder eine Haltung ausprobiert. Ausdrücklich geht es nicht darum, eine falsche Fassade aufzubauen, etwas Unwahres zu behaupten oder scheinheilig zu werden, sondern es soll etwas gestützt und geübt werden, das es bereits gibt, aber das bislang wenig gelebt wurde. Das funktioniert so ähnlich, wie wenn wir uns bei kaltem Wetter vorstellen, es sei gar nicht so kalt – und schon wird uns ein bisschen wärmer. Gehen Sie davon aus, dass das Gewünschte bereits in Ihnen wohnt. Sie locken diese Seite, diese Eigenschaft in sich hervor und kultivieren sie, bis sie selbstverständlich wird. Geduldig sein, gelassen sein, nicht mehr so ängstlich sein, freundlich, nachsichtig, verzeihend, friedvoll etc.: In dieser Weise können Sie mit allem, was Sie sich von sich selbst wünschen, üben.

Vielleicht können Sie sich nicht durchsetzen. Dann stellen Sie sich vor, irgendwo in Ihnen schlummerte ein selbstbewusster Teil, der sich nichts gefallen lässt und auch mal klar und entschieden »Nein, jetzt reicht es!« sagt.

* Stellen Sie sich vor, wie es sich wohl anfühlt, sich durchzusetzen. Erzeugen Sie in Ihrer Vorstellung genau dieses Gefühl. Nehmen Sie sich dazu vielleicht einen Ihnen bekannten Menschen oder einen Schauspieler, der über diese Eigenschaft verfügt, zum Vorbild.

* Fühlen Sie durch Ihre Fantasie und Vorstellungskraft immer wieder, wie es sich anfühlen würde, und drücken Sie das auch durch Ihre Körperhaltung aus. Gehen Sie im Alltag immer wieder damit in Kontakt: an der Schlange im Supermarkt, wenn Sie einen Parkplatz suchen, am Arbeits-

platz und abends vor dem Einschlafen. Finden Sie Gefallen daran, so zu werden oder zu sein.

* Beim nächsten Anlass tun Sie so, als ob Sie jemand wären, der sich durchsetzen kann – und setzen sich durch.
* Wiederholen Sie die Übung so lange, bis sie zu einem verlässlichen Teil Ihres Selbst geworden ist.

Ängste überwinden – auch im Gegenwind

Angst ist ein nützliches und gesundes Gefühl. Wenn Menschen sich ängstigen, gibt es eine Bedrohung und ein Schutzbedürfnis; Angst aktiviert sie und mobilisiert Handeln, um Bedürfnisse zu schützen, indem zurückgewichen oder geflüchtet oder ein Angriff gestartet wird. In der jeweiligen Situation ist das alles ganz passend. Schwierig für Beziehungen, fürs Lieben und Erziehen ist es, dass sich Angsterfahrungen verfestigen. Dann bringen Eltern ihre uralten Ängste in die Beziehung zum Kind mit. Droht irgendwoher Gefahr, schalten sie in den Panikmodus. Das können Kinder verstehen, wenn der Angstauslöser erkennbar ist: ein Gewitter, eine Explosion, ein verlorener Autoschlüssel. Die alten, verfestigten Elternängste dagegen sind Kindern schleierhaft – und den Eltern meistens auch. Dennoch wirken sie in die Beziehung zum Kind und können Bindungen in der Familie erschweren. Entschlossenheit zur Liebe heißt dann, sich den Angstthemen zu stellen.

Es ist nicht die Aufgabe der Eltern, Kinder grenzenlos zu umsorgen, sie endlos zu bemuttern, vor allen Gefahren zu beschützen oder zu pampern; zusammengefasst und mit einem abgewandelten englischen Sprichwort ausgedrückt heißt das:

> »Man muss das Pferd zur Tränke führen, aber saufen kann es selbst.«

Angst wird manchmal nicht bedrohlich erlebt, sondern mehr als Gefühl von Anspannung oder Druck. Das liegt daran, dass Menschen lernen, den Angstauslöser zu vermeiden und die Angst nicht zu fühlen. Um den Druck loszuwerden, sind sie versucht, ihn an andere weiterzugeben. Das ist ein bekanntes Muster: Der Chef befürchtet, die Verkaufsverhandlungen würden platzen; er befindet sich – spürbar für alle anderen – erheblich unter Druck, den er an seine Mitarbeitenden weitergibt, die nun ihrerseits unter Stress geraten. Das machen ängstliche Eltern ebenso. Sie fürchten vielleicht mögliche Gefahren, die in der Nacht lauern könnten, und schildern dem Kind die Nacht so, dass es Angst bekommt, wenn es dunkel wird.

Grundsätzlich sind Ängste unter den Menschen ziemlich ungleich verteilt; manche haben mehr, andere kaum Ängste mitbekommen. Aber fast alle Menschen haben vor irgendetwas Angst. Sie kann als Gefühl bewusst sein, sich aber auch verstecken, z. B. hinter Glaubenssätzen und Verhaltensweisen, die ein Gefühl von Sicherheit vermitteln.

Markus kommt in die Beratung, weil er merkt, dass er von seinem Sohn viel verlangt und dieser sich zu wehren beginnt. Er berichtet von seiner großen Angst, durch schädliche Keime, Bakterien, Pilze und Schmutz verunreinigt zu werden. Deshalb wäscht er sich und seinem Sohn Nils besonders oft und gründlich die Hände. Er möchte sich und Nils vor Gefahren schützen. In den Gesprächen wird Markus bewusst, dass er im Grunde aus liebevoller Fürsorge handelt, nämlich seinen Sohn schützen zu wollen. Es wird ihm aber auch deutlich, dass seine Angst nicht angemessen ist und er Nils damit eher belastet. Er ent-

schließt sich, seinen Zwang, sich zu waschen, in einer Verhal-
tenstherapie behandeln zu lassen, und ist spürbar erleichtert
darüber, dass sich die Beziehung zu seinem Sohn nun wieder
deutlich entspannter gestaltet.

Menschen, die ausreichend gut versorgt, behütet und geliebt
wurden, haben eher weniger Angst als Menschen, die viel Mangel oder Ablehnung erlebt haben. So sind Ängste in mehrfacher
Weise mit Kindern verknüpft. Sie entstehen in der Kindheit und
werden deshalb häufig im Zusammenleben mit Kindern »aktiviert«. Ein Kreislauf entsteht: Ängste beeinträchtigen die Beziehung zum Kind – was in ihm dann wieder Ängste entstehen
lassen kann, die es später an die eigenen Kinder »vererbt«, also
weitergibt.

> Die Liebe der Eltern trägt dazu bei, dass Ängste der Kinder
> nicht entstehen oder besänftigt werden: Vor allem nachts
> kommen bei vielen Kindern die Ängste: vor der Dunkelheit,
> Ungeheuern, Räubern, gefährlichen Tieren. Wenn das Kind da-
> mit zu den Eltern kommt und in liebevoller Verbindung gehal-
> ten wird, lösen sich die Ängste auf. Diese Erfahrung nimmt das
> Kind in sich auf, sie wird zu einer inneren Sicherheit, sodass es
> die eigenen Ängste immer mehr auch selbst bewältigen kann.

Hilfe durch das Kind

Wenn der Vater oder die Mutter über das Zusammenleben mit
dem Kind mit eigenen Ängsten in Berührung kommt, ist das zwar
quasi eine doppelte Belastung – für sich selbst und das Kind –,
aber auch eine einmalige Chance, um selbst oder gemeinsam zu
wachsen. Aus der Perspektive des Kindes steckt in der Konfron-

tation mit eigenen Ängsten auch ein Auftrag: Wer sein Kind in Liebe erziehen und den Kreislauf der Angst unterbrechen möchte, übernimmt damit auch die Aufgabe, seinen Ängsten auf die Spur zu kommen und sie aufs erträgliche Maß zurechtzustutzen.

Zum Glück werden die Kinder ja langsam groß; Eltern können sich so ihren Ängsten allmählich annähern, wenn die Kinder immer größere Risiken eingehen. Diese Salamitaktik zur Angstbewältigung können Eltern bewusst einsetzen und dabei Schritt für Schritt und immer wieder erfahren, dass es gut ausgeht. Das unterstützt sie darin, ihre Angst allmählich abzubauen.

Umgekehrt machen viele Eltern auch die Erfahrung, dass sich ihre eigenen Ängste allein durch die Liebe zum Kind verändern. Die elterliche Stärke strahlt auf das innere Kind der Mutter oder des Vaters aus und zeigt, dass er oder sie nun erwachsen, groß und stark genug ist, um selbst zu schützen oder Kinder in Ängsten zu trösten. So können ängstliche Eltern über ihre Liebeserfahrungen Selbstvertrauen gewinnen und gleichsam um die Ecke auch ihre eigenen Ängste annehmen und heilen.

FAMILIEN-
BANDE
KNÜPFEN

MIT DER LIEBE DURCH ANGST UND PANIK KOMMEN

Nicht jede Angst muss bekämpft werden; aber es lohnt sich, an überflüssigen Ängsten zu arbeiten, um die Beziehung zum Kind und das Vertrauen in es nicht hinter Ängsten verschwinden zu lassen. Dafür bieten sich in Familien viele Gelegenheiten:

* In der Angst, wenn die Angst kommt: sich Zeit lassen, dreimal durchatmen, nicht im Angstreflex handeln.
* Vertrauen Sie: Nehmen Sie bewusst für sich selbst an, dass es eigentlich nicht anders geht, als sich dem Leben

anzuvertrauen und damit auch Ihrem Kind zu vertrauen. Leichter gesagt als getan? Ja, und dennoch: Versuchen Sie sich darauf zu verlassen, dass es das Leben insgesamt schon gut meint. Manchen helfen hier sogenannte Affirmationen, also bestimmende und unterstützende Sätze, wie: »Alles wird gut«; »Sie kommt gesund wieder«; »Er wird keinen Unfall haben«. Religiöse Menschen können sich mit ihrem Gottvertrauen verbinden oder beten.

★ Die Verantwortung an die Partnerin bzw. den Partner oder an andere Miterziehende abgeben. Zum Beispiel: Das Kind turnt auf dem Klettergerüst auf dem Spielplatz, der Anblick macht der Mama Angst, sie kann gar nicht hinsehen: Der Papa nimmt deshalb das Kind an die Hand, und die Mama schaut weg.

★ Die Angst wahrnehmen, aber ihr nicht die Macht überlassen. Hier hilft eine Einleitung mit Bezug auf die Angst und dann die Aktion aus der Liebe heraus, also z. B.: Obwohl ich Angst habe, ihr könnte etwas passieren, erlaube ich meiner Tochter, erst, wenn es dunkel ist, heimzukommen.

★ Fragen Sie sich: Was genau macht mir an dieser Situation Angst? Und woher kommt diese Angst eigentlich? Die Angst erforschen, bearbeiten und dadurch entkräften.

★ Fragen Sie sich auch: Gebe ich meine Angst an mein(e) Kind(er) weiter? Und will ich das wirklich? Wie kann ich aktiv dazu beitragen, dass meine Tochter und mein Sohn mit weniger Angst auf der Welt sein können als ich?

2. Vertrauen: Alles wird gut!

Vertrauen ist eine Bindungskraft, die oft nicht richtig greifbar, dafür aber spürbar ist. In der Familie vertrauen wir, weil wir uns geliebt fühlen, und umgekehrt: Weil wir lieben, vertrauen wir den anderen Familienmitgliedern. Durch Vertrauen geschieht ein »Liebes-Hin-und-Her« und darin ein stabiler Halt. Seinem Kind zu vertrauen ist Ausdruck elterlicher Liebe und eine Grundlage für gelingende Erziehung. In diesem Vertrauen drücken sich Respekt und Wertschätzung aus: Du gehörst zu mir oder zu uns, deshalb vertrauen wir dir.

Vertrauen hat unmittelbar mit Würde zu tun. Das Kind ist grundsätzlich würdig, dass ihm vertraut wird. Kinder werden so, wie sie gesehen werden. Wenn Eltern über ihr Vertrauen Gutes in ihrem Kind sehen, verankert sich das im Kind.

> *Die größte Ehre, die man einem Menschen antun kann, ist die, dass man zu ihm Vertrauen hat.*
> Matthias Claudius

Vertrauen kann sich in herausfordernden Situationen zeigen, wenn Eltern sich fragen, ob sie sich auf ihr Kind verlassen können; ob das, was gerade geschieht, sinnvoll und am Ende schon richtig ist. Es gehört eine gute Spur Gottvertrauen dazu, in das

Werden des Kindes zu vertrauen: dass es wächst und gedeiht, dass es seinen Weg geht und dass es mit ihm ein gutes Ende nehmen wird. Das, was werden soll, wird werden. Am Ende wird alles gut, selbst wenn ich nicht alles in der Hand habe und kontrolliere, und auch, wenn das Kind nicht alles genauso macht, wie ich es für richtig und sinnvoll halte. In ihrem liebevollen Vertrauen verlassen sich Erziehende also darauf, dass etwas Größeres es schließlich schon richtig werden lässt – der liebe Gott, das Universum, das Göttliche, das Leben, das Tao oder wer oder was auch immer.

Für Thomas von Aquin ist Vertrauen »die durch Erfahrung bekräftigte Hoffnung auf die Erfüllung von erwarteten Zuständen unter der Prämisse des Vertrauens auf Gott«. Eltern können ihren Kindern »die durch Erfahrung bekräftigte Hoffnung« schenken, indem sie zuverlässig sind und die Bedürfnisse ihres Kindes ernst nehmen. Kinder brauchen Vertrauen in die Zuverlässigkeit der Fürsorge ihrer Eltern. Umgekehrt fehlt es Kindern, deren Eltern es an Fürsorglichkeit mangelt, an Vertrauen in ihre Eltern und die Welt.

Kinder spüren die Liebe ihrer Eltern im liebevollen Zutrauen, dass es sein Leben gut meistert: »Es ist schon recht, wie du das machst.« Das Kind braucht diese Zuversicht der Eltern auch vor Hürden oder in Krisen. Ihr zuversichtliches »Du schaffst das schon« vermittelt das Gefühl und ihre Hoffnung, dass alles am Ende schon gut ausgehen wird. Und die Erfahrung zeigt, dass es meistens auch so ist.

Zweifel gehören auch im Vertrauen dazu. Gerade dann ist es hilfreich, sich bewusst wieder ins Vertrauen zu begeben und dem Kind sein Vertrauen klar zu vermitteln. So fühlt es sich sicherer, aufgehoben und entspannter.

Immer bedeutet Vertrauen auch einen Schritt ins Ungewisse, ein Wagnis, auf das Menschen sich einlassen, deshalb gehört eine Portion Mut und Zuversicht unbedingt dazu. Fehlt es in der Beziehung zum Kind am Vertrauen, gewinnt Angst die Oberhand. Dann fällt es schwer, sich auf Beziehungen, Situationen, das Leben überhaupt einzulassen. Vertrauen entzieht der Angst ihre Macht. »Misstrauen ist ein Zeichen von Schwäche«, sagt Mahatma Gandhi.

Vertrauen führt umgekehrt aber auch zur Demut. Wer vertraut, muss sich eingestehen, nicht im Vorhinein schon alles zu wissen. Während das Vertrauen den Kontakt zum Lieben und zur Lebendigkeit herstellt, bewirkt Ängstlichkeit das Gegenteil.

Die 17-jährige Luise möchte sehr gern Schreinerin werden. Sie hat schon einige Praktika absolviert und viel Freude am handwerklichen Arbeiten mit Holz. Ihr Vater glaubt, sie täusche sich, er wisse ganz genau, dass Lehrerin der richtige Beruf für sie sei. Luise ist enttäuscht darüber, dass ihr Vater ein so vorgefertigtes Bild von ihr hat, und traurig, weil er ihre Argumente und auch ihre Begeisterung über ihre Berufswahl gar nicht an sich heranlassen kann. In weiteren Gesprächen wird ihr schmerzhaft bewusst, dass ihr Vater ihr nicht vertraut. Seine eigene Meinung bedeutet ihm Sicherheit, die ihm so wichtig ist, dass es ihm nicht möglich ist, auf das Wünschen und Wissen seiner Tochter zu vertrauen. Luise ist nun herausgefordert, sich selbst zu vertrauen, und hat dabei das Glück, dass ihr Lehrer ihre Bedürfnisse und auch ihre Begabung sieht und sie deshalb in ihrem Berufswunsch bestärken kann.

Vertrauen ist verbunden mit Achtung und Anerkennung. Das bedeutet, das Kind in seinen Bedürfnissen und Fähigkeiten zu sehen, zu respektieren und wertzuschätzen. Entwicklungspsychologisch wird dadurch beim Kind bereits im ersten Lebensjahr der wichtigste Grundstein gelegt: Erlebt das Kind eine sichere Bindung und die Zuverlässigkeit der Eltern, entwickelt sich in ihm die Basis des Urvertrauens.

Anna ist 23 Jahre alt, sie studiert und hat offenbar mit dem Vertrauen ihrer Mutter besonderes Glück. In einem Gespräch erzählt sie: »Meine Mutter hatte viel Vertrauen zu mir, im Vergleich zu den Müttern meiner Freundinnen – die hatten wahrscheinlich einfach mehr Schiss. Rückblickend habe ich nicht den Eindruck, dass das Vertrauen unberechtigt war. Dadurch, dass sie mir vertraut hat, konnte auch ich mehr vertrauen. Und ich konnte mich ihr anvertrauen. Ich habe meiner Mutter Sachen erzählen können, die man wohl sonst nie seinen Eltern erzählen würde. Das war wichtig für mich, denn dadurch konnte sie auch Einfluss nehmen, wenn etwas zu krass war, und mich auf Gefahren hinweisen. Und wenn ich gemerkt habe, dass ich in eine schwierige Situation kam, war es für mich klar, mich an sie zu wenden. Kinder können Gefahren ja auch nicht alle einschätzen.«

Anna beschreibt die Wechselwirkung zwischen dem Vertrauen, das ihre Mutter zu ihr hat, und der dadurch entstandenen Möglichkeit für Anna, sich ihrer Mutter anzuvertrauen. So können Eltern und Kinder in vertrauensvoller Beziehung leben und erfahren beide die Achtung und Ehre, die darin zu finden sind.

Marcel ist 21 Jahre alt. In der Beratung erzählt er von seiner Mutter, die Angst um ihn, aber auch Vertrauen hatte: »Ich durfte z. B. bis zur vierten Klasse nicht allein vom Hort nach Hause gehen. Das waren nur 200 Meter vom Haus weg! Das fand ich damals schon übertrieben. Meine Mutter hat bei allem Angst gehabt. Aber sie merkte, dass sie mir vertrauen kann, und so durfte ich schon bald, so mit 15 Jahren, nach Dresden. Sie hatte zwar noch Angst, aber hat es trotzdem erlaubt. Das fand ich echt stark. Auf meine Frage, wodurch es seiner Mutter wohl möglich war, Vertrauen zu ihm zu entwickeln, antwortet Marcel: »Sie hat gemerkt, dass sie sich auf mich verlassen konnte, obwohl ich auch viel Mist gemacht habe. Ich hab meiner Mutter alles erzählt, auch wenn's Schlägereien gab, als ich älter war. Mit meiner Mutter kann ich über alles reden.«

Kinder können sich ihren Eltern anvertrauen, wenn sie gesehen und für ihr Verhalten nicht verurteilt werden. Dabei ist es durchaus Teil des elterlichen Vertrauens, auch zu kritisieren, mal zu schimpfen, die eigene Meinung zum Verhalten des Kindes ehrlich zu äußern. Das ist wichtig, damit sich das Kind orientieren kann.

Besonders wenn es um die Schule geht, wird das Vertrauen im Alltag angefragt. Kindern altersgemäß ihre Verantwortung zu überlassen und darauf zu vertrauen, dass sie die Schule bewältigen, ist eine Herausforderung für leistungsbewusste Eltern – aber auch ein Beweis, dass sie wirklich vertrauen.

Das Erledigen von Hausaufgaben gehört in die Verantwortung der Kinder. Sie können und sollen sie hauptsächlich selbst machen. Es gehört zum Vertrauen, dass Kinder Hausaufgaben auch mal schlecht oder gar nicht erledigen und mit den Konsequenzen umgehen lernen.

Das Vertrauen ins Kind bedeutet auch, Scheitern oder Fehler als Möglichkeit in Kauf zu nehmen und zu tolerieren: Kinder und Jugendliche sind ja noch in der Entwicklung, auch ihre Vertrauenswürdigkeit wächst, und Fehler gehören dazu. – Beim Kuchenbacken möchte das Kind selbst das Eigelb trennen – einige Eier landen vollständig mit zerbröselten Schalen in der Schüssel. In der Jugendphase vertrauen die Eltern darauf, dass die Tochter alles bezahlt, was sie haben möchte – und trotzdem kommt es vor, dass Lippenstift oder Nagellack geklaut wird. Wenn der Sohn das Auto der Eltern benutzt, um zu einem Fest zu fahren und mit dem Autoschlüssel und einer Flasche Wodka das Haus verlässt, wird das Vertrauen in seine Eigenverantwortung noch mehr herausgefordert.

> *Am Ende wird alles gut. Wenn es nicht gut wird, ist es noch nicht das Ende.*
>
> Oscar Wilde

Vertrauensbrüchen auf den Grund gehen

Vertrauen ist ein Wagnis, bei dem die Risiken auch eintreten können. Wenn Eltern z. B. bemerken, dass ihr Kind nicht die Wahrheit sagt, fragen sie sich verständlicherweise, ob sie ihm vertrauen können. Hier ist eine Unterscheidung nötig: Ich vertraue dem Kind, aber ich glaube nicht alles, was es sagt. Wenn Kinder lügen, kann davon ausgegangen werden, dass sie ein Bedürfnis haben und keine andere Möglichkeit als die Lüge sehen, um dem Bedürfnis nachzugehen.

Annika ist 15 Jahre alt und möchte bis 23 Uhr auf der Party bleiben. Ihre Eltern sagen, sie müsse mit dem Bus um 21 Uhr nach Hause fahren. Annika kommt um 22 Uhr nach Hause und behauptet, der Bus sei nicht gekommen.

Timo hat auf die Mathearbeit nicht gelernt, möchte die Schule schwänzen und sagt, ihm sei schlecht.

//////////////////////////

Julian darf am Tag eine Stunde Kinderprogramm sehen. Die Eltern sind ausgegangen, und als sie spätabends nach Hause kommen, ist der Fernseher noch warm.

Eltern können und dürfen sich ärgern, wenn sie angelogen und ausgetrickst werden, und dem Kind mitteilen, dass sie das nicht in Ordnung finden:»Ich will dir vertrauen. Deshalb sollst du mir die Wahrheit sagen!« Insgeheim können Eltern gleichzeitig in sich hineinlächeln und staunen, wie einfallsreich ihr Kind seine Ziele verfolgt oder welche Fantasie es entwickelt, um sich in einem guten Licht darzustellen. Größere Vertrauensbrüche sind Hinweise auf Konflikte oder verdeckte Bedürfnisse und wollen ergründet werden.

Tanja sucht Rat, weil ihr Sohn Mirko lügt und klaut: Er hat schon Geld aus dem Familiengeldbeutel genommen und sich auch bei seiner Schwester »bedient«. Selbst wenn er ertappt wird, streitet er alles ab. Die Stimmung ist mies. Tanja will konsequent sein, so schnell wie möglich. Der erste Schritt, so blöd das ist: Alles erreichbare Geld wird verschlossen aufbewahrt, um die Verführung zu mindern. Das sagt sie Mirko auch so, und sie teilt ihm mit, dass sie ihm auch in Gelddingen gern wieder vertrauen möchte, aber dass das momentan schwer geht. In den wichtigen Dingen habe sie aber immer noch Vertrauen zu ihm, auch darauf, dass er den Schaden bei seiner Schwester wiedergutmacht. Das verspricht er (und hält es).
Dann forschen wir gemeinsam nach möglichen Gründen. Mirko ist in einem Dilemma gefangen: Er möchte gleichzeitig Geld haben und es für »sinnlose« Sachen ausgeben. Allgemein geht es in der Familie eher enger, vernünftig und wenig emotional

zu, und auch finanziell werden die Kinder eher knapp gehalten. Das schlägt sich in seinem Konflikt nieder. Wir finden Lösungen: Mirko bekommt mehr Taschengeld, und zwar explizit einen kräftigen Zuschlag nur »zum Verplempern«. Und die ganze Familie kümmert sich wieder mehr um den Spaß, die Lust, die Lebensfreude. Nach einiger Zeit wird die Vertrauenssperre wieder aufgehoben: Der Familiengeldbeutel liegt offen in der Schublade. Erst mal ist das Vertrauen noch nicht ganz wieder da, die Eltern rechnen nach. Doch das Klauen kommt nicht wieder vor.

Vertrauen ist keine Einbahnstraße

Auch Kinder müssen ihren Eltern vertrauen können. Das tun sie zunächst, das Vertrauen ist angeboren. Ihre Erfahrungen können aber dazu führen, dass das kindliche Vertrauen schwindet.

Eine Lehrerin schickt den achtjährigen Jonas zu mir, er ist seit einigen Tagen auffällig nervös und kann nicht mehr gut schlafen. Im Gespräch sagt er beiläufig: »Wir müssen noch Schulsachen kaufen, aber ich weiß nicht, ob meine Mutter dran denkt.« Immer wieder an solche Dinge zu denken, weil er davon ausgeht, dass die Mutter sie vergisst – das ist viel verlangt für einen Achtjährigen!

Eltern müssen sich als vertrauenswürdig erweisen, also würdig, dass das Kind vertraut: Kann sich mein Kind auf mich verlassen? Dann wird es mir auch vertrauen!

Damit Kinder den Eltern vertrauen können, braucht es Ehrlichkeit, Verlässlichkeit und Wahrhaftigkeit im Alltag. »Sowieso, machen wir doch«, sagen Eltern. Echt? Kinder registrieren die kleinen Gaunereien im Alltag:

* Wenn der Eintrittspreis im Schwimmbad für Kinder ab 6 Jahren bezahlt werden muss und die Eltern mogeln und an der Kasse sagen, es sei erst fünf.
* Die Schwiegermutter ist am Telefon, das Kind hat abgenommen: »Sag ihr, ich bin im Keller.«
* Keinen Parkschein ziehen.
* Bei Rot schnell über die Ampel gehen, weil gerade kein Auto kommt.
* Auch wenn der Vater zum Sohn sagt: »Ich hole dich um 16 Uhr ab«, und er ist um halb fünf Uhr immer noch nicht da, wird das Vertrauen brüchig – besonders dann, wenn das keine einmalige Sache bleibt.

Liebe stärken durch Tonglen

Tonglen ist eine mentale Technik, die das Mitgefühl in der Liebe fördert und damit das Vertrauenkönnen unterstützt. Der Begriff bedeutet »Geben und Nehmen«. Liebe und Mitgefühl werden dabei in den Mittelpunkt der Aufmerksamkeit gesetzt. Eigentlich ist Tonglen eine Meditationspraxis. Wir stellen hier komprimiert vor, wie wir es mit Eltern und anderen Menschen auch ohne Meditationserfahrung anwenden.

Tonglen setzt an den schwierigeren Stellen von Beziehungen an. Ausgangspunkt sind Probleme im Umgang mit Kindern, also z.B. Gefühle von Angst, Wut, Enttäuschung, wenn es ihnen nicht gut geht oder sie sich so verhalten, dass es den Eltern ganz und gar nicht »in den Kram« passt. Wenn es in der akuten Situation nicht möglich ist, die Technik anzuwenden, ist sie ebenso hilfreich in einer Zeit, wenn es ruhiger ist (bei einem Spaziergang, beim Sitzen allein auf dem Sofa oder während einer kurzen bewussten Meditation).

TONGLEN – SO GEHT'S

1. Schritt: Einatmen

Sie erleben eine Situation mit Ihrem Kind, die ein unangenehmes Gefühl in Ihnen auslöst: Ärger, Unbehagen, Sorge, Wut,
Traurigkeit etc.

* Holen Sie sich das Gefühl in der Vorstellung vor Ihren Herz-
  und Brustbereich.
* Wagen Sie es jetzt, so viel, wie es Ihnen möglich ist, dieses
  unangenehme Gefühl zu spüren. Hierzu brauchen Sie Mut
  und Entschlossenheit, das macht ja niemand freiwillig.
* Atmen Sie dieses Gefühl in Ihr Herz ein. Mit jedem Einatmen lassen Sie zu, dieses Gefühl zu fühlen, und verstärken
  dies, indem Sie es durch Ihr Herz in Ihren Körper fließen
  lassen. Ihre Atemzüge sind dabei möglichst gleichmäßig
  und etwas tiefer als sonst.

2. Schritt: Ausatmen

Gehen Sie nun mit der liebevollen Seite in Ihnen in Kontakt, die
diesem Geschehen gerade nicht so sehr ausgeliefert ist: Ihrer
stabilen, liebenden Seite. Wenn das nicht möglich ist, weil Sie so
sehr betroffen sind von dem unangenehmen Gefühl, dann stellen
Sie sich vor, dass es diese Seite in Ihnen auch gibt. Sie können davon ausgehen, dass diese Seite da ist, denn sie gehört zu Ihnen.

* So gehen Sie jetzt in das Fühlen von Liebe und Mitgefühl
  für die Seite von Ihnen, die dieses unangenehme Gefühl
  jetzt gerade spürt.
* Schicken Sie nun zusammen mit Ihrem Ausatmen das Gefühl von Liebe und Mitgefühl hin zu Ihrer Seite, die mit dem
  unangenehmen Gefühl besetzt ist.
* Spüren Sie Ihr Mitgefühl. Wenn es Ihnen anfangs nicht gut
  möglich ist, das Mitgefühl zu spüren, senden Sie Ihre wohlwollende Aufmerksamkeit hin. Vielleicht mit dem inneren Satz:
  Ich sehe dich, du hast es gerade nicht leicht, ich sehe, wie es

dir geht, ich wende mich dir aufmerksam und wohlwollend zu. Wenn Sie »du« sagen, dann meinen Sie damit sich selbst. Die liebende Seite in Ihnen spricht mit der gerade leidenden Seite. Meist nimmt das Mitgefühl mit dem Üben und der Erfahrung zu und ist dann leichter und schneller »abrufbar«. Oft verstärkt es sich von Atemzug zu Atemzug.

3. Schritt: Ein- und ausatmen
Bleiben Sie bei dem vertieften Atmen. Wiederholen Sie weiterhin mit dem Einatmen das Fühlen des unangenehmen Gefühls und beim Ausatmen senden Sie sich Wohlwollen und Mitgefühl.

* Bleiben Sie dabei so aufmerksam und präsent, wie es Ihnen möglich ist. Die Gefühle können sich während der Übung verändern. Lassen Sie das zu. Es ist wichtig, bei jedem Hinspüren genau zu fühlen, wie es sich jetzt in diesem Moment anfühlt.
* Vertrauen Sie darauf, dass sich die Gefühle verändern. Manchmal nur um einige Nuancen, manchmal mehr. Manchmal reichen für die Wandlung einige Atemzüge aus. Es kann auch sein, dass die Übung zu diesem Auslöser und diesem Thema und Gefühl über einen längeren Zeitraum praktiziert werden muss, bis es sich wandelt und schließlich heilt.

4. Schritt: Für andere ein- und ausatmen
Stellen Sie sich nun vor, dass ein Mensch, den Sie sehr mögen, und andere Menschen in Ihrer Nachbarschaft, Ihrer Gemeinde, Ihrem Land, Ihrem Kontinent oder weltweit dieses Gefühl auch sehr gut kennen. Dass dieser Mensch, diese Menschen vielleicht gerade jetzt, zum gleichen Zeitpunkt unter genau demselben schlimmen Gefühl zu leiden haben wie Sie selbst. Wir können davon ausgehen, dass das so ist.

* Sehen Sie diese Menschen vor Ihrem inneren Auge, so gut es Ihnen möglich ist, und atmen Sie nun deren leidvolle Gefühle in Ihren Herzensraum ein.

* Mit dem Ausatmen senden Sie ihnen Ihr Mitgefühl und das, was Sie meinen, was diesen Menschen jetzt guttut: Trost, Zuversicht, Beruhigung, Friede, Vertrauen etc.

5. Schritt: Mitgefühl aussenden
Zum Abschluss der Übung senden Sie durch Ihr Herz Ihr Mitgefühl mit allen fühlenden Wesen aus, begleitet von dem Satz, den Sie in Ihrem Inneren sagen: »Mögen alle fühlenden Wesen Glück erfahren und die Ursachen von Glück! Mögen alle frei sein von Leid und den Ursachen von Leid!«

Zusammenfassung:
* 1. Fühlen, wie es sich anfühlt, und einatmen: das Gefühl ins Herz einatmen.
* 2. Ausatmen: Mitgefühl zu dem Menschen, der dieses Gefühl jetzt gerade erlebt (also Ihnen selbst), hinsenden zusammen mit dem ausströmenden Atem.
* 3. Ein- und Ausatmen wiederholen – wenn möglich so lange, bis sich eine entlastende Wirkung einstellt.
* 4. Mitfühlen mit anderen Menschen.
* 5. Abschluss: »Mögen alle fühlenden Wesen Glück erfahren und frei sein von Leid.«

Tonglen ist einfach zu erlernen. Schwieriger ist, es wirklich zu tun. Eltern, die sich in Tonglen üben, berichten über eine schnelle Wirkung. Eine schöne Begleiterscheinung des Übens ist, dass Gefühle nicht ausagiert werden. Auch wird Zeit gewonnen, damit Gefühle zumindest ansatzweise geklärt werden. Es setzt eine Bremse ein, die weiteren Reaktionen sind nicht impulsiv – es geschieht weniger, was nachher zu bereuen wäre, und Einmischung wird vermieden. Das Üben verändert zudem den Umgang mit den aufgekommenen Gefühlen: Eltern sind ihnen nicht ausgeliefert, sondern bekommen schneller wieder einen klareren Kopf. Damit ist es möglich, hilfreich und konstruktiv zu handeln.

> *Alle fühlenden Wesen ohne Ausnahme besitzen (...) die angeborene Zartheit des Herzens, eine natürliche Neigung, zu lieben und sich um andere zu kümmern.*
> **Pema Chödrön, Tonglen, S. 17**

Wenn Sie sich mit dieser Technik anfreunden, können Sie Ihr Wissen mit den leicht verständlichen Büchern von Pema Chödrön erweitern und vertiefen (siehe Literaturverzeichnis).

3 Familienwerte aufspüren

Werte sind Vorstellungen und Leitideen, nach denen sich das eigene Handeln richtet, und als solche sind sie mit der Liebe als Haltung verknüpft: Die wohlwollende Grundeinstellung dem Kind gegenüber, der respektvolle Umgang, die unbedingte Anerkennung des Kindes in seinem Sosein – diese liebevolle Haltung bezieht sich direkt auf Werte, die über das eigene Ich, die eigenen Interessen hinausweisen. Werte beziehen sich auch auf das Zusammenleben mit anderen, sie geben uns Orientierung für unser Handeln und ermöglichen die Entscheidung, was richtig oder falsch, gut oder böse, erstrebenswert oder unerwünscht ist. Normen sind dagegen konkrete Verhaltensanweisungen, durchaus mit Wertebezug; sie gelten als verpflichtend: Wer sie nicht befolgt, erfährt – sofern es bemerkt wird – Konsequenzen, wird also z. B. bestraft.

Gruppen und Gesellschaften sind durch gemeinsame Werte verbunden. Damit wissen ihre Mitglieder, was sie voneinander erwarten können. Da Familien gleichermaßen Keimzellen für Gesellschaft wie auch – vor allem für Kinder – der Prototyp für Beziehung sind, gelten ihre Werte auch als entscheidend für die Entwicklung der kindlichen Wertvorstellungen. Die Werte der Eltern, ihre Vorstellungen vom Zusammenspiel von Ich und Du bzw. Ich und der Gruppe, werden von ihren Kindern übernommen (»Priming«), sie wirken, oft unbewusst, bei Entscheidungen im späteren Leben der Kinder mit.

Die »goldene Regel« gilt in vielen Gesellschaften als ein wesentlicher Wert, dem alle zustimmen. Bei uns ist sie eine Übersetzung des Sprichworts »Was du nicht willst, das man dir tu …«. und lautet: Wie du willst, dass deine Bedürfnisse und Interessen berücksichtigt werden, so berücksichtige auch du die Bedürfnisse und Interessen anderer! Der Bezug auf die Liebe zum Kind geht aber weiter: Die unbedingte Zuwendung zum Kind löst sich von der Markt- und Tauschlogik, vom Prinzip des »Wie du mir, so ich dir«. Aus der Liebe heraus gewähren Eltern Anerkennung, Wertschätzung oder Respekt auch »einseitig«: Aus dem einzigen Grund, weil das Kind existiert. Kinder, die diesen Liebens-Wert übernehmen, bewegen sich als soziale Wesen mitmenschlich durch die Welt.

Werte sind Richtungsangaben oder Wegweiser, doch da sie unterschiedlich interpretiert werden können, sagen sie nichts über die konkrete Umsetzung aus. Vertreten Eltern beispielsweise den Wert »Toleranz«, dann wissen sie vielleicht trotzdem nicht, wie sie damit umgehen sollen, wenn der Sohn unbedingt zerrissene Jeans anziehen oder sich nicht mehr waschen möchte. Die konkreten »Ausführungsbestimmungen« der Werte müssen immer wieder neu abgeleitet werden. Und leider können verschiedene Werte auch kollidieren, dann muss abgewogen und gewichtet werden. Das bedeutet für Eltern ein gutes Stück Eigenleistung und eine Einigung darüber, was wirklich wichtig ist.

Deshalb lohnt es, sich die eigenen Werte bewusst zu machen. In ihrer eigenen Reflexion über Werte können Eltern dann auch Sinnfragen beantworten, die Kinder beschäftigen: Wozu leben wir? Wozu bin ich überhaupt auf der Welt? Was könnte meine größere Aufgabe sein?

In der Entwicklung und Verankerung von Werten sind –in

der Familie wie auch in anderen Gemeinschaften – generell zwei unterschiedliche Perspektiven von Bedeutung:

- ★ Die individuelle Perspektive: Jedes einzelne Mitglied soll sein Leben selbstverantwortlich führen und seine Bedürfnisse befriedigen, seine Begabungen, Interessen und Fähigkeiten entfalten können.
- ★ Die soziale Perspektive: Die Mitglieder sollen soziale Fähigkeiten entwickeln, befriedigende Beziehungen herstellen und Bedürfnisse anderer anerkennen können. Kooperation ist dabei wichtig, ebenso die Fähigkeit, Konflikte konstruktiv auszutragen und im Dienst der Gemeinschaft Verpflichtungen zu übernehmen.

Derzeit steht die einzelne Person sehr im Mittelpunkt, während gemeinschaftsbezogene Werte im Hintergrund dümpeln. Nach einer repräsentativen Allensbach-Studie*, die Eltern mit Kindern unter 16 Jahren befragte, wollen Eltern ihren Kindern vor allem individuelle Selbstbehauptung und Selbstverwirklichung vermitteln: Selbstvertrauen, Selbstbewusstsein (89 %), persönliche Fähigkeiten entfalten (78 %), sich durchsetzen, sich nicht so leicht unterkriegen lassen (71 %), Wissensdurst, den Wunsch, den Horizont ständig zu erweitern (68 %). Es hat den Anschein, als hätten wir Nachholbedarf in Richtung sozial orientierter Werte.

---

* Institut für Demoskopie Allensbach: Vorwerk Familienstudie 2010, S. 6

Werte verbinden

Wertebezogenes Handeln wird durch Fähigkeiten ermöglicht, die zuerst in der Familie erlebt, entwickelt oder gefördert werden können. Auf diese Wertegrundlagen können dann gesellschaftliche Institutionen wie Kindergarten, Schule oder Jugendarbeit aufbauen: mitdenken und mitentscheiden dürfen; die Denk- und Lebensformen anderer achten und dabei die eigenen wahren; Ambivalenzen aushalten können; für sich und das eigene Glück einstehen; sich selbst für Werte einsetzen, aktiven Widerstand gegen Werteverletzung leisten.

Wenn Eltern Werte erkennbar vorleben, finden Kinder Orientierung und verinnerlichen allmählich die familiären Werte. Diese werden als gemeinsame Einstellungen und Haltungen erkennbar, verbinden also auch die Mitglieder der Familie und bilden Gemeinschaft. Gelebte Werte sind Teil der Wärme, des Gefühls des Dazugehörens und Aufgehobenseins in der Familie, so sind die Eltern für das kindliche Wertelernen ausschlaggebend.

> Kinder lernen Werte zuerst, indem sie wahrnehmen, wie Eltern handeln, wie sie Werte leben und verkörpern. Deshalb ist es zwecklos, vor ihnen von Werten zu reden oder gar Werte zu predigen, wenn sie im Handeln nicht erkennbar werden.

Eltern müssen dabei als Wertevorbilder überhaupt nicht perfekt sein; für Kinder geht es genauso, bisweilen sogar vielleicht mehr, um die Frage, wie Eltern mit ihrem Nichtperfektsein umgehen und es immer wieder überwinden. Kinder wollen wissen, wie mit Werten in dieser Welt gelebt werden kann. Eltern müssen also weder Moralapostel noch Asketen sein, sondern Männer und Frauen mit lebendigen und lebbaren Werten. Es reicht vollkommen, wenn sie für ein liebevolles »Werteklima« sorgen, das in Vertrauen, Fairness oder Gerechtigkeit erfahren wird, mit klaren Regeln sowie Transparenz der Konsequenzen bei Regelüberschreitungen und einem altersgemäßen Mitspracherecht bei Entscheidungen. Kinder wachsen in diesen Werterahmen hinein und später auch wieder heraus: Sie entdecken andere, eigene Werte, setzen sie in ein Verhältnis zu denen der Eltern, bekämpfen vielleicht sogar deren überholte Wertvorstellungen.

Selbstverständlich können Eltern auch unterschiedliche Werte vertreten und diese abgleichen. Als Familienwerte zählt dann die Addition.

Werte sollen orientieren, nicht beengen.

Im Auf und Ab der Wertungen

Viele Menschen sind schnell mit negativen Bewertungen, Urteilen und Verurteilungen zur Hand, sobald etwas anders gesagt oder gemacht wird, als sie selbst es für richtig halten. Das eigene Verhalten, die eigenen Einstellungen oder Entscheidungen werden selbstverständlich als die »besseren« oder »richtigen« beurteilt, die anderen als die »schlechteren« oder die »falschen«. Hartes negatives Bewerten und Verurteilen beeinträchtigen das Lieben von Eltern und den Zusammenhalt der Familie gleich zweifach.

* Einerseits trennt jedes Urteilen, im Abwerten sind wir nicht mehr verbunden. In Beziehungen markiert jede Verurteilung Abriss und Distanz. Das Urteil tritt in den Vordergrund, und die verbindende Liebe ist nicht mehr spürbar.
* Auf der anderen Seite wirkt das Bewerten selbst auch als ein innerer, psychischer Prozess. Wer anderen gegenüber wenig tolerant ist, muss auch sich selbst gegenüber streng sein und sich kontrollieren, um nichts falsch zu machen. Eine Haltung des Bewertens und Verurteilens führt zur Hartherzigkeit, was das Lieben blockiert.

Eine urteilende Haltung ist ständig mit dem Fahnden nach Fehlern beschäftigt. Jede Äußerung wird kritisch betrachtet: Passt sie in mein Weltbild oder nicht? Ist sie richtig oder falsch? Und andauernd muss nach Gründen und Argumenten gesucht werden, warum das Eigene das Richtige ist. Das fühlt sich nicht nur anstrengend an, es ist tatsächlich so.

Eltern sind aber auch selbst Bewertungen ausgesetzt; sie befürchten, abgewertet oder ausgegrenzt zu werden, wenn sie es nicht immer »richtig« machen. Davon sind unsichere Personen, Menschen mit wenig Selbstbewusstsein oder solche mit einem geringen sozialen Status stärker betroffen. Aber die meisten Menschen meiden die Vorstellung, durch negative Bewertungen aus ihren sozialen Bezügen – Nachbarn, Freunde, soziales Milieu – ausgegrenzt zu werden. Die Befürchtung, von anderen schlecht bewertet oder verurteilt zu werden, kann dazu führen, dass Eltern den Kontakt zu sich selbst verlieren und sich nicht so verhalten, wie sie es aus ihrer Liebe heraus eigentlich gern möchten.

Eine junge Frau kommt zu mir in die Beratung, von Beruf Leh-
rerin und Mutter einer einjährigen Tochter. Sie erzählt von ihrer
großen Freude am Leben mit ihrer Tochter und ist dankbar
dafür, dass sie es sich finanziell leisten kann, so viel Zeit mit
ihrer Tochter zu verbringen. Nun möchte sie drei volle Jahre
Elternzeit nehmen. Ihr Mann freut sich darüber, doch sie ist
verunsichert, weil frühere Kollegen und einige ihrer Freundin-
nen sie darauf ansprechen, ob ihr das denn nicht langweilig
wird, den ganzen Tag »nur« beim Kind zu sein. Sie befürchtet,
dass Freunde, Nachbarn, die Verwandtschaft sie für egoistisch
halten, für eine, die es sich leicht macht und womöglich einfach
zu faul zum Arbeiten ist. Auf ihre Idee hin erlebt sie tatsäch-
lich lieblose und abwertende Reaktionen; niemand fragt, was
ihre Beweggründe sind. In der Beratung gibt sie sich schließ-
lich selbst die Erlaubnis, bei ihrer Tochter zu Hause zu bleiben,
bis diese in den Kindergarten kommt. Dann möchte sie erneut
entscheiden. Nachdem sie sich zu dieser Erlaubnis durchgerun-
gen hat, findet sie zunehmend Freude daran, selbstsicher bei
den Mitmenschen in ihrer Umgebung ihre Haltung zu vertreten,
ohne sich dafür zu schämen oder sich falsch zu fühlen.

Die wertende Haltung tut so, als ob es sich um in Stein gemei-
ßelte Gesetze handle. Aber Ansichten ändern sich ständig, Meinungen, Wertungen und Urteile darüber, was wir für richtig
und falsch halten, sind zudem individuell und kulturell sehr
verschieden. Diese Komplexität wird im Bewerten bestritten und
reduziert auf richtig oder falsch. Das muss Beziehungen in der
Familie belasten.

4 Wahrheit & Wahrhaftigkeit

Kleine Kinder sind ursprünglich wahrhaftig. Die Unwahrheit zu sagen, dem Wahren oder sich selbst in der Wahrheit nicht vertrauen zu können ist etwas Erworbenes, es wird erlernt oder als Strategie ausgewählt. Sobald sie größer werden, experimentieren die meisten Kinder auch bewusst mit der Unwahrheit, und wie alle Menschen lügen sie bisweilen.

FAMILIEN-BANDE KNÜPFEN

KLEINE SCHWINDELEI ODER MEHR?

Ein bisschen lügen ist bei Kindern normal. Wenn Schwindeleien oder unwahre Ausreden oft vorkommen, lohnt es sich, über mögliche Gründe nachzudenken. Manchmal wollen sich Kinder dadurch besser darstellen, als sie sind. Vielleicht haben sie auch Angst vor Demütigung oder Abwertung (»Wie blöd bist du eigentlich?«). Oder in Familie oder Schule geht es zu streng zu, das Kind befürchtet harte Konsequenzen oder Strafen. Dann helfen Erklärungen und die Erfahrungen anderer:

* Bleiben Sie bei Fehlern ruhig und gelassen.
* Erklären Sie Ihrem Kind, dass Missgeschicke oder Fehler allen passieren, auch Ihnen selbst.
* Ermutigen Sie Ihr Kind, die Wahrheit zu sagen, auch wenn es unangenehm ist – denn es verlängert die unangenehme Zeit, wenn die Unwahrheit gesagt wird.
* Erzählen Sie eine Geschichte, in der jemand etwas ange-

stellt, aber das zugegeben und die Wahrheit gesagt hat und dafür belohnt wurde.

* Sorgen Sie dafür, dass Ihr Kind keine Angst vor den Konsequenzen haben muss – und verzichten Sie auf Strafen.

Die Liebe zum Kind verlangt nach Wahrhaftigkeit. Aber auch sich selbst und anderen gegenüber hilft es, ehrlich zu sein. Das, was ist, offen in sich auf- und anzunehmen, ermöglicht eine Art unverstellten Blick auf die Realität – auch wenn etwas »eigentlich« nicht so sein sollte, sich nicht gut anfühlt oder so gar nicht dem entspricht, was erwünscht ist.

> Andreas wünscht sich manchmal nichts mehr als einen Sohn, dessen Schulranzen aufgeräumt ist und der zuverlässig seine Hausaufgaben macht ... und zuckt mittags bei jedem Klingeln des Telefons zusammen aus Angst, die Lehrerin rufe wieder an, um zu sagen, wie unmöglich sich Paul heute wieder benommen habe. Am Wochenende will er am liebsten stundenlang Autorennen und Ballerspiele mit der Playstation spielen und das auch noch im abgedunkelten Zimmer – anstatt die guten Bücher von Astrid Lindgren zu lesen und draußen mit Freunden zu spielen. Bei dieser Wahrheit hilft ein Auseinanderdividieren der Werte: Was sind meine Werte und was die meines Sohnes?

Dennoch – auch im Bemühen um Wahrhaftigkeit muss selbstverständlich nicht alles gesagt werden, was wahr ist. Nicht jedes Wort ist in jedem kindlichen Ohr gut aufgehoben; nicht jede momentane Befindlichkeit will benannt werden; nicht jeden Gedanken müssen andere wissen; auch brauchen Kinder nicht nur um der Wahrheit willen in Belange der Erwachsenen einbezogen sein, die sie nicht verstehen. Aber umgekehrt sollte das, was geäußert wird, immer auch so gemeint sein und der Wahrheit entsprechen. Und es sollten möglichst wenige Notlügen verwendet werden.

Menschen erleben und deuten Erfahrungen unterschiedlich, auch gemeinsame. Absolute Wahrheiten gibt es nicht: Die Wahrheit ist persönlich gefärbt.

Wahrhaftigkeit ist zwar ein Anker für die Liebe, sie benötigt aber unbedingt auch eine Anreicherung mit Rücksichtnahme und Zuneigung, um nicht hart, kalt oder aggressiv zu sein.

Auch Kritisches wahrhaftig mitteilen

Rückmeldungen sind eine Form der Beachtung, in der Respekt, ausgedrückt wird. Lob ist die positive Form dieser Beachtung; sachliche und faire Kritik die negative Seite. Familienmitglieder sind sich so nah, dass sie voneinander auch die Schwächen kennen – und sie nicht verstecken müssen, sondern mit ihnen wachsam und liebevoll umgehen.

Wenn sich die Mitglieder in der Familie nicht auf ihre schwierigen Seiten aufmerksam machen, wer dann? Es ist ein Zeichen von Nähe, sich in der Familie auch auf persönliche Schwächen hinzuweisen, die andere einem nicht sagen würden.

Kinder wie Eltern sind auf Rückmeldungen angewiesen, um ihre guten und auch die schwierigen Seiten, die Stärken und Schwächen zu kennen und zu lernen, mit ihnen umzugehen. Wenn nahe Menschen solche Rückmeldung geben, ist dies bedeutsamer, als wenn flüchtige Bekannte das tun. Beim Lob ist das einfach, aber Kritisches auszusprechen kann auch Überwindung verlangen.

Gerade bei kritischen Rückmeldungen sind Familienmitglieder wichtig, die einander offen und ehrlich, aber dabei liebevoll auf Schwachpunkte hinweisen.

FAMILIEN-
BANDE
KNÜPFEN

ICH, ICH, ICH UND KEINE WERTUNG

In Äußerungen wahrhaftig zu sein gelingt durch den Bezug auf die eigene Person, durch Ich-Botschaften: Ich rede wahr von mir. »Das gefällt mir nicht!«, »Ich freue mich über deinen Erfolg«, »Ich mache mir Sorgen, wenn du rauchst«, »Darüber habe ich mich geärgert!«, »Ich bin gerade traurig – aber das wird bald wieder besser«, oder: »Ich kann dir gerade nicht gut zuhören, weil ich den Kopf so voll habe.« Die Wahrheit drückt dann aus, wie es mir als Person geht, wie die Dinge sich für mich anfühlen oder wie sie sich aus *meiner* Sicht darstellen.

Im wahrhaftigen Von-sich-Reden bleiben Wertungen und Urteile über den anderen besser außen vor. Das ist für westliche Menschen eine der größten Schwierigkeiten überhaupt. Es ist eine Kunst: wahrzunehmen, ohne zu bewerten!

Zur Wahrhaftigkeit gehört es überdies, auch die Wahrheiten der Kinder zu achten und zu akzeptieren. Eltern haben im Umgang mit Wirklichkeiten einen großen Wissens- und Erfahrungsvorsprung. Deshalb gestehen sie es Kindern zu, dass deren Erfahrungen aus der kleinen und oft engen Kinderperspektive wahrgenommen werden; sie können durchaus subjektiv beeinflusst und verzerrt sein. Dennoch sind es Wahrheiten, die für die Kinder gelten.

Bei uns in der Familie war es üblich, dass die Kinder ein Instrument lernten und in der Grundschule mit Blockflötenunterricht angefangen haben. Ich ging selbstverständlich davon aus, dass dies auch bei meinem jüngsten Sohn so sein würde. Nach drei Wochen Flöteüben hat der damals Siebenjährige die Flöte mit eindeutiger und kraftvoller Entschlossenheit durchs Wohnzimmer geschleudert und verkündet, dass er niemals Flötespielen lernen würde. Das war eindeutig!

Natürlich kann Wahrhaftigkeit auch zu Konflikten führen oder kränken. Die Energie, die sie schluckt, ist dennoch gut eingesetzt, weil sie das Vertrauen stärkt. Umgekehrt können wir aus der Wahrhaftigkeit Kräfte ziehen; ihre Klarheit ermöglicht es nämlich, gut und liebevoll in Beziehungen zu bleiben, und genau das nährt und hält die Familie.

FAMILIEN-
BANDE
KNÜPFEN

JA, SO IST ES!

Die spontane Reaktion auf Unangenehmes ist oft, dass es weggemacht werden soll: Etwas Wahres und Wirkliches soll schnell verschwinden! Es ist aber nun einmal da. Vieles lässt sich weder unter den Teppich kehren noch einfach beseitigen: Wenn es zieht, kann das Fenster geschlossen werden. Aber wenn die Tochter an den Nägeln beißt oder der Sohn nicht versetzt wird? Dann heißt es, die Lage wirklich zu erfahren, um dann weiterzusehen. Im Volksmund heißt das: »Diese Kröte muss man schlucken.« So ist es tatsächlich. Wir können toben, Teller werfen oder uns betrinken – verständlich: Wer will schon eine Kröte schlucken? Doch leider sind das nur ziemlich anstrengende Umwege. Wenn etwas ist, ist es so und will so gesehen werden. Das ist auch für die Familienbindung wichtig, denn die Ablehnung dessen, was ist, schneidet den Kontakt ab: zur Wirklichkeit, zu sich selbst und zu anderen in der Familie.

Es stärkt also den Familienzusammenhalt, wenn Eltern auch Unangenehmes zuerst einmal so lassen, wie es ist.

★ Wenn Sie reflexartig ins Ablehnen kippen, versuchen Sie einen anderen Weg. Sagen Sie zu sich selbst: »Ja, so ist es.« Und atmen Sie dabei tief durch.

★ Achten Sie in Ihrem tiefen Atmen auf Ihre Gefühle und nehmen Sie auch diese an: »Ah, so fühlt sich das jetzt an, wie übel, ah, wie ärgerlich, so ist das jetzt … Jetzt bin ich wirklich traurig …« (In manchen Situationen benötigen wir fürs Durchatmen und Annehmen einige Atemzüge, bei anderen kann es Tage oder Wochen dauern).

★ Beobachten Sie mit Interesse, was da so alles auftaucht, und lassen Sie es mit dem Einatmen einfach zu und mit dem Ausatmen auch wieder gehen. Ihre Gefühle werden sich mit der Zeit verändern – lassen Sie auch die Veränderung zu!

★ Fühlen Sie, ob und wie Sie das in Verbindung zu sich und zu den anderen in der Familie bringt.

»So ist es« zu sagen heißt aber keineswegs, passiv die Hände in den Schoß zu legen oder gleichgültig zu werden. Im Gegenteil, auch die eigenen Empfindungen und Gedanken sind Teil dieser Wirklichkeit. Sie werden durchs »Ja so ist es« erst erkennbar, auch für andere in der Familie. Das Unangenehme anzunehmen kann auch bedeuten, den eigenen Zorn angesichts einer ungerechten Situation zu spüren und auszudrücken oder die Rebellion dagegen. Auch sich selbst gilt es in dieser Lage anzunehmen, mitsamt den Gefühlen, Ärger, Trauer, Schmerz, Wut oder der Hilflosigkeit: So ist es. Und sich selbst mit diesen Gefühlen auszuhalten.

Menschen können wir nicht verändern, weder die eigenen Kinder noch die Partnerin oder den Partner. Das können sie nur selbst. Was ich verändern kann, sind meine Einstellung und mein eigenes Verhalten.

Erst nach dem Annehmen der Wirklichkeit lässt sich verantwortlich und in Verbindung herausfinden, was die nächsten Schritte sein können: mit dem, was ist, und nicht dagegen! Dabei gibt es drei Möglichkeiten: die Situation zu verändern, die Situation zu verlassen oder – wenn beides nicht möglich ist – es sein zu lassen, wie es ist, und das Beste daraus zu machen. Hier einige Beispiele:

* Die Tochter hat eine Hüftdysplasie, die Hüfte muss in einer Korrekturhalterung sechs Monate nachreifen – ja, so ist es. Sie fühlt sich eingezwängt, will sich lieber bewegen – ja, so ist es. Es wird lange dauern – ja, so ist es. Aber nicht zu ändern, da müssen wir eben durch.
* Der Sohn mag nicht allein im Kindergarten bleiben. Er weint und klammert sich an die Mama – ja, so ist es. Die Mama hätte gern einen Jungen, der das locker bewältigt, so ist es.
* Das Kind ist in dieser Schule überfordert – ja, so ist es. Es enttäuscht mich, ich mache mir Sorgen – ja, so ist das. Aber es ist eben so, das Kind wird nicht glücklich. Also wechseln wir die Schule.
* Die Tochter ist in ihrer rebellischen Phase und widerspricht permanent. So ist das, altersentsprechend gehört das jetzt dazu. Da müssen wir jetzt durch, so gut es geht.
* Der Sohn hat den Eignungstest für die weiterführende Schule nicht bestanden, so ist das jetzt. Dann bleibt er in der Hauptschule (und wir mit unserer Liebe bei ihm).

5 Liebe ohne Wenn und Aber

Selbstverständlich haben Eltern im Zusammenleben in der Familie auch Wünsche und Erwartungen an ihre Kinder: etwa in Bezug darauf, wie sie sich verhalten, was sie so treiben oder wie sie sich an Hausarbeiten beteiligen – angemessene Anforderungen, die das Kind braucht, die es weiterbringen und die immer wieder zu Konflikten führen. Die Verbindung in der Familie wird durch sie nicht gestört, im Gegenteil, sie lebt auch von kleinen Streitereien.

In einem anderen Bereich der Erwartungen kann die Verbindung zwischen Eltern und Kind jedoch beschädigt werden. Das ist dann der Fall, wenn die Eltern unbedingte Vorstellungen davon haben, wie ein Kind in seiner Wesensart sein soll und wie nicht – und wenn deshalb das Kind in wesentlichen Aspekten anders sein müsste, als es tatsächlich ist. Solche Erwartungen der Eltern zeigen sich eher vermittelt und verdeckt. Am deutlichsten erkennbar werden sie an Gefühlen des Ärgers und der Enttäuschung; das kann untergründig grummeln oder schlagartig erscheinen, wenn »die Klappe runterfällt«.

Max interessiert sich für Waffen und möchte alles darüber erfahren; ihn faszinieren auch Ego-Shooter-Spiele. Schocks für die Eltern, die selbst friedensbewegt sind, sein Vater hat den Wehrdienst verweigert und ist auch heute noch aktives Mitglied in der pazifistischen Bewegung.

Enttäuschte Vorstellungen können sich bereits zeigen, wenn die Kinder noch klein sind, andere erst in oder sogar nach der Pubertät (z. B. die sexuelle Orientierung, politische Einstellungen, minderjährige Schwanger- oder Vaterschaft). Fast jede Mutter und jeder Vater hat solche unbekannten Stellen. Wenn das Ärgernis eintrifft, ahnen viele Eltern zwar, dass ihre Enttäuschungen irgendwie nicht richtig sind und dass sie ihre Beziehung und ihre Liebe nicht beeinträchtigen dürfen, aber trotzdem wirken und nagen sie – eine dumpfe Distanz stellt sich ein. Kinder spüren das. Sie erfahren die Liebe der Eltern nicht mehr frei und offen, sondern beschränkt und bedingt, als »Wenn-dann-Liebe«. In Wenn-dann-Konstellationen ist die bedingungslose Liebe verdeckt. Kinder (und Eltern) können die volle Portion der Liebe nicht mehr fühlen. Die Tochter oder der Sohn interpretiert: »Nur wenn ich so bin, wie sich mein Vater oder meine Mutter das vorstellt, dann werde ich geliebt – sonst nicht.« Kinder versuchen, den Vorstellungen der Eltern zu entsprechen. Sie denken nicht daran, dass vielleicht die Bilder der Eltern beschränkt und nicht richtig sind, sondern fühlen sich selbst falsch.

> Kinder tun alles Mögliche, um geliebt zu werden: ein Musikinstrument lernen, angeln gehen, Eisenbahn spielen, fröhlich sein – aber wenn sie es tun, um den Bildern der Eltern zu entsprechen, bleibt es ohne Freude und Begeisterung. Sie wollen es nicht von innen heraus.

Je mehr das Kind ihren Wünschen und Vorstellungen entspricht, desto leichter scheint es für Eltern, es zu lieben, einverstanden zu sein, sich am Kind zu freuen.

Der Wenn-dann-Falle entkommen

In Wahrheit ist es jedoch mindestens unterschwellig fühlbar, dass das Kind in einem oder mehreren offenbar entscheidenden Wesenszügen einfach anders ist – schon immer oder auch als Resultat einer allmählichen Veränderung. Die Enttäuschung ist dann subtiler und kann zu einem verdeckten Dauerbrenner werden.

Gut, wenn Eltern das auffällt. Denn die Auseinandersetzung mit ihrer bedingten Liebe hilft ihnen dabei, hinter die eigenen verdeckten Vorstellungen, Normen und Reflexe zu schauen. Oft wird dabei deutlich, dass das Kind eine Seite lebt, die der Vater oder die Mutter an sich selbst nicht mag, die er oder sie früher nicht gestattet bekam oder sich selbst verbietet.

Die Eltern von Max merken, wie die Waffenbegeisterung ihres Sohnes sie aggressiv macht, sie kommen in Verbindung mit ihrer Wut und mit ihrer Art, als Paar, Konflikte unter den Teppich zu kehren.

Solche Einsichten sind ein guter Schritt heraus aus der Wenn-dann-Bindung. Es ist gut, sich bewusst zu machen, dass mit dem Gefühl, auch mit nicht erfüllten Vorstellungen akzeptiert und geliebt zu sein, die Beziehungen in der Familie stabiler werden. Es ist nicht leicht, aber es ist möglich, der Wenn-dann-Falle zu entkommen. Manchmal geschieht dies spontan, nämlich dann, wenn die uneingeschränkte Liebe deutlich wahrnehmbar wieder auftaucht. Das ist z. B. unter Bedrohung oder in Gefahrensituationen schnell und gut zu spüren. So enttäuscht ein Elternteil von seinem Kind auch sein mag: Wenn das Kind weint und ihn damit berührt, oder noch stärker, wenn ein Anruf mit der Nachricht kommt, dass das Kind einen Unfall hatte und auf dem Weg ins Krankenhaus ist – dann wird die ganze Liebe sofort und schlagartig spürbar. Oder die unbedingte Liebe stellt sich unverhofft, etwa in einer entspannten Situation ein: Die Eltern sind auf einer Reise und denken mit etwas Abstand an den Sohn; oder beim Blick auf die schlafende Tochter – plötzlich wird die ganze, unbedingte Liebe wieder fühlbar. Das sind kostbare und wichtige Augenblicke. Hier fühlt sich die Liebe wieder vollkommen an, das gilt es bewusst wahrzunehmen und wenn möglich auszudehnen.

Diese Momente können auch bewusst hergestellt werden, gerade wenn wir uns schwertun mit der ganzen Liebe: Versuchen Sie, immer eine Erinnerung an eine Situation wach und in der Beziehung zu halten, in der für Sie die Liebe zu Ihrem Kind fühlbar war oder ist: z. B. beim Zubettgehen; wenn es im Schlafanzug in Ihr Bett kommt, weil es Angst hat; oder wenn es mutig mit dem Schulranzen in die Welt hinausgeht …

FAMILIEN-
BANDE
KNÜPFEN

DER WAHRHEIT INS AUGE SCHAUEN

In der Wenn-dann-Falle hilft es wenig, die Situation zu verschleiern. Deshalb ist der erste Schritt, der Wahrheit ins Auge zu schauen: Es ist offenbar so, das Kind ist anders, als ich bin. Es hat Eigenarten, Neigungen und Interessen, die mir fremd sind, die mir nicht gefallen und die ich sogar ablehne. Ich stelle mir mein Idealkind anders vor.

Überlegen Sie: Was ist das bei Ihrem Kind bzw. bei Ihren Kindern? Viele Eltern haben das – der negative Effekt der Wenn-dann-Liebe wird ausgehebelt, wenn es gelingt, davon ausgehend einen Bogen zu schlagen: *Ich liebe mein Kind, OBWOHL, oder besser noch: WEIL es anders ist, als ich bzw. als ich mir das vorgestellt habe!*

Wenn es gelingt, das Kind ganz in seinem Sosein anzunehmen, es so zu nehmen, wie es eben ist, dann führt dieser Schritt aus der Wenn-dann-Falle heraus. Darin liegt das Wesen unbedingter Liebe. Dann lieben Eltern ihr Kind ohne Eigenschaftswörter, also nicht nur das brave, das kluge, das kreative Kind, sondern das »ganze« Kind, mit seinen Stärken, mit dem, was es noch nicht kann, und mit dem, was Mühe macht.

FAMILIEN-BANDE KNÜPFEN

DAS KIND WAHRNEHMEN, WIE ES IST

Diese Übung passt, wenn Sie mit Ihrem Kind zusammen sind und es mit sich selbst beschäftigt ist, also gerade nichts von Ihnen will. Schließen Sie die Augen, und stellen Sie sich vor: Wenn Sie gleich die Augen öffnen, dann sehen Sie Ihr Kind zum allerersten Mal.

Öffnen Sie nun die Augen: Was nehmen Sie wahr? Was genau sehen, hören, fühlen Sie?

Was hat schlechte Laune mit Liebe zu tun?

Kinder können die unterschiedlichsten Gefühle bei ihren Eltern zum Schwingen bringen, und Eltern verfügen über große Bandbreiten von Gefühlen. Hierzu gehören neben Glücksgefühlen und Freude auch der Ärger, Angst, Langeweile, schlechte Laune. Mit ihren Gefühlen reagieren sie auf angenehme, aber natürlich auch auf schwierige Erfahrungen mit Kindern. Und hier kommt die Liebe ins Spiel: Sie verbindet Eltern mit ihrem Kind. Die Gefühle werden erlebt, gerade weil ihnen die Kinder nicht egal sind und weil sie mit ihnen verbunden sind und sie lieben. Auch Erschrecken, Enttäuschung, Ärger, Angst und sogar Verachtung können ein Teil dieser Liebesgefühle sein. Noch weiter: Besonders dann, wenn es schwerfällt, die Liebe zum Kind zu fühlen, ist eine liebevolle Verbindung vorhanden. Im Bedauern darüber kann sie wieder erahnt werden.

FAMILIEN-
BANDE
KNÜPFEN

**DAS KIND BEWUSST ANNEHMEN,
AUCH WENN ES SCHWER IST**

* Nehmen Sie sich einige Minuten Zeit, und atmen Sie tief und gleichmäßig.
* Öffnen Sie sich zuerst der Frage: Wie kann das gehen mit dem Annehmen und der Liebe?
* Beginnen Sie da, wo Sie jetzt gerade innerlich sind: Bemerken Sie Ihre Angst, Ihre Wut, Ihre Verzweiflung, Ihre Sorge, Ihre Traurigkeit … was auch immer für Gefühle jetzt in Ihnen fühlbar sind.
* Benennen Sie diese Gefühle für sich selbst: »Ich bin ärgerlich, ich bin traurig …«
* Wenden Sie sich selbst damit verständnisvoll und liebevoll zu. Sagen Sie zu sich selbst: »Ja, das verstehe ich, dass du dir da Sorgen machst, dass du da wütend bist, das ginge anderen Eltern ganz ähnlich.«
* Finden Sie heraus, weshalb diese Gefühle in Ihnen ausgelöst werden, und erklären Sie sich den Grund selbst: »Es macht mich ärgerlich, weil ich mich dann um das Kind sorge. Das zeigt doch, dass es mich berührt, dass mich das Verhalten und die Art meines Kindes nicht gleichgültig machen …«
* Fragen Sie sich weiter: »Aber weshalb macht mich das nicht gleichgültig, sondern bringt mich ganz im Gegenteil in Aufruhr?«
* Spüren Sie weiter, wie es sich anfühlt, dass Sie Ihr Kind jetzt gerade nicht mögen, vielleicht fühlen Sie ein Bedauern darüber? Verweilen Sie nun beim Bedauern. Oder Sie

spüren so etwas wie Trotz in sich: »Ist mir doch egal.« Dann bleiben Sie bei diesem Gefühl so lange, bis es sich verändert. Beobachten Sie dabei Ihren Atem.

* Beobachten Sie, ob und wie es sich verändert und was dann auftaucht.
* Gehen Sie Ihren Gefühlen wie an einem Faden entlang immer weiter nach, und zwar weiterhin begleitet von der Frage: Wo ist hier die Liebe?
* Spätestens wenn Sie sich mit all Ihren Gefühlen, auch den ablehnenden, selbst angenommen haben, werden einige Wolken vom Liebeshimmel vertrieben sein. Vielleicht hat sich während dieses ehrlichen Innehaltens durch die Übung die Tür zur Liebe zu Ihrem Kind einen Spalt geöffnet. Genießen Sie diesen Hauch, der Ihnen jetzt entgegenweht.

6 Kinder haben Bedürfnisse. Eltern auch!

Familie fühlt sich gut an, wenn und weil in ihr Bedürfnisse befriedigt werden. Im liebevollen Umgang miteinander werden Bedürfnisse wechselseitig wahrgenommen und beantwortet – aber nicht unbedingt und immer erfüllt. Die Bedürfnisse anderer können mit den eigenen kollidieren, sich widersprechen. Jeder kennt es: Bedürfnisse der Kinder konkurrieren mit Bedürfnissen der Eltern, vor allem wenn es darum geht, den beruflichen und sozialen Anforderungen zu genügen.

Die Bedürfnisse von Kindern verfeinern sich in der Entwicklung. Säuglinge haben vielleicht vier, fünf Grundbedürfnisse: Essen, Schlafen, Körperpflege, liebevolle Ansprache, Berührung, Anregungen. Kleinkinder sind schon mit vielen Ober- und Unterbedürfnissen unterwegs. Die sich auch noch permanent ändern! Kleine Kinder können sich noch nicht mit wohlgesetzten Worten äußern, Eltern nehmen sie immer wieder neu wahr und lernen, sie zu lesen, um sie beantworten zu können – oft keine leichte Aufgabe.

> Über den Umgang mit den Bedürfnissen des Kindes werden Wertschätzung und Achtung vermittelt: »Ich beachte dich, indem ich deine Bedürfnisse beantworte.«

Wir müssen (und können) zum Glück nicht immer alle Bedürfnisse von Kindern befriedigen. Allerdings ist bereits das Wahrnehmen von Bedürfnissen respektvoll und deshalb bedeutsam, auch wenn eine Ablehnung folgt: »Nein, das mache ich jetzt nicht«, oder: »Das bekommst du nicht.«

> *Anton kommt wütend heim, weil er im Sport nicht mitmachen durfte. Er hatte seine Sportsachen nicht dabei. Er schimpft auf seine Mama. Sein Gefühl, den Ärger, wahrzunehmen ist nicht schwer. Aber wo verbirgt sich sein Bedürfnis?*
>
> *Wenn die Mutter antwortet: »Du bist sauer, weil ich dir den Turnbeutel nicht hinterhergetragen habe?«, trifft sie nur den einen Teil, den Ärger. Sein Bedürfnis taucht nicht auf. Denn eigentlich ist Anton sauer, weil er gern beim Sportunterricht mitmachen wollte; also: »Du bist sauer, weil du beim Sport nicht mitmachen konntest?« Die Sportsachen liegen noch dort, wo sie hingelegt wurden. »…, weil du deinen Turnbeutel nicht mitgenommen hast und deshalb beim Sport nicht mitmachen konntest.«*
>
> *Das war aber nur der Anlass. Es scheint im Moment noch ein weiteres Bedürfnis bei Anton zu geben. Er möchte gern die lästige Verantwortung für seinen Ärger abgeben. Allerdings hat er selbst den vorbereiteten Beutel liegen lassen. Und deshalb trifft es diese Bemerkung ganz gut: »Du ärgerst dich über dich selbst, dass du deine Sportsachen nicht mitgenommen hast. Und jetzt möchtest du den Ärger lieber an mich abgeben?«*

Bedürfnisse hängen eng mit Gefühlen zusammen. Werden seine Bedürfnisse nicht befriedigt, bekommt das Kind unangenehme Empfindungen: Es fühlt sich ärgerlich, ängstlich, unwohl, lustlos, zornig, unglücklich und so weiter. Wenn Bedürfnisse dagegen erfüllt werden, empfindet es positive Gefühle, wie Freude, Glück, Vergnügen, Kraft, Ergriffenheit, Zärtlichkeit, Ruhe oder Zufriedenheit (und vieles mehr). Umgekehrt sind Gefühle Verweise auf erfüllte oder unbefriedigte Bedürfnisse. Auf solche Gefühle reagieren Eltern. Im Umgang mit Bedürfnissen steckt für Eltern damit eine zweifache Verführung:

* Manche neigen dazu, ohne Rücksicht auf sich selbst, auf Sachen oder die Umwelt alle Bedürfnisse zu erfüllen. Selbstverständlich haben die meisten Eltern es lieber, wenn ihr Kind Angenehmes fühlt und darin wahrgenommen wird. Und viele halten es gar nicht aus, ihr Kind frustriert, also in negativen Gefühlen sehen zu müssen. Das ist aber unvermeidlich und für Kinder eine lebenswichtige Erfahrung: Enttäuschung zu bewältigen, zu merken, dass sie auszuhalten ist, Geduld und die Hoffnung zu entwickeln, dass ein Bedürfnisaufschub später eine höhere Belohnung versprechen kann, das sind persönlichkeitsstärkende Erfahrungen.

Kinder lieben kann auch bedeuten, Bedürfnisse nicht oder nicht unmittelbar zu befriedigen.

* Andere tendieren dazu, alle Bedürfnisse grundsätzlich kritisch zu hinterfragen oder nach Möglichkeit ablehnend zu beantworten. Dahinter stecken manchmal eigene Entbehrungen und die Idee, das Erfüllen von Bedürfnissen würde Kinder verzärteln oder verweichlichen. Die grundsätzlich ablehnende Haltung ihren Bedürfnissen gegenüber macht Kinder hart und verbittert oder zutiefst gierig. Kinder brauchen das Erleben, dass auf der Welt genug für alle vorhanden ist, die Erfahrung von Fülle, dass ihre Bedürfnisse »richtig« sind und dass sie auch befriedigt werden, um sich in der Welt angenommen und aufgehoben zu fühlen.

Bedürfnisse sind Tatsachen, es gibt sie einfach. Es ist unlauter, Kindern (oder anderen Menschen) ihre Bedürfnisse abzusprechen: »Du kannst ja gar keinen Appetit haben, wir haben doch gerade erst gegessen!« Eltern nehmen Bedürfnisse der Kinder wahr, sie achten und beachten sie: Was braucht oder möchte das Mädchen, der Junge jetzt gerade? Bedürfnisorientierung heißt dennoch nicht Dauerumsorgung oder dem Alter nicht angemessenes »Pampern«. Ebenfalls wichtige Bedürfnisse von Kindern sind deshalb: in Ruhe gelassen zu werden, etwas zugemutet zu bekommen oder etwas selbst durchzustehen.

Einer der wichtigsten Wünsche von Kindern ist zugleich der, der heutzutage mit am meisten Schwierigkeiten bereitet: dass Eltern oder andere Erwachsene sich Zeit nehmen und in gemeinsamen Zeiten wirklich da sind. Gestresst, abgelenkt und ständig unter Zeitdruck ist es kaum möglich, Bedürfnisse von Kindern wahrzunehmen. Schnell werden Ersatzbefriedigungen eingeschoben, die aber eine indirekte Abwertung und Respektlosigkeit darstellen.

Benni hat ein Problem mit seiner Eisenbahn, er kommt in die Küche zu seiner Mama und fängt an, es ihr zu erklären. Sie hört nur mit halbem Ohr hin, sie wollte noch kurz die Mails anschauen, außerdem muss sie gleich noch nach der Wäsche und sehen meint: »Du, sag mir einfach schnell: Was soll ich machen?« Er antwortet betont und leicht ärgerlich: »Hör mir doch mal zu!« Er will nicht, dass sie etwas macht, sondern dass sie ihm einfach nur zuhört.

Elternwünsche

Nach einer unruhigen Nacht lautet die berechtigte Frage von Eltern: »Wie komme ich zu meinem Schlaf?« Auch die Kraft der Eltern ist beschränkt. Je älter die Kinder werden, desto mehr können und dürfen Eltern ihnen auch die eigene Begrenztheit zumuten. »Du möchtest, dass ich jetzt mit dir spiele.« Sie zeigen dem Kind, dass Sie seine Bedürfnisse grundsätzlich respektieren, aber Sie als Eltern zählen eben auch. Und wenn es nicht geht? »Ich brauche unbedingt eine Pause, ich möchte gern auch heute Nachmittag aufmerksam sein können. Deshalb schlafe ich jetzt kurz, und danach bin ich wieder für dich da.«

Viele Eltern haben Probleme damit, dass auch sie Bedürfnisse und Gefühle haben, dass sie eben auch mal enttäuscht oder gar wütend sind. Aber Wut ist aufgestaute Energie, sie hängt mit Bedürfnissen zusammen und entsteht, wenn Gefühle nicht ausgedrückt werden, sich aufladen und explodieren. Wie für Kinder ist es auch für Eltern besser, ihre Gefühle wahrzunehmen und zu vermitteln, als sie zu unterdrücken: »Gute Eltern sind nie wütend« – diese Elternmoral ist frei erfunden. Nicht jedes Gefühl muss ausagiert werden, aber im Allgemeinen ist es sinnvoll, auch den negativen Gefühlen wie Ärger, Zorn oder Wut einen passenden (!) Ausdruck zu geben. Denn das verringert die Gefahr, dass sich etwas anstaut und irgendwann der »Kragen platzt«.

FAMILIEN-
BANDE
KNÜPFEN

MIT BEDÜRFNISSEN UMGEHEN
Wenn es um Bedürfnisse geht, sind zwei Fertigkeiten gefragt:
* Die Gefühle und dahinterliegenden Bedürfnisse des Kindes wahrnehmen und beantworten und
* die eigenen Gefühle und Bedürfnisse wahrnehmen und benennen.

Das ist oft nicht so einfach. Wir sind eher gewohnt, Gefühle und Bedürfnisse zu bewerten oder Schuld zuzuschreiben. Doch auch im größten Ärger ist es sinnvoll, die Liebesbeziehung zum Kind nicht ganz zu verabschieden. Das ist eine Herausforderung, denn die Wut entsteht ja nicht ohne Grund. Wenn die Liebe zu verschwinden droht, kann es helfen, wenn Eltern die Ursache ihres Ärgers gedanklich kurz zur Seite schieben und sich an eine Schlüsselszene erinnern, in der die Liebe zum Kind spürbar ist (z.B., wenn es schläft; als es krank war; die verschlafene erste Begegnung am Morgen). Mit diesem Bezug darf der Ärger dann weitergehen; so führt er nicht zu Trennendem, sondern bleibt in der Verbindung zum Kind.

Vorsicht: Konsum- und Wohlstandsfalle!

Den Zusammenhang zwischen Kaufen und Liebe baut die Werbung bewusst auf. Wenn du dein Kind liebst, dann musst du ihm genau das kaufen! Liebe wird produktgebunden, viel Liebe bedeutet dann, viel Geld auszugeben, oder einen Überfluss an Produkten. Geschickt vermischt mit Schuldgefühlen bei Eltern, dreht sich damit die Kaufmotivation um: Es geht nicht mehr um aus Liebe gekaufte Produkte, sondern um gekaufte Liebe im Konsum.

KOMMERZIELLE LIEBES-SPRÜCHEKLOPFER – EINE AUSWAHL
Ich liebe es (Fast-Food-Kette)
Wir lieben fliegen (Fluggesellschaft)
Aus Liebe zum Automobil (Fahrzeughersteller)
Wir lieben Technik (Elektromarkt)
Liebe ist, wenn es Landliebe ist (Molkereiproduktehersteller)
Wir lieben Lebensmittel (Lebensmittelmarkt)
Backen ist Liebe (Margarine)
Wir machen Bio aus Liebe (Lebensmittelhersteller)

Kaufen und Konsum sind keineswegs zwangsläufig lieblos. Nicht nur in Wohlstandsgesellschaften kann sich Liebe auch im Kaufen ausdrücken. Häufig lassen sich Eltern von ihrer Liebe leiten, wenn sie im Supermarkt, im Kaufhaus, im Spielwaren- oder Bioladen Produkte für ihre Kinder erwerben. Studien haben gezeigt, dass Eltern mehr auf Qualität achten, sobald sie Kinder versorgen (sogar wenn sie sich selbst nichts Hochwertiges leisten). Das Kind soll sich wohlfühlen, glücklich sein, von anderen Kindern akzeptiert werden.

Doch aus der Kinderperspektive droht im Konsum die Liebe manchmal hinter den Produkten zu verschwinden oder mit ihnen zu verschwimmen. Natürlich wehren sich Kinder selten gegen hohe Ausgaben oder das Übermaß. Sie sind ambivalent; vielleicht spüren sie, dass nicht aus vollem Herzen geschenkt wird, sondern dass der Konsum als Ersatz für etwas anderes herhalten muss: Zeit, Zuwendung, Aufmerksamkeit, als Puffer fürs schlechte Gewissen der Eltern. Als Dauerzustand nimmt die Energie der Kinder ab, mit der sie eigene Wünsche entwickeln und Ziele verfolgen: Wer alles hat, braucht keine Träume mehr. Schließlich entwerten ein Überangebot an Produkten und der ständige Nachschub die Bedeutung einzelner Sachen: Sie werden wertlos, weil es ja unendlich viele davon gibt.

Familie ist auch der Ort, wo viele Dinge gemeinsam genutzt werden. Die Zahnbürste vielleicht nicht, aber die Dusche, der Herd, das Wohnzimmer, das Auto, Geräte, Spiele. Wenn nicht jede(r) alles für sich allein hat, wird ein anderes Modell des Wirtschaftens verwirklicht, das gerade auch außerhalb von Familien schwer im Kommen ist: Nutzen, statt zu besitzen.

Familie ist wie geschaffen für Teilen,
Tauschen, Leihen. Gut, wenn Kinder
das erleben. Und sich auch deshalb
richtig an Sachen freuen können,
die ihnen ganz allein gehören.

Weniger ist mehr

Viele Familien kennen es, dass etwas »zu viel« wird. Aufgaben, die »man« erledigen muss, aber auch viele, viele Dinge: Spielsachen, Geräte, Bücher, CDs. In diesem Zuviel schwindet der Raum fürs Wesentliche: die Wärme, die Nähe, das pure Zusammensein, die Liebe. Die meisten Familien haben nicht nur genug, sondern zu viel. Einfache Konsequenz: »Genug« sagen. Mehr weglassen, runterschrauben, entspannen. Die Kunst des Downshiftens schafft auch Platz für Liebe*. Von allem weniger und Liebe in Fülle, das könnte zu einer Familiendevise werden, die das Zusammensein und -halten fördert. Runterkommen vom Mehr, Schneller und Besser, auch von den (zu) hohen Ansprüchen an sich selbst: Sie brauchen keine 150-Prozent-Eltern zu sein, und auch Ihre Kinder dürfen in aller Ruhe besonders mittelmäßig sein.

---

* Eine Fülle von Tipps finden Sie in Helena Horns Buch »Wie Mondrian Ihr Leben verändern kann. Downshifting – die neue Einfachheit«.

DOWNSHIFTING

* Überprüfen Sie, was Sie zum Leben wirklich brauchen. Beginnen Sie, beim materiellen Übermaß zu kürzen.

* Wie kann das Nutzen von Geräten verringert werden, die keine Freude bringen, aber Zeit wegsaugen?

* Wo könnten Ausgaben gekürzt werden, um sich eventuell den Luxus leisten zu können, Arbeitsstunden zu reduzieren, um mehr Zeit für die Familie und sich selbst zu haben?

* Orientierung für Prioritäten gefällig? Hier ist sie: »Dinge kommen und gehen. Erlebnisse bleiben.« Es fördert die Nähe in der Familie, wenn größere und kleinere Aktivitäten gemeinsam geplant und erlebt werden. Ein Picknick machen, abends an einer Grillstelle am Lagerfeuer Würstchen braten – das kostet wenig und ist für die Familie ein Gemeinschaftserlebnis mit Zeit füreinander und Raum für die Liebe.

* Muss immer alles neu sein? Kleidung, Hausrat und Möbel sind in guten Second-Hand-Läden oder Gebrauchtwarenmärkten zu bekommen; das Stöbern auf Trödelmärkten macht auch Spaß.

* Sind so viele Versicherungen unbedingt nötig? Auf welche kann verzichtet werden?

* Das Auto hat Dellen und Kratzer oder Rost? Na und, Hauptsache, es fährt.

* Um stundenlang »Stadt-Land-Fluss« zu spielen, braucht es nur Papier und Stifte. Und wenn der selbst gebackene Kuchen ziemlich klein wird, weil die Hälfte des Teiges vorher genascht wurde, ist das für alle lustig.

Gefährlich gesund:
zwei Äpfel und eine Milchschnitte

Gesundheit ist ein wichtiges Gut und ein wesentliches menschliches Befürfnis. Auch Eltern wird die Bedeutung der Gesundheit ständig vor Augen gehalten, etwa in den vielen Vorsorgeterminen für schwangere Frauen oder den U-Untersuchungen für Kinder. Der Wunsch, dass das Kind gesund bleibt, ist für Eltern auch ein Ausdruck ihrer Liebe.

Weil Gesundheit so bedeutsam ist, lauert hier für Eltern die Gefahr, es zu übertreiben: Ob bei Gemüse, Obst oder Nudeln, beim Matschen, Autofahren oder Telefonieren, immer kann nach dem optimal Gesundheitsförderlichen oder nach potenziellen Schäden gefahndet werden. Gesundheitseltern sind über die nur irgendwie möglichen negativen Folgen des Fernsehens und anderer Medien genauso informiert wie über jeden nur denkbaren Schadstoff oder die Auswirkungen von Kunstfasern in der Kleidung.

Gesundheit ist wichtig, aber durch eine Fixierung auf Gesundheitsgefahren erfährt das Kind Kontrolle statt Liebe. Der Gesundheitsfilter trübt den Kontakt mit dem Kind, er wird bewertend: Ist es gesund, was mein Kind jetzt gerade macht? Schadet oder nützt es seiner Gesundheit, was es spielt, isst, berührt, einatmet, was es hört, sieht, denkt, plant?

Rolf, leitender Arzt einer großen orthopädischen Praxis, meldet sich bei einem Elternseminar zu Wort und erzählt lachend, wie schwer es ihm gefallen sei, als seine drei Töchter so ab 12 Jahren immer modebewusster wurden, auch mal flache Ballerinaschuhe ohne Fußbett, Flipflops und später sogar Highheels zu erlauben und dann auch noch zu bezahlen: »Täglich sehe und behandle ich die Auswirkungen und Spätfolgen von ungesunden Schuhen auf den Bewegungsapparat. Meine Töchter mussten

*viel Überzeugungsarbeit leisten, da gab es auch Tränen. Doch
wie glücklich waren sie und wie schön haben sie darin ausgese-
hen. Ich musste ihnen das einfach gönnen.«*

Ein voll kontrolliertes Leben kann nicht gesund sein. Das macht
Kinder misstrauisch, ängstlich oder weckt ihren Widerstand,
den sie dann vor allem in der Pubertät ausleben, indem sie in
einem fort ungesunde Dinge konsumieren oder tun.

*Eine lange Gutenachtgeschichte mit Kuscheln
gleicht 14 % Acrylanteil im Pullover aus.*

Eltern mit einer Tendenz zur Überdosis Gesundheit helfen die
gesunde Idee des Balancehaltens, Vertrauen in ihre Liebe und
Entspannung. Es ist durchaus gesund, auch mal fünf gerade sein
zu lassen: Die gelegentliche Fernseh- oder Computerspielorgie,
ein zuckriges Eis, pappsüße Limo oder fette Hamburger, die Rie-
senportion Pommes – all dies macht ein Kind nicht schlagartig
krank, sondern verschafft ihm sinnenfrohe und glückliche Augenblicke, also gelebte Gesundheit.

Aus ihrer Liebe heraus können Eltern ihren Kindern das Leben zutrauen. Auch wenn sich 4-Jährige den Bauch mit Süßkram vollstopfen, der 10-Jährige aus trockenem Gras, Papier und Uhu Zigaretten bastelt und sie mit Freunden raucht,
die 13-Jährige täglich vor der Daily Soap versackt oder der
14-Jährige Blicke auf Pornoseiten wagt: Natürlich müssen Eltern hier intervenieren und ernsthaft auf Grenzen hinweisen.
Und trotzdem wissen sie: Es ist alles halb so schlimm, wenn die
grobe Richtung stimmt.

⫣ Freiheit. Und Regeln

Sich als Eltern mit dem Anspruch und dem Gefühl der Freiheit zu verbinden verankert die Liebe in einem weiten und offenen Raum. Auch Regeln, Vereinbarungen und Rituale haben letztlich das Ziel, Freiheit zu ermöglichen und zu sichern: Sie bilden den Boden, die Wände und das Dach eines Hauses der Familie, in dem die Freiheit wohnt.

Auch in der Familie braucht die Bindung Freiheit. Das bedeutet umgekehrt nicht, nur Angenehmes zu tun oder sich auf das Schöne im Zusammensein mit Kindern zu beschränken. Eltern entscheiden sich dafür, bestimmte notwendige und auch schmerzliche Dinge zu tun, um sich richtig zu verhalten. Aber sie entscheiden sich frei dazu. Der wichtigste Grund dafür: weil sie lieben, ergänzt durch eine Reihe möglicher Nebengründe: weil sie es so gelernt haben, weil sie sich verpflichtet fühlen, weil sie eine gute Mutter oder ein guter Vater sein möchten, weil sie den Besuch vom Jugendamt scheuen, weil sie ihre Kinder behalten wollen.

Deshalb entscheiden sie sich und übernehmen die Verantwortung dafür, sich so entschieden zu haben. Tatsächlich haben sie die Freiheit, sich dagegen zu entscheiden, also das zu lassen, was ihnen zuwider oder unerträglich vorkommt.

> *Handeln unter Zwang kann sich nicht liebevoll anfühlen.*

Wenn Eltern Verantwortung für sich übernehmen, können sie auch ihren Kindern Selbstbestimmung zugestehen. Der freie Wille ist ein Geburtsrecht. Es ist ein Irrtum, zu meinen, wir hätten keine Wahl; Freiheit bedeutet, von unserem Recht, zu wählen, Gebrauch zu machen: Wir können JA oder NEIN sagen, etwas annehmen oder ablehnen. Was Eltern verabscheuen oder gar hassen, müssen sie nicht tun, auch nicht, wenn sie sich dazu verpflichtet oder gezwungen fühlen.

Monika erzählt in einer Elternberatung, dass sie keine Gesellschaftsspiele mag, egal ob Brett- oder Kartenspiele. Seit Jahren spielt sie trotzdem mit ihren Kindern solche Spiele, weil sie das Gefühl hat, sie müsse das, man tue das als Mutter und es würde den Kindern guttun. Und sie ergreift beim Spielen immer die erste Möglichkeit, sich rauszuziehen oder das Spiel zu beenden. Allein ihre Schilderung fühlt sich eng, traurig und lieblos an. Wir suchen gar nicht nach den Gründen für ihre Spielunlust, sondern nach ihrer Freiheit. Es ist ganz klar: Sie muss keine Spiele spielen, nur weil sie ihre Kinder liebt. Nach der Beratung geht sie nach Hause und verkündet ihren Kindern, ab sofort keinerlei Gesellschaftsspiel mehr anzufassen. Ihre Kinder reagieren erleichtert und belustigt, sie wissen nämlich schon lange, dass Brett- oder Kartenspiele mehr Spaß machen, wenn Mama nicht mitspielt.

Opfergaben nützen niemandem

Auf Situationen oder andere Menschen haben Eltern oft keinen oder nur einen sehr begrenzten Einfluss. Immer haben sie aber eine Wahl, ob und wie sie auf Situationen, Konstellationen oder Erfahrungen reagieren: Rege ich mich maßlos über mein Kind auf, das nach dem dritten Eis immer noch eines möchte? Oder staune ich, wie viel Eis in das Kind hineinpasst, und sage dann gelassen: »Nein, jetzt reicht es«? Auch über die verrückten Ideen und Einfälle der Kinder können wir in Freiheit staunen: »Was hat er denn jetzt schon wieder für eine Idee?«

Unangenehme Gefühle und kritische Fragen sind wichtige Wegweiser zu mehr Freiheit: »Warum ist mein Sohn nur so unmöglich?«, »Warum hört sie nicht auf mich?« »Warum muss immer mir so etwas passieren?«. Das sind Klagen, die auf ein oft unbewusstes Reaktionsmuster hinweisen: Ich bin das Opfer. In vielen Gesprächen, die wir mit Eltern führen, beschweren sich die Eltern über ihre Kinder. Natürlich darf und muss das auch mal sein, aber wenn sich Eltern als hilflos und der Situation ausgeliefert fühlen, wenn Zustände zu entgleiten scheinen und sie keine andere Sicht- oder Erlebensweise mehr einnehmen können, riecht es sehr danach, dass sie in der Opferrolle festsitzen. Dann läuft etwas schief, weil dann die Handlungsfreiheit beschränkt wird und die Liebe nicht mehr zu fühlen ist.

Der von seine Kindern getrennt lebende Sebastian konnte seinen sieben Jahre alten Sohn und seine neun Jahre alte Tochter in den vereinbarten Besuchswochenenden nicht mehr zu sich nehmen, weil seine Kinder mit allen Mitteln gegen die neu aufgestellten Regeln seiner neuen Partnerin rebellierten. Sebastian war dieser Situation ausgeliefert und erlebte sich so sehr als Opfer, dass er sich gezwungen sah, den Kontakt zu seinen Kindern über lange Zeit abzubrechen. Er selbst und die Kinder haben darunter sehr gelitten. Sein Schmerz über die lange Trennung veranlasste ihn dazu, eine Beratung aufzusuchen. In

vielen Gesprächen stellte sich heraus, dass Sebastian selbst als
Kind wenig Halt und Liebe erfahren hat. Er fühlte sich zu kurz
gekommen, litt unter dem Mangel an Anerkennung, Wertschät-
zung und Genährtwerden so sehr, dass er sich bei jeglichen
Widrigkeiten, die das Leben ihm bot, als Opfer erlebte und sich
am Ende sogar als Opfer des Verhaltens seiner aufmüpfigen
Kinder sah. So musste er sich von der Liebe zu seinen Kindern
trennen. Je mehr Sebastian diese Zusammenhänge für sein
Reaktionsmuster bewusst wurden, je mehr er seinen Schmerz
darüber fühlen und sein eigenes So-geworden-Sein verstehen
und liebevoll annehmen konnte, wurde sein Herz sich selbst
gegenüber wieder weicher und offener und darin auch die Liebe
zu seinen Kindern wieder spürbar.

Das Ich aufs Wir einstimmen

Als Schattenseiten der Individualisierung können sich viele Kinder heute gut in den Mittelpunkt stellen und verkaufen – aber können sie auch auf andere Rücksicht nehmen? Gemeinschaften bilden? Sich zurücknehmen und einordnen? Fühlen sie mit anderen mit? Wie ist es um ihre Gruppenfähigkeit bestellt? Familie ist der wohltuende Gegenort zur überzogenen Individualisierung. Hier zählt das Wir gleich viel wie das Ich. Das Herstellen einer guten Balance zwischen Ich und Du gehört sicher zu den schwierigsten Aufgaben des Elternseins (wie auch anderer Liebender), und hier kommen, bei aller Freiheitsliebe, Regeln und Vereinbarungen ins Spiel.

Und das Gesetz nur kann uns Freiheit geben.
Goethe

Kinder brauchen neben der Freiheit auch die liebevolle Begleitung im Lernen, wie sie sich anderen Menschen gegenüber verhalten sollen. Regelungen und Vereinbarungen dienen ihnen als Orientierung; sie organisieren und ermöglichen das Zusammenleben und geben Halt. Sie wirken damit wie eine Einfriedung von Freiräumen, die für das menschliche Miteinander ebenfalls unerlässlich sind.

Wenn Kinder durch Umgangsformen und Rituale lernen, sich in der Familie, im eigenen sozialen Milieu angemessen, taktvoll und »anständig« zu verhalten und dazu auch ihre Impulse zu kontrollieren, dann verleihen die Regeln der Selbstentfaltung die nötige Form. Grenzenlose Offenheit und endlose Freiräume überfordern Kinder, sie brauchen einen stabilen Rahmen, in dem Freiheit stattfindet. Kindern Regeln vorzuenthalten ist lieblos, denn dies führt zur Orientierungslosigkeit. Auch später, in der Pubertät, brauchen Jugendliche die »alten« Regeln, um zu rebellieren, um gegen sie zu verstoßen und sich dabei selbst zu erfahren. Ohne den vorher markierten Rahmen ist das unmöglich.

Verhaltensnormen erleichtern das Zusammenleben, weil nicht alles immer verhandelt werden muss; sie helfen überdies, Übergriffe und Gewalt zu vermeiden. Angemessenes und rücksichtsvolles Verhalten – oder etwas formeller: Höflichkeit – ist eine Tugend. Sie wird in den heutigen Zeiten nicht besonders hochgehalten. Was mehr zählt, sind unbedingte Selbstentfaltung ohne Rücksicht auf Verluste und ständiges Kreisen ums Ich. Aus gutem Grund wurden Sekundärtugenden wie Pünktlichkeit, Disziplin, Fleiß und auch Höflichkeit in den vergangenen fünfzig Jahren bekämpft und zurückgedrängt. Das Kind der notwendigen Rücksichtnahme wurde mit diesem Bad allerdings mit ausgeschüttet. Deshalb sind heute Korrekturen nötig: Es geht dabei nicht um Unterdrückung oder gar Unterwerfung, sondern um soziale Basiskompetenzen, die das Zusammenleben und die persönliche Freiheit darin ermöglichen.

Es ist wichtig, im Blick zu behalten, dass es um Freiheit geht, auch wenn Regeln aufgestellt werden.

Ziel ist es, im Regelntreffen die Freiräume groß zu halten: möglichst viele Freiräume und nur so viele Regeln wie nötig. Es ist schön, wenn Eltern Kinder loben und sich an ihren Leistungen freuen können, und es sind auch kritische Rückmeldungen nötig, wenn etwas nicht in Ordnung ist. Aber es ist nicht notwendig, das ganze Kinder- und Jugendleben auf ein Belohnungssystem zu trimmen.

Wenn wir mit Familien arbeiten, sind wir bisweilen erstaunt, welche Regelwerke Eltern im Laufe des Kinderlebens ausarbeiten. Hier werden Punkte verteilt, wenn sie Aufgaben im Haushalt erledigen, dort gibt es Smileys, wenn gute Noten erzielt werden, dazu werden Geldbeträge für Zeugnisnoten vereinbart und noch ein Bonussystem eingeführt, bei dem Sonderprämien ausgeschüttet werden, wenn gewisse Leistungen erbracht werden – und wenn viele Punkte kumuliert werden, winkt ein Besuch im Freizeitpark. Aber nicht nur das Positive zählt, auch eine Art Bußgeldkatalog führt zu Punktverlusten, etwa wenn die Spülmaschine nicht freiwillig ausgeräumt wird. Zusätzlich hängt an einigen Stellen ein Regelhinweis. Das sind Systeme, in denen vor lauter Rechnen vom Prinzip Liebe wenig spürbar ist.

Meistens halten der Reiz der Belohnung und die Angst vor Degradierung nicht lang; dagegen wird versucht, alles Mögliche in geldwerte Vorteile umzumünzen. Die Kinder helfen nicht mehr mit, weil Familie eine Solidargemeinschaft ist oder weil es schön ist, gemeinsam Aufgaben erledigt zu haben, sondern weil es irgendwann einen Ertrag bringt – eine schleichende Verwirtschaftlichung des Privatraums Familie.

Kinder brauchen Unterstützung, um das Einhalten der Regeln und gute Umgangsformen zu lernen. Grundsätzlich sind alle Menschen auf Kooperation angelegt; auch Kinder wollen dazugehören und ihren Teil zur Gemeinschaft beitragen. Unsoziales, egoistisches oder gewaltförmiges Verhalten ist dagegen erlernt und kann auch wieder überwunden werden. Weil Regeln oft als lästig und unangenehm erlebt werden und außerdem Mühe bereiten, lernen Kinder sie nicht so leicht und nicht so schnell, und Eltern müssen sie oft jahrelang – mit viel Geduld! – darin unterstützen: »Nimm nicht den Löffel, nimm doch die Gabel« oder »Nicht das große Stück mit der Hand nehmen, schneide es besser erst mit dem Messer klein«. Regeln vermitteln heißt wiederholen, wiederholen, wiederholen.

> Gleichzeitig haben Regeln, nüchtern betrachtet, oft auch etwas Beliebiges, das Kinder zu Recht nicht immer verstehen. In Deutschland denkt man, Kinder in einem bestimmten Alter müssten allerspätestens abends um acht Uhr im Bett sein und schlafen. In Spanien fängt man da langsam an zu kochen, um dann um neun oder zehn Uhr gemütlich zu essen und dann vielleicht um elf die Kinder ins Bett zu schicken, wenn sie nicht schon von selber eingeschlafen sind.

Wenn die Regeln ein Eigenleben entwickeln, wenn Eltern oder Lehrer zur Prinzipienreiterei neigen oder sich in Regeln verbeißen, ist eine entspanntere Haltung angezeigt.

Die Freiheit beim Regeln drückt sich auch in der Menge der Regeln aus. Es braucht meist nur wenige, die wirklich wichtig sind – vielleicht fünf, maximal zehn. Und damit die Verregelung nicht überhandnimmt, kann von Zeit zu Zeit auch ein Aufräumen oder Ausmisten sinnvoll sein: Regeln werden dabei gemeinsam überprüft, und es wird überlegt, welche gebraucht werden. Beim Aushandeln finden die unterschiedlichen Sichtweisen und Bedürfnisse beider Seiten Gehör, Beachtung, Respekt und Wertschätzung. Dann wird verhandelt.

Sicherheit geht vor

Sobald die Sicherheit des Kindes gefährdet ist, haben Eltern das letzte Wort. Dann geht es um Verantwortung. An einer stark befahrenen Straße wird nicht diskutiert, das kleine Kind wird an der Hand so lange festgehalten, bis nach Einschätzung der Eltern alle sicher über der Straße sind. Auch kindlicher Größenwahn – schon schwimmen oder fliegen zu können – wird nicht verhandelt; hier zählt der Erfahrungsvorsprung der Erwachsenen. Anders ist die Lage, wenn tatsächlich Handlungsspielräume bestehen. Dann wollen und müssen Kinder spüren, dass sie wahr- und ernst genommen werden.

> *Die 14-jährige Nadine möchte bis ein Uhr nachts auf die Party. Die Eltern wollen, dass sie um einundzwanzig Uhr wieder zu Hause ist. Die Argumente beider Seiten werden angehört und ernst genommen, dann wird ein Kompromiss angestrebt, der für alle »gerade noch« geht: halb elf.*

Oft gehen Eltern selbstverständlich davon aus, dass ihre Kinder Regeln einhalten. Sie vergessen deshalb, die Kinder für ihr Einhalten der Regeln zu loben oder sich dafür zu bedanken. Kinder brauchen eine positive Rückmeldung auf ihr Verhalten, und es tut ihnen gut, zu hören: »Ich freue mich, dass du pünktlich nach

Hause kommst« und »Danke, dass du daran gedacht hast, die Hasen zu füttern«.

In kaum einem Erziehungsratgeber fehlt der Hinweis, Eltern müssten Grenzen setzen. Das ist einerseits richtig, aber andererseits gleich doppelt falsch: Denn auf der einen Seite fehlen meistens die konkreten Hinweise darauf, wie das denn gehen soll. Und auf der anderen Seite vermittelt diese Haltung einen falschen Ansatz, nämlich dass das Handeln der Eltern erst beim Grenzensetzen selbst beginnt: also z. B. bei Regelverstößen oder Ungehorsam. Man wartet praktisch auf die Krise, auf den Problemfall, um sich dann endlich zu bewähren, indem die Grenze gesetzt wird. Liebevolles Verhalten von Eltern ist, auch wenn es um Freiheit und Regeln geht, viel mehr: Es beginnt weit früher, vor der Krise, vor dem Problem. Das garantiert nicht, dass es keine Probleme gibt. Aber sie können leichter bewältigt werden.

Konsequenzen und Strafen

Wenn Kinder körperlich gestraft werden, wenn ihnen wehgetan wird, ist das schlimm, weil das sehr schädlich für das Kind und keinesfalls ein Ausdruck von Liebe ist. Das ist mittlerweile bekannt. Erziehung geht grundsätzlich ohne körperliches Bestrafen. Genauso problematisch ist es aber, wenn Kinder seelisch gequält, wenn sie mit Liebesentzug bestraft werden. Es ist für ein Kind existenziell bedrohlich, wenn es fürchten muss, dass die Liebe seiner Eltern tatsächlich abreißt: Wenn sie es nicht mehr berühren oder nicht beachten; wenn Eltern ihr Kind über Stunden, Tage oder sogar Wochen spüren lassen: Ich bin enttäuscht von dir, ich missachte dich deshalb. Das gilt für kleine Kinder ganz ähnlich wie für Pubertierende. Unser Gehirn reagiert nämlich auf Liebesentzug mit einem ähnlich panischen Zustand wie bei körperlicher Gewalt. Deshalb sind solche Formen der seelischen Misshandlung genauso schlimm wie Prügeln und beeinflussen die kindliche Entwicklung ähnlich negativ.

Dennoch brauchen Kinder eine konsequente Beziehung und Erziehung, denn ohne Folgen auf verletzendes Verhalten können Eltern nicht erziehen. Eltern reagieren klar und liebevoll auf Grenzüberschreitungen: auf schlechtes Benehmen oder wenn das Kind anderen Schmerzen zufügt, Dinge absichtlich beschädigt oder zerstört. Solches Verhalten häufig zu übergehen bringt Kinder in den Größenwahn: Ich kann alles, ich darf alles, ich kann mir alles erlauben. Kinder benötigen hier die Erdung, die Verwurzelung, einen moralischen Anker.

> *Mattis ist jetzt acht und ein begeisterter Fußballer. Außer dem Spiel beschäftigt ihn nicht viel, in seinem Kopf scheint kaum Platz für anderes, für ihn Nebensächliches. Dazu zählen die Hausaufgaben. Er hat zwar noch nicht viel auf, aber wenn überhaupt, dann fallen sie ihm erst abends ein, wenn er eigentlich ins Bett soll. Das gab schon ein paarmal Ärger, weil seine Eltern wenig Lust haben, ihn zu der Zeit noch zu unterstützen. Was tun? Sie besprechen die Angelegenheit in einem ruhigen Moment gemeinsam und treffen eine Vereinbarung: Hausaufgaben sind wichtig; sie gehören zu seinen Pflichten, und Mattis soll sie immer vor dem Training erledigen. Erst dann kann er zum Fußballspielen gehen. Nun funktioniert das einige Zeit, dann kommt es wieder vor: Am Abend sind die Hausaufgaben nicht gemacht. Die Vereinbarung wird nicht eingehalten – und nun folgt etwas, wie angekündigt: Am nächsten Tag wird der Sport gestrichen.*

Um konsequent zu sein, braucht es keine Strafe, sondern andere Interventionen: die Bitte, das zu lassen; einen Hinweis, dass das nicht in Ordnung war; eine Frage, was das Kind braucht, um sich besser an Regeln halten zu können; eine Äußerung des Ärgers usw. Solche durchschaubaren, logischen und absehbaren Konsequenzen sind hilfreich, und zwar schon möglichst früh in der kindlichen Entwicklung – also nicht erst in der Pubertät, wenn es manchmal härter zugeht.

> »Konsequenz« ist kein anderes Wort für »Strafe«! Konsequenzen sind sinnvolle, hilfreiche Folgen bei Regelverstößen. Strafen *sollen* wehtun, erniedrigen, sind gewaltförmig, sie dienen der Machtausübung und haben in Familien nichts verloren.

Konsequenz ist jede Form, auf Regelverstöße oder Fehlverhalten zu reagieren. Auch der Blickkontakt, der Hinweis auf die Regel, der geäußerte Wunsch, etwas sein zu lassen, sind bereits eine Konsequenz. Im Optimalfall erfolgen Konsequenzen schnell und hängen mit dem unerwünschten Verhalten zusammen (z. B. einen Tag nicht fernsehen, wenn die Fernsehzeit weit überschritten wurde).

Damit Konsequenzen wirken und im Rahmen bleiben, sollten sie von den Eltern nicht im Affekt verhängt werden, schon gar nicht in Wut, wenn sich der Adrenalinpegel am Anschlag befindet. Schnell ist im Ärger eine wüste Drohung ausgestoßen (drei Wochen nicht fernsehen; Ferienfreizeit gestrichen) und hinterher lastet sie im Raum. Um die eigene Autorität nicht zu untergraben, müssten solche Verordnungen auch durchgezogen werden; das ist aber nicht sinnvoll, wenn die Konsequenz völlig unpassend ist. Dieses Dilemma lässt sich vermeiden, indem in der heißen Situation dem Ärger Raum gegeben wird, über die Folgen der »Tat« aber erst mit Abstand nachgedacht wird.

NACHGEBEN, STATT SICH IM MACHTKAMPF
ZU VERHAKEN

Die wirksamsten Konsequenzen zeigen Fürsorge und Liebe auf freundliche und entschiedene Art; vor allem in Trotzphasen. Statt sich auf die Machtkampfebene ziehen zu lassen hilft manchmal das einfache Nachgeben: Der Sohn will nicht Zähne putzen und versteift sich. Reaktion: »Also gut, wir lassen es jetzt, gehst du eben so ins Bett.« Schwupps, steht das Kind am Waschbecken.

Dem Kind wird damit Eigenverantwortung vermittelt, es handelt mehr und mehr selbstverantwortlich und entwickelt Selbstdisziplin.

Folgen auf Fehlverhalten braucht es also – wo liegt dann das Problem? Eine große Schwierigkeit vieler Eltern ist es, dass sie *selbst* die Konsequenzen nicht aushalten können: Sie müssen es ertragen, dass das Kind unglücklich, ärgerlich oder wütend ist. Das fällt vielen Eltern schwer, und sie lassen sich »erweichen«, sehen von Folgen ab. Passiert das öfter, können Kinder ihre Eltern nicht mehr ernst nehmen, ihre Autorität wird demontiert. Aber auch das Unglücklichfühlen, Sichärgern oder die Wut auszuhalten ist ein Teil der Liebe, denn auch hierin braucht das Kind Mitgefühl, und es lernt dabei, dass das eigene Handeln Folgen hat. Und auch für die moralische Entwicklung, für das kindliche Gewissen, ist es manchmal hilfreich, wenn Fehler oder Bosheiten wiedergutgemacht werden können. Besonders hier sind die Eltern gefragt, denn das kann eine schwierige Aufgabe sein.

WIEDERGUTMACHUNG

Wer jemandem Schaden zufügt, muss das wieder ausgleichen. In allen Gruppen und Gesellschaften gibt es für diese Grundregel des Zusammenlebens Regelungen. Durch einen angemessenen Ausgleich wird eine Schieflage ausgeglichen, die durch das Schädigen entstanden ist; der Frieden ist wiederhergestellt und die Zugehörigkeit, der Zusammenhalt der Familie oder Gruppe bestätigt. Die Wiedergutmachung dient nicht nur der geschädigten Person. Auch die verursachende Person kann danach wieder friedlich leben: Sie muss sich nicht mehr schuldig fühlen oder schämen, sondern ist wieder integriert, »eine bzw. einer von uns«.

Die Idee der Wiedergutmachung gilt für Eltern wie für Kinder. Kinder brauchen aber oft Unterstützung, nicht nur in der Durchführung, sondern auch symbolisch: Eltern tragen die Sorge dafür mit, dass der Schaden ausgeglichen wird. Und sie zeigen ihre Verbindung: Ich bin bei dir, auch wenn etwas schiefgelaufen ist.

Die Art der Wiedergutmachung können »Opfer« und »Täter« aushandeln; einzelne Beteiligte oder die Eltern können Vorschläge unterbreiten. Die Formen sind vielfältig: den Schaden beheben (z. B. eine neue Tasse kaufen, wenn das Kind sie aus Wut auf den Boden geworfen hat); einen Entschuldigungsbrief schreiben; ein passendes Geschenk überreichen; etwas kochen oder backen; eine lästige Hausarbeit übernehmen …

8 Familie als Friedensort

Frieden ist fürwahr ein schönes Ziel und ein wichtiges Ideal. Schnell leuchtet es ein, dass Familie, Verbundenheit, Liebe und Frieden zusammengehören. Im wirklichen Leben ist das aber oft nicht so einfach. Täglich gibt es Konflikte: um Interessen oder Bedürfnisse, um Eigentum, Ehre, Wissen oder Tatsachen, um Kleinigkeiten oder um große Themen.

> Friede, Freude, Eierkuchen? Nein. Streit ist auch in Familien unvermeidlich. Streit muss sein und Anlässe gibt es reichlich: Lea will unbedingt ihr Fernsehprogramm durchsetzen, Jonas verhält sich ungerecht und isst die ganze Schokolade, Nora ist gemein, Hakan provoziert und so weiter.

Was meint dann Frieden als Prinzip, als Liebesanker in der Familie? Ursprünglich hängt schon das Wort Frieden eng mit der Liebe zusammen. Es stammt vom indogermanischen Wort *pri* ab, was u. a. »gernhaben, lieben« bedeutet, bezieht sich aber auch direkt auf »das Liebsein oder -haben« und auf die »Liebe«. Althochdeutsch heißt Frieden *fridu*: »Schonung« und »Freundschaft« und kommt damit dem heutigen Begriffsverständnis nahe: Mit dem Begriff *Frieden* ist insbesondere die Abwesenheit von Gewalt gemeint. Wo Gewalt herrscht, ist für die Liebe kein Platz.

*Frieden entsteht dort, wo Menschen
sich gegenseitig mit ihren Bedürfnissen
ernst nehmen und anerkennen.*

Der liebe- und respektvolle Umgang ist *fried*fertig und lehnt deshalb Gewalt ab, in jeder Form: keine Demütigungen, Entwertungen, Strafen, keine psychische oder körperliche Gewalt. Die Haltung des Friedens bedeutet, dass Konflikte *fried*lich »geregelt« und gewaltfrei verhandelt und ausgetragen werden. In diesem Verständnis eines positiven Friedens steht der Wert der Gerechtigkeit im Vordergrund, dahinter wird der Prozess des Aushandelns, Verhandelns, Abgleichens von Bedürfnissen gestaltet. In diesem Sinne ist Gandhis Satz zu verstehen: »Es gibt keinen Weg zum Frieden. Frieden ist der Weg.«

Wichtiges Lernfeld Konflikt

Jedes Zusammenleben beinhaltet auch den Auftrag, im Streitfall nach gemeinsamen Lösungen zu suchen. Wo Menschen zusammenleben sind unterschiedliche Auffassungen, Auseinandersetzungen oder Streitigkeiten normal.

*Nicht die Konflikte sind problematisch, sondern
die Art, wie sie oft ausgetragen werden.*

Frieden in der Familie ist dabei zunächst ein Prinzip für ihre Mitglieder, entfaltet aber auch eine Wirkung nach außen. In der

Familie wird eine Saat ausgestreut, die in größerem gesellschaftlichem Rahmen aufgeht: in Kindergarten und Schule, im Wohnviertel oder im Dorf, in der Kommune. Umgekehrt wirken soziale Verhältnisse auch wieder direkt in die Familie hinein. Ideologischer oder religiöser Fanatismus, aggressive soziale Milieus oder kriegerische Auseinandersetzungen des eigenen Staates wirken zurück auf die Verhaltensweisen und den Umgang miteinander in den Familien; ihr liebevolles, friedliches Miteinander kann davon beeinträchtigt werden.

Im Streit ist der Gefechtslärm oft so laut, dass friedliche Stimmen übertönt werden. Wenn es wirklich hart hergeht, genügt ein zartes Stimmchen kaum, das »Vertragt euch doch!« ruft. Streiten und Kämpfen gehören zur kindlichen Entwicklung, viele Kinder können einen Streit auch selbst regeln. Und echte Spaßkämpfe brauchen ohnehin keine Intervention. Aber wenn es unfair wird oder sich gewaltförmig entwickelt, sind Eltern gefordert, mit Entschlossenheit und Energie dazwischenzugehen und dann möglichst objektiv (das ist fast unmöglich!) gemeinsam nach Konfliktlösungen zu suchen.

FAMILIEN-
BANDE
KNÜPFEN

FRIEDEN SCHAFFEN

Mit größeren Kindern können auch »Friedensgespräche« abgehalten werden, wenn es Streit gibt. Manche Familien treffen sich regelmäßig zu offiziellen Besprechungen, wo Entscheidungen, die alle angehen, getroffen und Streitfragen geklärt werden. Hier kann geübt und gelernt werden, dass aufmerksam zugehört wird, es werden Bedürfnisse und Wünsche benannt, und dabei wird auch im Streitfall höflich miteinander umgegangen.

Um die Kompetenz, mit Streit umzugehen, zu erwerben oder um Konflikte zufriedenstellend lösen zu können, brauchen Kinder Hilfe. Sie müssen erst lernen, dass Zusammenleben auch bedeutet, nach Konfliktlösungen zu suchen. Eltern zeigen und lehren Kindern friedfertiges Verhalten, indem sie den Frieden immer wieder herstellen: Sie erspüren oder erfragen Bedürfnisse, suchen nach Vermittlung, streben Versöhnung und Vergebung an, und vor allem sind sie Vorbilder. Sie gehen auf die Kinder zu, suchen das Gespräch, führen eine offene Aussprache herbei – nicht harmoniesüchtig als »Friede, Freude, Eierkuchen«, wo die Konflikte unterschwellig brodeln, sondern liebevoll öffnend, sodass alles auf den Tisch kommen kann, was den Konflikt ausmacht.

Manche Kinder fordern ihre Eltern im Hinblick auf ihr friedliches Verhalten geradezu heraus. Oft gestalten sich diese gar nicht friedlichen Angriffe gegenüber den gleichgeschlechtlichen Elternteilen besonders heftig – Tochter gegen Mutter, Sohn gegen Vater. Aber auch unabhängig vom Geschlecht kann es dabei gegen die Eltern »an sich« gehen – ganz egal, wie diese sich verhalten, so scheint es. Kinder können ihre Eltern bis zur Weißglut reizen oder versuchen das zumindest. Warum geschieht das? Kinder kennen ihre Eltern sehr gut und sind mit ihnen emotional verbunden. Deshalb wagen sie es. Sie lassen es darauf ankommen und wollen sehen: Halten die Eltern stand, sind sie so stark, dass sie das und mich so aushalten? Eine echte Zerreißprobe also, eine Anfrage an die Liebe der Eltern. Gleichzeitig wird damit auch der Härtetest für die Eltern inszeniert, mit der Frage, ob Eltern sich dennoch angemessen, liebevoll und »friedlich« verhalten: auch im höchsten Stress und Ärger.

Die beleidigte Leberwurst

Oft reagieren Eltern auf Konflikte oder Streit aus ihrer eigenen kindlichen Seite heraus mit Liebesentzug, indem sie sich beleidigt zurückziehen oder das Kind durch Nichtbeachten strafen. Sie sind eingeschnappt, werten im Gegenzug ihrerseits die Kinder ab, reagieren selbst trotzig oder verlangen nach einer Kränkung, dass das Kind sich unterwirft und »angekrochen kommt«. Liebesentzug ist eine Eskalation, eine für Kinder subtile Form, nach Konflikten erneut Unfrieden zu schaffen und Aggression in einer Weise auszuagieren, auf die Kinder nicht reagieren können, weil sie auf die Liebe der Eltern existenziell angewiesen sind. Diese Reaktion ist eine versteckte Form der Gewalt.

FAMILIEN-
BANDE
KNÜPFEN

FÜNF MINUTEN ZUM RUNTERKOMMEN
Besser ist es, sich offen zu äußern. Eltern können sagen: »Ich bin jetzt sauer, geschockt, wütend. Ich muss erst mal selbst damit klarkommen; ich muss mal um den Block laufen, damit ich wieder zu mir komme«, usw.

Entscheidend ist immer Ihre friedfertige Haltung: Ihre Äußerung ist nicht als Drohung oder Strafe gedacht, sondern stellt eine wahrhaftige Reaktion auf das eigene Erleben dar. Kurz: Streit gehört zum familiären Zusammenleben dazu und muss ausgefochten werden; Aggression darf sein, aber der Umgang damit muss gelernt werden; Aggressivität und Gewalt sind dagegen lieblos und wirken friedensstörend.

Die Kränkung trifft deshalb so heftig, weil sie vom geliebten Kind ausgeht. Sie hängt mit dem Lieben eng zusammen. Kränkungen tun weh, und aufkommende Macht- und Rachegelüste können eine spontane Antwort auf Kränkungen sein. Die Tiefe der Kränkung lässt sich an der Intensität von Rachegelüsten ablesen. Doch in gekränkten Reaktionen der Eltern spüren Kinder zuerst Rache und Macht, keine Liebe.

FAMILIEN-
BANDE
KNÜPFEN

RACHE IST SÜSS

Gekränkt, verletzt, beleidigt? Gut so: ein Gradmesser Ihrer Liebe. Und jetzt? Erlauben Sie sich, Ihre spontane Reaktion auf die Kränkung: Racheimpulse als Fantasie! Vielleicht hilft es Ihnen, sich vorzustellen, wie Sie in Rage kommen würden, wenn Sie es zulassen würden. Malen Sie es sich ruhig aus: »Aaah, ooch, das war so gemein; ich könnte heulen! Am liebsten würde ich ihm links und rechts eine schmieren! Oder ein Jahr lang das Handy wegnehmen! Oder ihr meine Hilfe verweigern, sobald sie wieder gebraucht wird, und das wird bald sein …!«

Und danach kommen Sie wieder runter und überlegen, wie es jetzt in der Wirklichkeit und in der Beziehung mit dem Kind weitergeht.

Doch warum tun Kinder das überhaupt? Warum kränken Kinder ihre Eltern? In der Kindheit, besonders aber in der Pubertät haben Kränkungen eine wichtige Funktion. Kinder suchen, finden und äußern ihr Eigenes, auch wenn sie die Eltern damit treffen; sie verfügen meist noch nicht über die Kunst der Kommunikation, Trennendes ohne Kränkung zu äußern. Kinder suchen eigene Werte und Normen, finden in eigene Welten hinein, um sich selbst und ihre Art, zu leben, zu entdecken. Dafür verwenden sie auch das Abwerten der Eltern. Oder sie sind so sehr mit sich selbst beschäftigt, dass sie gar nicht merken, was sie anrichten.

Was aber, wenn Eltern mit Kränkungen nicht nüchtern umgehen können, sondern aus dem Konzept kommen und so getroffen sind, dass sie nicht mehr herauskommen? Wenn der Vater oder die Mutter tödlich beleidigt und das eigentlich nicht angemessen ist? Das können wichtige Hinweise auf eigene Bedürftigkeiten bei den Eltern sein. Sie brauchen Raum, um sich damit auseinanderzusetzen, z. B. in einer Beratung oder Therapie.

> Im Frieden zu bleiben kann auch bedeuten, dass sich die Eltern bei von ihnen verursachten Unstimmigkeiten um Ausgleich bemühen und sich entschuldigen – auch Tage, Wochen oder Jahre danach, ja, sogar noch auf dem Sterbebett. In Frieden zu lieben bedeutet Aktivität, Handeln und das Übernehmen von Verantwortung: Ich möchte, dass wir schauen, wie wir den Frieden wiederherstellen können.

Weil Gewalt und Frieden gar nicht zusammengehen, versuchen die allermeisten Eltern heute, bewusst und aktiv auf Gewalt zu verzichten. Aber wenn es dennoch vorkommt? Das Kind provoziert, die Situation eskaliert und »die Hand rutscht aus«? Wir haben einen schlechten Tag, bringen einen dicken Hals von der Arbeit mit, und es muss Dampf abgelassen werden: Dann gibt's ein paar auf den Hintern? Oder wenn das Kind angebrüllt, schmerzhaft fest angepackt, am Ohr gezogen wird? So etwas soll und darf nicht passieren, aber es kommt dennoch vor. In diesem Fall wird ein Katastrophenschutzpaket benötigt. Das kann zum Beispiel beinhalten: Ich verlasse sofort den Raum, ich laufe einmal um den Block, ich rufe einen vertrauten Menschen an, ich suche eine Beratung auf und nehme professionelle Hilfe in Anspruch.

Eine Freundin, eine Psychologin, hatte mit ihrer pubertierenden Tochter Jeanette einen so heftigen Streit, dass sie ihr eine Ohrfeige gab. Gleich am nächsten Tag hat sie selbst das Jugendamt angerufen und gesagt: »Ich habe meine Tochter geschlagen und jetzt weiß ich nicht mehr weiter.« Das fand ich einen sehr mutigen und konsequenten Schritt von ihr. Die Mitarbeiterin vom Jugendamt reagierte einfühlsam, sowohl für die Mutter als auch für die Tochter, und bot beiden ein Gespräch an. Darin stellte sich heraus, dass die 14-jährige Jeanette beschlossen hatte, ihrer Mutter immer dann »das Leben zur Hölle zu machen«, wenn diese nicht tut, was sie möchte. Mutter und Tochter konnten in dem Gespräch deutlich erkennen, dass sie sich in einem verzweifelten Machtkampf befanden. Sie vereinbarten, dass es nun wichtig war, mit Achtung und Respekt auf ihre unterschiedlichen Sichtweisen zu reagieren, anstatt sich zu bekriegen. Als Jeanette fünf Jahre später nach ihrem Schulabschluss für ein Jahr nach Kanada ging, schrieb sie ihrer Mutter einen Brief, in dem deutlich zum Ausdruck kommt, wie dankbar Kinder dafür sind, wenn schwierige Zeiten und Krisen gemeinsam durchgestanden werden: »Meine allerliebste Mama, bald ist es so weit und ich muss 'ne Weile ohne dich auskommen. Schaff ich das überhaupt?! Wir werden sehen. Eines ist sicher, ich werde dich sehr vermissen. Das ist auch sicher: So eine Mama, die sich so liebevoll um ihre Kinder kümmert, finde ich auf dieser Welt kein zweites Mal, auch wenn ich noch so weit reise. Unsere Krisenphase haben wir ja zum Glück unversehrt überstanden und kommen gut miteinander aus, abgesehen von ein paar Ausrastern im Jahr und dem Chaos in meinem Zimmer. Du wirst jetzt endlich ein aufgeräumtes Haus haben, genieße es. Bei dir weiß ich, dass du voll hinter mir stehst und meinen Weg respektierst. Danke dafür! Ich drücke dich, Deine Jeanette

////////////////////////////////

Markus sucht meinen Rat: »Ich habe meinen Sohn geschlagen. Also nicht verprügelt, aber schon ein paarmal eine kleine Ohr-

feige gegeben. Ich weiß so halb, dass das eigentlich nicht in Ordnung ist – aber dennoch: Es hatte positive Folgen, er hat erkannt, dass ich in die letzte Konsequenz gehen würde. Seither funktioniert es mit ihm bestens. Was soll ich davon halten?« Einerseits, so stellt sich heraus, ist er gegen körperliche Strafen und er weiß auch, dass er sich damit strafbar macht. Auf der anderen Seite ist er verblüfft über den Erfolg und erstaunt, dass das so gut funktioniert: Seither gehorcht der Junge ja. Der Mann hätte gerne meine Absolution. Aber die kann und will ich ihm nicht geben. Sein Unbehagen ist gerechtfertigt: Es sind gewaltförmige Übergriffe, keine liebevolle, sondern eine machtförmige Beziehung. Er fügt dem Kind Schmerz zu und verletzt seine Integrität. Kurzfristig ist das wirksam, aber wie soll das weitergehen, wenn der Junge größer wird? Wir arbeiten an seinen Unterlegenheitsängsten und suchen gemeinsam nach klaren Alternativen, die ohne Strafen oder Gewalt auskommen.

Nach einem gewaltnahen oder gewaltförmigen Übergriff fühlen sich der Vater, die Mutter schuldig. Hier stellt sich die Frage nach dem Umgang mit eigenen Schwächen, etwa der fehlenden Selbstkontrolle, Impulskontrolle, dem überzogenen und unpassenden Ausdruck von Ärger. In der Tat, sie haben einen schlimmen Fehler gemacht, und ihr Unbehagen ist angebracht. Wer Gewalt anwendet, wer autoritär wird, zeigt Schwäche und verliert dabei Vertrauen in seine Autorität.

Danach muss etwas dafür getan werden, um sie wiederzuerlangen. Sofern der Gewaltvorfall bewusst oder mit der Absicht geschah, dem Kind zu schaden, hat sich der Elternteil schuldig gemacht, er muss mit der eigenen Schuld umgehen. Dieser Weg beginnt damit, dass er die Verantwortung übernimmt und zum eigenen Fehlverhalten steht: »Ja, das habe ich gemacht.« Er geht weiter, indem die Gefühle wahrgenommen und akzeptiert werden: »Es tut mir leid; ich schäme mich; ich verurteile mich, weil ich das ich nicht hätte machen dürfen«; schließlich stellt sich die Frage, wie die Ordnung wiederhergestellt werden kann: »Wie kann ich das wiedergutmachen? Wie kann ich mich mit dem Kind versöhnen? Auf welche Weise um Entschuldigung bitten?«

»Ausraster« und Gewaltübergriffe weisen bei Eltern massiv auf eigenen Unterstützungsbedarf hin. Eltern, die davon betroffen sind, sollten sich schnell um Abhilfe bemühen.

¶ Die Familie und das Mehr: von Spiritualität und Zweckfreiheit

Zugegeben: Spirituelles als einen Anker für die Bindungen in der Familie zu bezeichnen ist etwas verwegen, begeben wir uns mit dieser Dimension doch geradewegs ins Unbestimmte – wie soll dort etwas ankern können? Doch für viele Menschen beinhaltet das Phänomen der Liebe zum Kind etwas Unerklärliches, ein Mysterium, das sich kaum fassen lässt, aber auf eigenartige Weise dennoch vieles erklären kann. Sie erfahren darin eine Dimension, die über die vernünftige, rationale Welt hinausweist, und können sie damit als etwas Höheres erfahren, das über die physische Begegnung hinausverweist.

Alle Kulturen verfügen über Formen der Religion, und die Familie ist darin ein besonderer Ort. Spiritualität gehört zum Menschsein, und die Liebe ist immer auch eine Art spirituelle Praxis, ausgedrückt etwa in der Nächstenliebe: »Liebe deine Nächste und deinen Nächsten wie dich selbst!« Menschen haben eine Sehnsucht nach Sinn. In der Bedürfnispyramide des Psychologen Abraham Maslow steht Transzendenz an der Spitze, sie stellt also gewissermaßen das letzte Bedürfnis dar – ist darin aber doch ein wichtiges menschliches Bedürfnis.

Spiritualität folgt der Sehnsucht nach Verbindung mit anderen und anderem, nach »dem Mehr«. Die Erfahrung des Liebens und Geliebtwerdens schafft Verbindung und ist deshalb auch spirituell aufgeladen. Die Liebe in der Familie ist dabei auch exemplarisch zu verstehen: Durch die Verbindung untereinander sind wir gleichzeitig mit allem verbunden, und dieses Wunder lässt sich im Lieben erleben. Aus der Erfahrung der Trennung und der damit verbundenen Ängste erwachsen Impulse, Grenzen zu überschreiten. Viele Menschen ahnen oder vermuten, dass es eine umfassendere Ganzheit gibt (wie immer diese auch genannt wird), die über die begrenzte menschliche Wahrnehmung hinausweist. Gleichzeitig wächst die Suche nach Sinn als Ausdruck einer Sehnsucht, als Gegenimpuls gegen die rationale Erklärung der Welt; auch wird an vielen Stellen erkennbar, dass vieles der Vernunft nicht zugänglich ist: Nicht alles lässt sich rational erklären oder bewältigen.

> *» … und lieben, Götter, welch ein Glück!«*
>
> **Goethe, Willkommen und Abschied**

Spiritualität ist mit Fragen nach einem höheren oder tieferen Sinn verbunden. Und genau hier kommen Eltern durch die Klarheit und Schlichtheit ihrer Liebe zum Kind mit dem »Mehr« in Verbindung. Den intensiven Kontakt mit einem Säugling erleben manche Eltern fast schon als meditative Praxis, wenn sie sich im Blick auf das Kind oder im Blickkontakt mit ihm in sich versenken und darin verlieren; das enge Ego scheint sich aufzulösen. Das Schmusen und Erzählen mit dem Kind oder das Zuhören, auch das Spiel, dem sich ein Kind ganz hingibt, all das lässt nicht nur Kinder, sondern auch Eltern ganz im Moment aufgehen. Zeit und Raum verschwinden, das Jetzt füllt alles – ein mystischer

Augenblick. Es ist so: Beim Lieben verschwimmen Grenzen und Beschränkungen, zwischen ich und du, aber auch zwischen richtig und falsch, lieben und nicht lieben, uns und den anderen. In ihrer Verbundenheit mit dem Kind lässt sich für viele Eltern auch etwas Spirituelles entdecken, weil das Göttliche im Herzen eines liebenden Menschen zu finden ist.

In der Liebe zum Kind erfahren Eltern einen Sinn des Lebens, der über das Individuelle, das Ichbezogene oder Egozentrische hinaus zielt. Die Liebe in allen ihren Formen und Ausdrucksweisen ist etwas alle Menschen (vielleicht auch alle Wesen) Verbindendes – vergleichbar der Schwerkraft. Damit weist die Liebe immer über die konkrete und direkte Beziehung hinaus, in der sie selbstverständlich auch großartig und bedeutsam werden kann. In der besonderen Nähe zwischen Eltern und Kind zeigt sich so gleichzeitig das Konkrete, bewusst und sinnlich Erfahrbare wie auch das Eingebundensein in etwas Größeres, in das Mehr. Hier können Mütter und Väter die Liebe auf eine fundamentale und unbelastete Weise erfahren und erlernen, sie kann wachsen. Die Liebe zum Kind entwickelt sich dabei gleichsam aus sich heraus, sie ist Ziel wie auch Ursprung. Und sie bleibt, auch wenn die Beziehung zum Kind gerade schwierig ist.

Eine Mutter erzählte mir, dass sich ihr Sohn sehr für Außerirdische interessiere. Sie halte das für Quatsch, und sie habe ihm verboten, Fernsehsendungen zu diesem Thema anzuschauen. Ich fragte sie, ob sie denn wisse, was ihren Sohn daran so fasziniere. Diese Frage hat sie zunächst überrascht, sie weckte ihr Interesse. Sie wurde neugierig darauf, von ihrem Sohn zu erfahren, was ihn denn daran so begeistere. Ihre neue Offenheit ermöglichte es ihrem Sohn, ihr seine Gedanken, Fantasien und Träume anzuvertrauen. In den folgenden Wochen schilderte er ihr seine Vorstellung von bewohnten Galaxien im Universum,

die er kennenlernen wolle. Er wollte alles über den Beruf Astro-
naut erfahren und wünschte sich einen Sternenatlas. Kinder
gehen oft weit über das vernunftbetonte rationale Denken der
Erwachsenen hinaus. Für Eltern kann es eine Freude und Berei-
cherung sein, sich mit hineinnehmen zu lassen in die Vorstellun-
gen und Welten der Kinder.

Das Kind ist (wie alle und alles) in seiner eigenen und bestmög-
lichen Form geschaffen. Das Kind wirklich so annehmen und
lieben, wie es ist, und es etwas Eigenes sein zu lassen trägt dem
Rechnung. Im Spüren der Liebe kann manchmal ein Erstaunen
gefühlt werden, das mit dieser Einzigartigkeit des Kindes zusammenhängt und als Ehrfurcht vor dem Unbegreiflichen, dem Höheren erlebt werden kann. Ehrfurcht hat mit Ehre zu tun, die in
der Elternliebe zum Ausdruck kommt. In ihr ehren Eltern auch
die Achtung vor der Schöpfung, die Wertschätzung für das Leben an sich.

> *Gott ist nahe, wo die Menschen*
> *einander Liebe zeigen.*
> **Johann Heinrich Pestalozzi**

Feste und Rituale

Ist das Lieben in der Familie in gewisser Weise bereits gelebte
Spiritualität, bieten vor allem die familiären Feste im Jahreslauf
Gelegenheiten, an das Mehr zu erinnern. Besonders Weihnach-
ten kann viel Raum für liebevolle Begegnung bieten, das Schen-

ken ist Ausdruck unserer Zuwendung und es ist gut, wenn die Potenz dieses Festes nicht allzu sehr hinter seiner Kommerzialisierung verschwindet. In der eher kleineren Form sind auch das Kuscheln, gemeinsame Spielen oder Musizieren Momente, in denen das Mehr der Liebe erfahrbar wird.

Familiäre Rituale gliedern die Zeit und unterstreichen darin die Verbindung in Beständigkeit und in der Wiederholung: die Berührung, das Umarmen bei der Begrüßung; der Moment der Stille oder der Tischspruch vor dem Essen; ein Kuss vor dem Schlafengehen, Festrituale an Feiertagen. Auch das gemeinsame Beten kann liebevolle Verbindung zwischen Eltern und Kind (wie auch unter Kindern und zwischen den Eltern) unterstreichen oder schaffen: Das Tischgebet vor dem Essen, das Abendgebet vor dem Schlafen – Gebete als intime, spirituelle und liebevolle Momente im Tageslauf. Immer findet darin symbolisch das Wesen des Spirituellen Ausdruck: das Sichverbinden, Heraustreten aus dem persönlichem Abgetrenntsein in eine größere Ganzheit, in das Mehr.

Liebe hat keinen Zweck

Es ist schon richtig, wenn Eltern und andere Erziehende Vorstellungen davon haben, wo das Leben des Kindes hingehen soll. Nur verselbstständigen sich solche Leitideen gern und werden zum Selbstzweck, dem alles untergeordnet wird. Das Kind muss geliebt werden, damit Ziele erreicht werden, und nicht mehr um seiner selbst willen.

Ein Kind vorwiegend in Bezug auf seinen späteren Zweck zu sehen entwertet es und seine Existenz im Jetzt. Dann ist die Haltung nicht mehr dem Wesen des Kindes zugewandt, sondern von einem »Um-zu« geprägt. Zweckorientierung kann durchaus zum Erfolg führen, allerdings mit dem Risiko, Schäden zu verursachen, gleichsam nach der Devise: Operation geglückt, Patient tot.

In Erziehungsvorstellungen und -ratgebern, in der ganzen Pädagogik ist oft davon die Rede, wie Kinder erzogen werden sollen, *damit* sich später etwas Erwünschtes einstellt:

* ★ *damit* Kinder später einen guten Platz in der Gesellschaft einnehmen,
* ★ *damit* sie sich durchsetzen und behaupten können,
* ★ *damit* sie keine Tyrannen werden,
* ★ *damit* sie drogenfrei bleiben,
* ★ *damit* sie ein Instrument spielen können,
* ★ *damit* sie gläubig werden und in den Himmel kommen,
* ★ *damit* sie viele Freunde haben und nie einsam sind,
* ★ *damit* sie gesund sehr alt werden,
* ★ *damit* sie sportlich erfolgreich sind
* ★ *damit* sie in unserer Leistungsgesellschaft funktionieren.

Das große *Damit*: Die Liste könnte endlos fortgeführt werden, denn Zweckorientierung kann sich – je nach weltanschaulicher Orientierung der Eltern – in ganz unterschiedlichen Spielarten zeigen. Zu jeder Zeit finden sich aber auch kollektive Gemeinsamkeiten in einer Kultur, bei denen sich zweckfixierte Eltern gern bedienen. So prägt bei uns der spätere Schulabschluss die ganze Kindheit und Jugendphase, deshalb müssen müde Kinder noch am Abend mit dem großen Einmaleins geplagt werden. Fakten werden gepaukt, damit später das Abitur bestanden wird, um noch später studieren zu können, um einen stabilen Berufsstatus, eine gute Rente und einen schönen Grabstein zu bekommen. Oder Kinder müssen freudlos flöten, weil das gut fürs Gehirn und das wiederum wichtig für den Schulabschluss ist. Kinder spüren es, wenn sie selbst hinter Zielen zu verschwinden drohen.

INNERER DIALOG

Wo die Zweckorientierung Druck ausübt und die Lust auszutreiben droht, können innere Dialoge hilfreich sein, um zu neuen Umgangsweisen zu finden. Das kann zum Beispiel so aussehen:

Kathrin hat mit ihren beiden Töchtern den ganzen Abend gespielt, sie hatten ausgelassen herumgetobt und viel Spaß dabei. Jetzt wäre eigentlich Zeit, aufzuräumen. Weder Kathrin noch ihre Töchter haben heute dazu Lust. Normalerweise wird sie an dieser Stelle kühl und sagt: Schluss jetzt. Nun lässt sie ihren inneren Stimmen Raum:

* Eine Stimme in ihr sagt: Jetzt ist es aber genug – ermahne deine Kinder zum Aufräumen!
* Kathrin: Och, es hat uns so viel Spaß gemacht, das Aufräumen kann doch bis morgen warten.
* Die Stimme: Wenn du aus deinen Kindern ordentliche Menschen machen möchtest, dann lässt du sie jetzt schleunigst aufräumen!
* Kathrin: Vermiese mir jetzt bitte nicht die gute Laune mit deinem Aufräumappell.
* Die Stimme: Also hör mal, wie sollen deine Kinder lernen, Ordnung zu halten, wenn du das heute schleifen lässt?
* Kathrin: Als ob das so eine große Rolle spielen würde, du übertreibst!

Bevor das endlos so weitergeht, spricht Kathrin ein Machtwort mit ihrem »schlechten Gewissen«, verspricht ihm, sich morgen ums Aufräumen zu kümmern, und schlägt vor: »Kinder, lasst uns Popcorn machen, das essen wir heute zum Abschluss, und morgen räumen wir gemeinsam auf«.

Kinder reagieren auf Verzweckungsversuche. Manche ordnen sich brav unter, um die Eltern nicht zu enttäuschen; andere rebellieren, nehmen sich ihre Gegenwartsorientierung und pfeifen vor allem in der Pubertät demonstrativ auf den Zweck der höheren Ziele; wieder andere werden kühl berechnend und pragmatisch, sie praktizieren zum Beispiel Bulimie-Lernen ohne jede Vorstellung von eigenen Ideen oder von einer persönlichen Bestimmung.

Unterschwellig spüren Kinder oft, dass das Erreichen der Zweckziele überhaupt nicht garantiert ist. Wer verbürgt sich dafür, dass sich Opfer lohnen? Bei wem können sie später klagen, wenn sich der versprochene Erfolg nicht einstellt? Sie erleben die Widersprüche der verzweckten Existenz viel härter als viele Erwachsene, gerade weil sie noch ursprünglicher leben, sich noch nicht im Trott der Alltagspflichten bewegen wie Erwachsene.

Liebe lässt sich nicht verzwecken; Eltern können ihre Kinder nicht zielorientiert lieben. Es ist nicht möglich, zu sagen: »Heute liebe ich das Kind zwei Stunden, dann wächst sein Vertrauensquotient um 7,2 Prozent!« In der Familie entsteht vieles aus der Liebe heraus: Entwicklung wird ermöglicht, Vertrauen, Geborgenheit, Freude, Dankbarkeit für das Kind wachsen – allerdings ohne darauf abzielen zu können. Es genügt, sich darauf zu verlassen, dass die Liebe wirkt.

Aber warum unterwerfen sich manche Eltern der Zweckorientierung? Eine doppelte Dynamik spielt dabei eine Rolle:

* Sie machen sich selbst kleiner, als sie sind, sie lassen ihre Kompetenz, ihre Beziehung zum Kind und ihre Gefühle nicht oder zu wenig gelten.
* Und sie überhöhen scheinbar allwissende Autoritäten aus Staat, Wissenschaft, Wirtschaft oder Kirche.

Es ist für Eltern aber auch schwer, dem Druck von außen zu widerstehen. Wer allgemein als wertvoll erachtete Zwecke nicht unterstützt, muss nicht nur mit den eigenen Schuldgefühlen umgehen, sondern sieht sich mit ablehnenden Reaktionen der Mitmenschen konfrontiert. Den zielfixierten Mainstream zu verlassen erfordert immer Mut. Hilfreich sind deshalb Gleichgesinnte oder vielleicht auch professionelle Unterstützung.

> Es entspannt, das Kind in den Mittelpunkt zu stellen und zu fragen: Welche Bedürfnisse hat es, was braucht es, um gut wachsen und sich entfalten zu können, um glücklich zu werden? Was kann ich dafür tun? Bildlich gesprochen sorgt zweckfreie Erziehung dafür, dass ein Baum wurzeln und groß wachsen kann; zweckfixierte Erziehung will ein gestutztes Spalierbäumchen oder einen Bonsai mit Formschnitt.

Ein Kind, das die Liebe seiner Eltern offen, unbedingt und zweckfrei erfährt, trägt sie in sich. Es kann sich in der Familie niederlassen und von dort aus vertrauensvoll die Welt erkunden. Dennoch: Das Prinzip Liebe ist natürlich kein Garant für ein sorgenfreies Leben, das wäre wieder eine Verzweckung. Jedes Kind bringt eigene Fragen und Entwicklungsthemen mit in die

Welt. Es wird also – bei aller Liebe – Schwierigkeiten bekommen und Krisen durchleben müssen, auch in der Familie. Geliebt zu werden hilft ihm bei der Bewältigung und bei der Weiterentwicklung; Liebe lässt sich aber nicht instrumentalisieren, um die Herausforderungen des Lebens zu vermeiden. Auch das gehört zum Zauber der Liebe und zu ihrer Verbindung ins Mehr.

10 Raum für Gelassenheit

Für den Zusammenhalt und das Zusammensein in der Familie ist eine einigermaßen gelassene Grundhaltung ein hilfreiches Eingangstor; sie wirkt immer wieder neu wie Balsam. Gelassenheit: Dieses Wort bringt eine Sehnsucht vieler Eltern zum Ausdruck; es ist ein weitverbreiteter Wunschtraum, in Zeiten von Schnelllebigkeit, Hektik, Stress und Leistungserwartungen entspannt und ausgeglichen zu bleiben und in sich zu ruhen.

> Ursprünglich stammt das Wort *Gelassenheit* vom mittelhochdeutschen *gelazenheit* ab, was so viel heißt wie Gottergebenheit; der Begriff hängt mit *gelazen* zusammen, das bedeutet sich niederlassen, gottergeben oder maßvoll sein. Wunderbar, all das können Eltern wirklich gut gebrauchen!

Im heutigen Verständnis sind Ausgeglichenheit, Entspannung, Ruhe und Gleichmut wichtige Aspekte der Gelassenheit. Sie hilft, das innere Gleichgewicht zu bewahren und sich besonnen und unaufgeregt zu verhalten. Gelassenheit beinhaltet sowohl das Aufgeben und Loslassen, die Ruhe, die daraus entsteht, als auch eine wohlwollende und liebevolle innere Haltung und Sammlung mit einer Fokussierung auf das Wesentliche. Sie bezieht sich auf die Art, wie gehandelt wird; das Nötige wird leicht und mühelos getan, mit einer inneren Kraft; das Handeln »kommt« ohne

Eifer und ohne große Anstrengung, nach dem Motto: Nichts »machen« und dabei nicht nichts tun. Gelassenheit ist also etwas anderes als Passivität oder Abstumpfung, sie ist keine Egal-Haltung der Gleichgültigkeit.

Gelassenheitsgebet

Ich bitte um die Gelassenheit,
Dinge hinzunehmen,
die ich nicht ändern kann,
um den Mut, Dinge zu ändern,
die ich ändern kann,
und um die Weisheit,
das eine vom anderen zu unterscheiden.[*]

Das Prinzip Liebe in der Familie kann nicht hektisch sein, das fühlt sich sofort widersprüchlich an. Natürlich muss und kann es auch mal turbulent zugehen, das stecken Kinder und Eltern gut weg. Aber im Allgemeinen brauchen sie entspannte, in sich ruhende Eltern, nicht ständige Eile; keinen Alltag, der von Zeit- und Leistungsdruck, Verspannungen und Stress geprägt ist. Kinder wollen und brauchen Spaß, um sich gut entwickeln zu können, da hilft es ihnen, wenn sie von gelassenen Erwachsenen und nicht von Hektikerinnen, Pedanten und Engstirnigen umgeben sind.

Keine Frage, Eltern sind heute hohen Belastungen ausgesetzt, die ihre Gelassenheit attackieren. Sie stehen unter doppeltem Druck: einerseits von außen – denken wir nur an die Zwänge der Berufsarbeit oder an Erwartungen der Schule an die Eltern. An

---

[*] Ursprüngliche Quelle unbekannt; in dieser Fassung vermutlich von Reinhold Niebuhr

solchen äußeren Ansprüchen ist oft wenig zu machen, sie gibt es, mit ihnen müssen sich Eltern befassen. Andererseits machen sich Eltern den anderen Teil des Drucks auch selbst. Und vor allem hier können sie ansetzen, um zu mehr Gelassenheit zu gelangen. Elternsein empfinden viele als anstrengend, weil sie sehr hohe Ansprüche an sich selbst stellen und es enorm stresst, den Ansprüchen nicht gerecht zu werden.

FAMILIEN-
BANDE
KNÜPFEN

GELASSEN LIEBEN
Trauen Sie sich Gelassenheit mit sich selbst zu. Sagen Sie sich öfter mal Sätze wie: »Also, jetzt mach mal halblang!«, »Spinn nicht rum«, »Gut ist gut genug«.

Dem Perfektionismus die rote Karte zeigen

Bei der Haltung des Gelassenseins geht es um die innere Einstellung von Eltern. Und hier kommt es besonders aufs Seinlassen an: Die meisten Kinder geraten ganz gut, auch ohne dabei ständig in den rechten Bahnen gehalten und eng geführt zu werden. Zu viel Kontrolle, zu viele Grenzen, zu starke Ambitionen vertreiben den Geist der Gelassenheit, Eltern geraten aus dem Gleichgewicht. Mit ihrer Gelassenheit empfinden und vermitteln Eltern ein Grundvertrauen; sie können locker bleiben und sich auch bei Risikoanzeichen selbst beruhigen: »Ach, das wird schon.«

Das Gras wächst nicht schneller,
wenn man an den Halmen zieht.

Kleine Ausschläge in den roten Bereich bedeuten noch lange keinen Absturz. Es ist nicht zu befürchten, dass das Kind sofort ins Prekariat abrutscht, nur weil es keine Lust hat, Vokabeln zu pauken und mal eine Fünf schreibt. Gelassenheit folgt der inneren Stimme, die vertrauen lässt, und befiehlt der Panikseite, Ruhe zu geben. Mit einer hoffnungsvollen, mal unverkrampften oder lockeren, mal zurückhaltenden Einstellung ruhiger Distanz lassen sich auch schwierigere Familienzeiten überstehen.

Was Gelassenheit verhindert, ist zudem der vergleichende Blick auf andere, vor allem das Messen mit Spitzenreitern. Wehe, wenn sich das eigene Kind nur im Mittelfeld, ja sogar am Ende der Vergleichsgruppe befindet: Schon ist die gelassene Haltung dahin. Alles besonders gut und richtig machen zu wollen kippt leicht in die Idee, das Kind und die Erziehung zu optimieren; das bedeutet Nonstop-Aufmerksamkeit, die stört und Druck erzeugt. Da helfen nur Bewusstmachen und Loslassen! Gelassenheit mit den Komponenten Vertrauen, Ruhe, Achtsamkeit oder Entspannung ist gerade in der heutigen Zeit fürs Familienleben elementar.

> Kinder machen es uns vor, wenn sie trödeln oder sich hingebungsvoll mit Unproduktivem beschäftigen: Das ist Gelassenheit!
> Auch Jugendliche, die sich ja noch in einem anderen Modus befinden, nehmen die verspannten Erwachsenen realistisch wahr und können ihnen wichtige Botschaften übermitteln: Entspannt euch! Nicht so verbissen! Seht nicht alles so verkrampft! Chillt doch mal!

Eltern werden bombardiert mit Angeboten für Kinder, auch mit wohlgemeinten Dingen, die durchaus wertvoll sein können. In der Überdosis aber wird alles Sinnvolle schädlich. Zeitpläne, die schon beim Betrachten zu Burn-out führen, kicken auch bei Eltern den letzten Rest von Ruhe ins Abseits: Denn sie müssen das alles managen, Transporte organisieren, Kontakte halten, die Spezialklamotten waschen. Und wer plant schon fürs Kind die echte Frei-Zeit, die Quellen der Gelassenheit mit ein: Langweil-Zeit? Freie-Entfaltungs-Zeit? Rumhäng-Zeit?

Wer im liebevollen Hinfühlen ans Kind merkt, dass die Dauerbildung stresst und allen Beteiligten das Einfach-Dasein vermiest: Beenden, kürzertreten, abbrechen! Denn ja, es darf auch etwas zu viel sein, wer weiß das schon vorher? Das Kind verträumt spielen zu lassen ist allemal wichtiger als schnell anziehen, losfahren, eine Stunde Kindersingen, zurückfahren, verspannt sein, Stressabbau leisten. Also: Sobald sich etwas angestrengt anfühlt – einfach sein lassen.

FAMILIEN-
BANDE
KNÜPFEN

MEHR GELASSENHEIT IM ALLTAG
– WAS KÖNNEN ELTERN TUN?

* Durchatmen – dreimal tief atmen, um aus der Hektik und den Routinen des Alltags heraustreten zu können.
* Einen Augenblick innehalten: Pause einlegen.
* Sich fragen: Was ist jetzt wirklich wichtig? Wichtiges von Unwichtigem unterscheiden lernen. Was kann gestrichen werden?
* Genussvorsatz: Die nächste Stunde, heute den ganzen Tag, diese Woche … Ihr Kind bzw. Ihre Kinder nur genießen.
* Hinfühlen, sich mitteilen und um Hilfe bitten: Sagen Sie dem Kind, was los ist: Ach, ich bin heute so gestresst, magst du mich mal drücken?
* Unterstützung oder Hilfe von außen holen: den Opa, die Babysitterin, den besten Freund, die beste Freundin …
* Kontrastprogramm aktiv veranstalten – auf die Balance

achten: Jede Leistungseinheit verlangt nach Entspannung im gleichen Umfang.

* Geleistetes und Gelingendes anerkennen: Achten Sie auf den Käse, nicht auf die Löcher!

Präsenz: einfach da sein im Jetzt

Wenn wir beobachten, wie kleine Kinder selbstvergessen und mit ihrem ganzen Einsatz im Sandkasten Sand und Wasser mischen, um Kuchen zu backen; oder wenn die siebenjährige Tochter die Stöckelschuhe der Mutter anzieht, umhergeht und sich im Spiegel betrachtet: In solchen Momenten wird etwas von ihrer selbstverständlichen Freude am Jetzt spürbar. Davon sind Erwachsene meist meilenweit entfernt. Und auch die Kinder entfernen sich. Je älter sie werden, desto mehr müssen sie sich in einem immer engeren und durchstrukturierten Tages- und Wochenablauf zurechtfinden lernen. Schule, Hausaufgaben, Nachhilfe, Klavierüben, danach zum Schwimmkurs, abends noch die Hasen füttern. Da bleibt wenig Raum, um einfach »nur« da zu sein. Hinzu kommen die omnipräsenten Verführungen von Geräten mit Bildschirmen: keine Ruhe, keine Muße, keine Langeweile, kein Moment des Zu-sich-Kommens oder um Löcher in die Luft zu schauen. Auch das Elterndasein, die Fülle der Aufgaben und Pflichten lassen wenig Zeit und Raum dafür.

Das Gehirn hat anscheinend wenig Interesse daran, sich auf das Jetzt einzulassen. Das Denken ist meist entweder in die Vergangenheit oder in die Zukunft gerichtet: erinnerte Situationen, erlebte Kränkungen und Freuden oder erwartete Ereignisse, Auswirkungen von Ärgernissen oder die nächste U-Untersuchung... Währenddessen sitzen wir mit unserem Kind und klatschen in die Hände zu dem Lied »Backe, backe Kuchen«. Das Kind ist mit Hingabe und Freude dabei und strahlt über das ganze Gesicht. Aber wo sind wir wirklich? Wenn wir uns beobachten, sind unsere Gedanken schon wieder damit beschäftigt, den Einkaufszettel zu vervollständigen, oder erinnern uns daran, einen Zahnarzttermin für den Sohn zu vereinbaren. Kinder laden ständig zur Freude am Da-Sein ein. Sie lenken die ganze Aufmerksamkeit auf das, was jetzt ist. Die meisten Eltern kennen das Gegenteil:

Es ist Mittagszeit, die Mutter oder der Vater kommt von der Arbeit nach Hause, hat auf dem Weg noch kurz eingekauft. Schnell umziehen, den Wäschetrockner laufen lassen und kochen. Gleichzeitig klingelt das Telefon und mit der Autowerkstätte ist ein Termin zu vereinbaren. Die Kinder kommen heim, jedes in einer anderen Stimmung, die sich schnell in der Wohnung ausbreitet, genauso wie Schulranzen, Schuhe und Turnbeutel. Das eine Kind erzählt sprudelnd vom Erlebten, und die anderen ziehen sich still in ihr Zimmer zurück, da brennt die Soße an. Der Vater oder die Mutter drängt zur Eile, weil eines der Kinder gleich nach dem Essen zum Kindergeburtstag gefahren werden muss und die pubertierende Tochter lauthals eine Grundsatzdiskussion anzettelt über die Unsinnigkeit der Regel, gemeinsam zu essen.

Um in der Familie Zusammenhalt und Verbindung zu halten, braucht es das Da-Sein im Jetzt, die Präsenz der Eltern mit allen Sinnen und allen Stimmungen. Hier fühle ich den Zorn meiner Tochter, die Freude meines Sohnes über die guten Noten im Sport, und gleichzeitig spüre ich mich selbst und bin beeindruckt, wie es mal wieder möglich war, ein Essen auf den Tisch zu bringen.

ÜBERDRUCKVENTILE FÜR DEN FALL,
DASS DER PEGEL STEIGT

Was heißt das praktisch, ganz da zu sein mit allem, was jetzt ist?

* Eben genau das: sich in dem, was jetzt ist, zu befinden. Und das ist eben der alltägliche Wahnsinn mit der Freude, dem Stress und Ärger, dem »Alles-ein-bisschen-zu-viel«-Gefühl und dem Nicht-nachkommen-Können.

* Hilfreich ist es, davon auszugehen, dass es so, wie es jetzt gerade ist, richtig ist. Das ist jetzt mein Leben. Ich bin am richtigen Ort, am richtigen Platz.

* Im Wahrnehmen und Empfinden der Situation, meiner Stimmung und Verfassung und der gleichzeitigen Wahrnehmung des Kindes oder der Kinder entsteht eine stille Art des Innehaltens. Da ist die Liebe leicht zu spüren – auch wenn gleichzeitig das Nudelwasser überkocht.

* Um diese Qualität des Daseins wiederzufinden, sind Waldspaziergänge, Meditation, Gartenarbeit oder Yoga hilfreiche Mittel.

* In manchen Lebensphasen kann es förderlich sein, Momente der Präsenz zu ritualisieren, also sich bewusst ins Jetzt zu beamen: Als z. B. die Kinder einer Freundin noch klein waren und sie sich immer wieder überfordert fühlte, gewöhnte sie es sich an, jeden Tag für fünf Minuten eine Kerze anzuzünden und nur in die Kerze zu schauen.

11 Bei aller Liebe: Fehler machen!

Kinder machen Fehler, und aus diesen lernen sie. So ist es schön und gut, wenn Kinder viele Fehler machen können und dürfen, und am schönsten ist es, wenn es gelingt, den gemachten Fehler und die Person des Kindes auseinanderzuhalten. Denn wenn Eltern ihre Kinder bewerten, wirkt dies weit in die Beziehung hinein. Im Empfinden des Kindes bezieht sich die Wertung schnell auf die ganze Person. Im Positiven ist das nicht schlimm, aber bei negativen Wertungen klingt mit: »Du bist ein durch und durch schlechter Mensch« – und nicht: »Dieses Verhalten ist es, was mich ärgert, sonst bist du okay.«

Beschämen und Beschimpfen passen nicht zu einer annehmenden Fehlerkultur. Überspitzt gesagt: Wer eine Sauerei veranstaltet, wird deshalb noch lange nicht zur Sau. Damit soll es aber auch schon gut sein mit den Fehlern der Kinder. Viel wichtiger sind die Fehler der Eltern! Denn auch hier lernt das Kind am meisten durch Nachahmung am Modell. Auf Bewertungen zu verzichten erleichtert es Eltern nämlich auch, liebevoll mit den eigenen Fehlern und Schwachstellen umzugehen, und auch diese Haltung bringt eine Spur wohlige Stimmung in die Familie. Kindern tut es gut, zu sehen, dass auch Eltern Fehler machen. Irren ist menschlich! Fehler vergrößern den Horizont, und Umwege erweitern die Ortskenntnis. Eltern brauchen deshalb unbedingt eine gute Portion Mut zur Unvollkommenheit.

Das ist leicht gesagt, denn wir sind in der westlichen Welt darauf geeicht, uns ständig zu verbessern und uns für Fehler zu verurteilen: »Wie konnte ich nur so blöd sein?«, »Das hätte ich nicht machen sollen!«, »Was bist du nur für ein Idiot!«, »Immer bringe ich alles durcheinander«. »Ich hätte es besser wissen müssen«. Deshalb bedeutet es für fast jeden von uns einen großen Schritt, sich Fehler einzugestehen, ohne sich zu verurteilen und dabei in der eigenen Selbstachtung zu sinken.

FAMILIEN-BANDE KNÜPFEN

NOBODY IS PERFECT

Versuchen Sie, bei Fehlern auch liebevoll mit sich selbst umzugehen:

* Nehmen Sie Ihre Fehler als etwas Menschliches an; es ist blöd, aber so etwas kommt vor. Nehmen Sie dabei eine Haltung des Respekts und der Einfühlung für sich selbst ein, ohne Selbstverurteilung, Schuld, Scham und Selbsthass. Sie können sich dabei vorstellen, dass Sie sich selbst in den Arm nehmen.
* Wenn Sie den Fehler wahr- und ernst genommen haben: Schauen Sie dann stärker in die Richtung, in die Sie gern gehen möchten: Was wollen Sie verändern? Wie wollen Sie es künftig gut machen?

Umgekehrt ist es aber leider so: Was dem Prinzip Liebe in der Familie häufig im Weg steht, ist die Idee, beim Erziehen keine Fehler zu machen. Der notwendige kritische Blick auf die Erziehung hat in den vergangenen dreißig, vierzig Jahren deutlich gemacht, dass grobe und anhaltende Fehler von Eltern wie Vernachlässigung, körperliche oder sexuelle Gewalt schlimme Auswirkungen haben können. Solche Erkenntnisse waren und sind wichtig, sie haben allerdings bei nicht wenigen Eltern zu Verunsicherung geführt. Sie wollen alles genau richtig machen, und Tipps, Kurse und allgegenwärtige Ratgeber in den Medien versuchen, Eltern einzureden, Fehler seien gänzlich zu vermeiden. Damit entschwindet auch der letzte Rest von Entspannung und Gelassenheit. Wer daran glaubt, kommt unter Druck, und der ist für die Beziehung und für das Lieben in der Familie überhaupt nicht gut.

Im Zusammenhang mit Fehlern finden sich – zugespitzt formuliert – bei Eltern zwei Formen des Größenwahns: einerseits die Vorstellung, tatsächlich alles immer richtig machen zu können, was wegen der Komplexität von Erziehung und einfach, weil Eltern Menschen sind, niemals funktionieren kann. Andererseits befürchten Eltern, schon ein kleiner Fehler könne das Kind zerstören, mindestens aber deformieren oder die ganze Erziehung »verderben«. Das sind völlig überzogene Vorstellungen; zwar gibt es natürlich auch Vorfälle, die für Kinder heftig oder traumatisierend sind, im Wesentlichen zählt aber nicht der Einzelfall, sondern das Gesamte. Jedenfalls sind beide Fantasien für die Familie schlecht, denn Perfektionismus und Fehlervermeidungsstress lassen kaum Platz für liebevolle Nähe.

(Nicht) alles ist machbar

Ein Credo der Moderne lautet: Alles ist möglich, es muss nur richtig angepackt werden! Das mag für die Wirtschaft hilfreich sein, doch in Bezug auf Kinder und Erziehung stößt die Idee der Machbarkeit schnell an Grenzen. Mit der Haltung, das Kind und die Erziehung seien zu optimieren, wird ein Kind zum Projekt, das wie eine Anschaffung, die Karriere oder der Ausbau des Dachstuhls verfolgt wird.

Sicher brauchen Kinder engagierte und informierte Eltern. Aber Machbarkeit ist eine einseitige Vorstellung, die eigensinnige Entwicklung und das spontane Entstehen unterschlägt. Sie sabotiert dabei den organischen Zusammenhalt in der Familie. Denn mit der Idee des Machenkönnens baut sich allmählich eine immer höhere Erwartung ans Kind auf: Ich habe so viel investiert, jetzt sei gefälligst auch perfekt. Gleichzeitig setzt sie Eltern unter Druck, denn natürlich müssen auch sie alles genau richtig machen.

AUS DER FAMILIENWISSENSCHAFT

Helikoptereltern kreisen stets über ihren Kindern, sie umschwirren und überwachen und ersparen ihrem Nachwuchs jede unangenehme Erfahrung. Sie beobachten alles und mischen sich permanent ein, oder sie warnen vor jedem noch so kleinen Risiko. Kinder werden dadurch ängstlich und zögerlich, sie trauen sich wenig zu, und es kann lange dauern, bis sie selbstständig werden; andere verstehen sich als Mittelpunkt der Welt, weil sie es von ihren Eltern nicht anders kennen.

Der Begriff ist inzwischen weit verbreitet, dennoch: Die allermeisten Eltern bleiben auf dem Boden und normal. Wirkliche Helikoptereltern sind selten, genauso wie echte Überehrgeizige. Es zeigen sich aber Tendenzen in diese Richtung. Und das Hauptproblem: Die Extremen artikulieren sich lauter und heizen Stimmungen an. Sie brauchen die Korrektur von Normaleltern ohne Flügel und Rotoren.

Wenn Menschen sich als unfehlbar inszenieren, ist das ganz verdächtig, weil es Täuschung oder Selbsttäuschung vermuten lässt.

Aber auch bei weniger extremen Fällen empfiehlt es sich, die eigene Einstellung zu verändern und sich zu lockern. Das gelingt gut als Erlaubnis, mit zwei Erklärungen, die sich Vater oder Mutter vornehmen und mit sich selbst oder dem Partner vereinbaren können:

FAMILIEN-BANDE KNÜPFEN

ABSICHTSERKLÄRUNG

1. Wir wollen mit dem Kind liebevoll umgehen, wir wollen es liebevoll begleiten und erziehen. Sofern es dem Kind nicht gut geht, weil ich oder wir nicht gut mit ihm umgehen, wollen wir aufmerksam sein, dass uns das auffällt. Wir werden uns dann verantwortlich darum kümmern – also z.B. mit anderen Menschen darüber reden oder Erziehungsberatung in Anspruch nehmen.

2. Wir wollen auch Fehler machen dürfen, weil es nicht möglich ist, alles richtig zu machen, auch beim Erziehen. Wir wollen uns deshalb keine Schuldgefühle machen. Fehler sind notwendig, um sich weiterzuentwickeln; Eltern lernen aus Fehlern, dazu sind sie da und wertvoll. Diese Chance wollen wir nutzen.

Ohne dass Kinder hinfallen, lernen sie nicht laufen. Das gleiche Prinzip gilt auch für die Elternliebe. Und es hilft der Gelassenheit, zu sehen, dass einzelne Fehler gar nicht so dramatische Wirkungen zeigen oder sogar einfach wiedergutgemacht werden können. Kein Vater, keine Mutter ist fehlerlos.

Fehler im Erziehungsalltag sind gut, denn Fehler sind vor allem Erfahrungen. So, wie Kinder aus Fehlern lernen, tun das ihre Eltern auch. Durch ihre Kinder und mit ihnen entwickeln sie sich aus ihren Fehlern heraus, ohne Fehler blieben sie stecken. Eltern müssen nicht perfekt sein, gut genug reicht völlig aus. Keine Fehler machen zu wollen oder zu dürfen schränkt Eltern in ihrem Handeln ein nach dem Muster: »Lieber mache ich gar nichts, als einen Fehler zu machen.« Oder sie müssen sich dauernd überwachen, eine Haltung, die sich leicht auch auf andere überträgt: Dann geraten auch die Kinder unter Dauerkontrolle – eine wenig liebevolle Vorstellung.

Kinder können eine Menge Fehler aushalten. Und sie lernen am Modell, wie mit Fehlern gut umgegangen werden kann.

Fehler können auch wieder ausgebügelt werden: »Tut mir leid, das war mein Fehler«, »Entschuldige bitte, da habe ich mich ganz zu Unrecht aufgeregt«. Wenn Eltern sich und dem Kind gegenüber einen Irrtum eingestehen, sich entschuldigen und damit Verantwortung übernehmen, können Kinder das auch. Dann haben Kinder auch keine Probleme mit Fehlern der Eltern (im anderen Fall bekommen sie Schuldgefühle). Und nicht zuletzt ist es für den liebevollen Umgang der Eltern mit sich selbst bedeutsam, sich Fehler zu verzeihen. Das wirkt sich auch auf die Beziehung zum Kind aus, weil sie dann auch dem Kind leichter vergeben können.

RÜCKBLENDE

Beim Entspannen und der fehlerfreundlichen Haltung hilft auch der Gedanke an die eigenen Eltern: Meistens waren sie ebenfalls völlig unperfekt. Und dann der Schwenk auf sich selbst: Dennoch – oder vielleicht gerade deshalb – ist aus Ihnen etwas geworden: nämlich Sie selbst, ein doch ganz passabler Mensch!

Fehler gehören dazu

Fehler kommen also vor, Eltern erkennen sie oder werden vom Kind, von der Partnerin oder vom Partner darauf hingewiesen. Und dann? Natürlich müssen sie wahrgenommen und akzeptiert werden. Es geht bei der Fehlerfreundlichkeit nicht um das Übergehen von Fehlern, nicht um eine »Egal-Haltung«, sondern um Annehmen und Sich-damit-Auseinandersetzen.

Je nach Größe des Fehlers oder seiner Folgen brauchen auch Erwachsene Konsequenzen: eine Entschuldigung oder Wiedergutmachung. (Aber wie bei Kindern auch: keine Strafe!) Konsequenzen helfen dabei, keine Schuldgefühle aufzubauen und nicht in ihnen stecken zu bleiben. Nach dem Erkennen von Fehlern, nach der Wiedergutmachung oder der Entschuldigung, nach dem Lernen aus dem Fehler kann dann wieder nach vorn geschaut werden: Wie werde ich es künftig besser machen?

Menschen entwickeln sich ständig weiter, und damit verändern sich auch Einstellungen, Meinungen und Haltungen. Damit kann sich das, was vor zehn oder zwanzig Jahren für Liebe gehalten wurde, als Idealvorstellung, Sicherheitskonzept oder gut getarnte Angst erweisen. So kann es sich nach Jahren herausstellen, dass der 25-jährige Sohn seinem Vater erklärt, was ihn als kleinen Jungen verletzt hat. Obwohl der Vater aus Liebe handelte – oder aus dem, was er damals für Liebe hielt – und das tat, was er für das Richtige hielt, fügte er dem Jungen Schmerz zu. Größere Fehler, schlimme Kränkungen oder Verletzungen kommen oft erst viel später ans Licht oder auf den Tisch. Manchmal erkennen Väter und Mütter das selbst, schämen sich dafür oder bekommen Schuldgefühle. Das Erkennen ist ein guter, sinnvoller Schritt; Scham und Schuld dagegen führen nicht weiter, und besser ist es, aktiv die Verbindung zum Kind aufzunehmen, das falsch behandelt wurde. Dann kann die Erkenntnis mitgeteilt und nach dem Erleben des Kindes gefragt werden, vielleicht finden sich auch die Gründe für das fehlerhafte Verhalten. Auch Kinder werfen – Jahre später – ihren Eltern Fehler vor; vieles haben Eltern nicht geahnt (und sich bemüht, ganz andere Fehler zu vermeiden). Auch wenn das schmerzhaft ist: Solche Eröffnungen sind immer eine heilsame Chance und stärken den Zusammenhalt in der Familie.

FAMILIEN-BANDE KNÜPFEN

INS JETZT GEHEN

Wenn Eltern auf Verletzungen hingewiesen werden, die sie ihren Kindern früher zugefügt haben, ist es hilfreich, ins Jetzt zu gehen.

Jetzt höre ich mir in Ruhe an, wie mein Kind die Situation und mein Verhalten damals erlebt hat. Jetzt bin ich neugierig und höre zu. Mein Interesse und meine Aufmerksamkeit gelten ganz meinem Kind. Ich gebe ihm den Raum, zu erzählen, um das Belastende auf den Tisch bringen zu können.

Gleichzeitig beobachte ich mich genau: Vielleicht tauchen Gedanken des Bedauerns auf oder abwehrende Gefühle, die mir unangenehm sind, wie Schuldgefühle oder Scham. Während ich das alles weiter zur Kenntnis nehme, höre ich dem Kind zu.

* Es ist hilfreich, keine Rechtfertigungsversuche zu unternehmen. Ich kann aber in mir nachspüren und herausfinden, weshalb ich so gehandelt habe: ohne Vorwurf und Selbstverurteilung.
* Nun kann ich meinem Kind mitteilen, weshalb ich mich so verhalten habe. Oft stellt sich an dieser Stelle heraus, dass die Mutter/der Vater damals so handelte, weil sie/er keine andere Möglichkeit gesehen hat. Eine Erklärung, was zu dem damaligen Verhalten geführt hat, sowie das Mitteilen von aufrichtigem Bedauern können für das Kind und für die Eltern heilend wirken.
* Eltern können und sollen sich entschuldigen für das, was sie absichtlich oder ohne besseres Wissen ihren Kindern angetan haben. Sie brechen sich dadurch keine Zacken aus der Krone. Im Gegenteil: Sie begeben sich mit ihrem Kind auf eine Ebene und zeigen sich von ihrer begrenzten menschlichen Seite. Damit kann sich die Verbindung, die damals abgerissen war, wiederherstellen.
* Es erfordert Mut und Stärke, sich von der unvollkommenen Seite zu zeigen und diese auch zu benennen. Darin können Eltern den Kindern Vorbild sein. Meist wissen Kinder ohnehin um diese Seiten ihrer Väter und Mütter und sind froh, wenn sie auch von den Eltern selbst als deren Mangel benannt werden.

12. Familie macht Spaß

Wenn wir kleine Kinder beobachten, fällt eines ganz besonders auf: Sie lachen viel, freuen sich, sie suchen den Spaß. Ihre Lachfreude ist ein Geschenk an Erwachsene. Je älter Kinder werden, desto weniger haben sie zu lachen. Und irgendwann ist ihnen der Spaß vergangen. Sie sind im Ernst des Lebens angekommen. Ist das nicht traurig? Doch, das ist es. Etwas wirklich Wichtiges für die Liebe, was zum Schluss nicht vergessen werden darf, ist deshalb der Humor!

Viele Menschen in der westlichen Welt neigen dazu, alles sehr ernst zu nehmen (die Deutschen, Schweizer und Österreicher vielleicht noch mal ganz besonders?). Die Tochter pinkelt im Kindergarten in die Hose, der Sohn sagt ein böses Schimpfwort? Sehr bedenklich! Eine Quengelattacke vor der Supermarktkasse? Schlimmer Fall von Elternversagen! Da reckt sich ein Zeigefinger in die Höhe, und Gesichter werden ernst. Das böse Schimpfwort oder die Rangelei lassen Absturzfantasien entstehen, jede Drei im Zeugnis wird als ernster Hinweis auf eine spätere Hartz-IV-Karriere gedeutet. Die Lehrerin holt nicht das letzte Leistbare aus der Klasse heraus? Da machen wir uns ernsthaft Sorgen um die Zukunft des Kindes. Der Lehrer hat den frechen Sohn vor die Tür gestellt? So geht das aber wirklich nicht! Kinder spüren es, dass das Zusammensein mit solchen essigsauren Erwachsenen wenig Spaß verspricht. Ernsthafte Verbohrtheit fühlt sich so gar nicht nach Liebe an.

Pestalozzi soll sinngemäß gesagt haben: »Lache dreimal am Tag mit deinem Kind, dann geht es dir gut!« Dreimal, so viel? Viele Eltern tun sich schon mit einmal schwer! Dabei ist – mit etwas Abstand betrachtet – vieles im Zusammenleben mit Kindern wirklich lustig. Es passieren Missgeschicke, Witze werden erzählt, Schlüpfrigkeiten ausgetauscht, Kinder ziehen ihre Eltern auf oder in eine lustige Szenerie mit hinein (»Sag mal Wolle!« »Wolle!« »Drei Minuten Pupskontrolle!« – und schon kriegen sich die Kinder nicht mehr ein vor Lachen, oder: »Sag mal Keks!« »Keks!« »Bin schon unterwegs.«, und wieder: voller Lacheffekt beim Kind).

Die Fähigkeit, Humor zu verstehen, reift mit dem Alter des Kindes. Babys und kleinere Kinder lachen, wenn sie berührt oder gekitzelt werden. Kitzeln als Spaßauslöser hält an, es ist auch als Form des Raufens dienlich. Sobald die Kinder laufen und immer mehr verstehen können, wird gegenständlicher Humor entdeckt und beliebt: Dinge verstecken oder verwechseln, z. B. den Handschuh ans Ohr hängen. Mit zwei, drei Jahren kommt der Sprachwitz hinzu. Auch Tabuwörter, die normal nicht gesagt werden dürfen, und Worte aus dem Fäkalbereich werden lustig. Im Alter von drei bis fünf Jahren verstehen Kinder Absurdes; unerwartete oder unrealistische Humorformen sind komisch, etwa Geschichten von Schweinen, die plötzlich sprechen können. Im Grundschulalter entwickeln Kinder die Freude an Scherzfragen, auch deshalb, weil sich das Kind überlegen fühlen kann, wenn es die Antwort kennt und andere nicht. Witze werden lustig, deren Pointe das Kind allerdings oft noch gar nicht richtig versteht. Die Reife dazu ist erst ab ca. 10 Jahren vorhanden, und auch Sarkasmus und Ironie entwickeln sich erst in dieser Zeit. Ab der Pubertät wird auch der Humor subtiler und origineller, sodass Erwachsene und Jugendliche über dasselbe lachen können.

Neulich in Italien, es ist schon ziemlich spät (Morgen ist doch Schule? Bedenklich, sagt der Deutsche). Drei Jungs spielen auf dem Rathausplatz Fußball (Hier wohnen doch Leute, dieser Lärm!). Da geht ein starker Schuss daneben und trifft das Auto, in dem ein älterer Herr sitzt. Einer der Jungen läuft hin, der Mann lässt die Scheibe runter, macht freundlich eine offenbar lustige Bemerkung, der Junge lacht, läuft wieder weg, die Sache ist erledigt, und die Jungs spielen weiter. Vielleicht ein kleines bisschen vorsichtiger, zumindest in der Richtung, in der das Auto steht.

Abstand ist das Gegenteil von ernst und verbohrt. Humor bringt Distanz zur Situation, nicht aber zu den Menschen; durch Humor werden Gemeinschaft und gegenseitiges Verstehen erkennbar. Ein feiner, wichtiger Unterschied: Humor ist liebevoll und mitfühlend, er unterscheidet sich vom Lächerlichmachen, von Sarkasmus oder Zynismus. Beim Humor geht es um gemeinsames Lachen, nicht um Auslachen und Abwerten, nicht um Lachen auf Kosten anderer. Humor verweist auf liebevolle Qualitäten: auf Selbsterkenntnis, Zuversicht und Solidarität mit den Kindern. Humor und gemeinsames Lachen helfen dabei, Gemeinschaft zu bilden. Objektiv messbar bringt Humor auch wirklichen Nutzen. Er hilft dabei, Anspannung abzubauen, Fehler zu akzeptieren, und ist ein Bekenntnis zur Unvollkommenheit.

> *Gemeinsames Lachen verringert Ängste, weckt innere Kräfte und ist psychisch und körperlich gesund.*

Das Problem: Dauergestresste, verspannte Eltern können kaum humorvoll sein. Der Unterschied ist oft im Urlaub zu erkennen.

Wenn die Entspannung kommt, wird plötzlich viel mehr gelacht. Umgekehrt tragen Lachen und Humor zur Entspannung bei. Deshalb raten wir auch im Alltag zu mehr Humor. Das Leben ist schließlich ernst genug.

FAMILIEN-
BANDE
KNÜPFEN

LACHÜBUNGEN

* »Lachverbot« spielen viele Kinder gern: Sie fassen sich ans Kinn, schauen sich fest in die Augen und machen ein ernstes Gesicht. Manchmal sind Grimassen erlaubt. Wer zuerst lachen muss (sobald die Zähne sichtbar werden), hat verloren bzw. bekommt einen Minuspunkt.

* Das alte Kindergeburtstagsspiel »Armer schwarzer Kater«, bei dem ein ausgewähltes Kind denjenigen, der den Kater spielt, über Wange, Kopf oder Rücken streichelt und dreimal deutlich »Armer schwarzer Kater« sagen muss, ohne dabei zu lachen. Der Kater versucht, das Kind mittels Grimassen, Fauchen, Miauen oder lustiger, katzenartiger Bewegungen zum Lachen zu bringen. Schafft er es, ist das nächste Kind an der Reihe.

* Lachen steckt an – das ist erwiesen und lässt sich für eine schöne Übung in der Familie nutzen, aber besonders auch in einem vollen Bus oder Zug (Achtung: Für größere Kinder kann das peinlich sein). Das Vorgehen ist ganz einfach: Eine Person beginnt zu lachen, erst dezent, dann immer offensiver und heftiger, und sie lacht so lange, bis andere nicht anders können, als mitzulachen (es kommt aufs Durchhalten an). Wirkt wie unfreiwilliges Lachyoga.

Humor ist, wenn Mama trotzdem lacht

Guter Humor ist ein Ausdruck für die Liebe, und er braucht Wohlwollen, damit er nicht zynisch, abwertend oder verletzend wirkt. Hilfreich als Konfliktschlichtung: erst mitfühlen, dann, auf dem Weg der Besserung, mit Humor auflockern. Aber bitte auch hierbei nicht perfektionistisch und verbissen werden – dabei vergeht der Spaß, und meistens ist es nicht so schlimm, wenn der Humor auch mal danebengeht. Kinder freuen sich auch daran und geben, besonders gern in der Pubertät, ihrerseits witzige oder bissige Bemerkungen ab (»Haaahaa!!«; »Das war wohl ein kalter!«; »Das ist nicht witzig« …).

Beim Humor geht es nicht um das Überspielen oder Übergehen schwieriger Situationen, auch nicht um Spaß um jeden Preis in traurigen Lebenslagen, aber es darf viel mehr spürbar werden: Es ist schön, dass wir leben, dass wir gesund sind, dass wir uns haben, dass lustige Geschichten erlebt werden und peinliche Dinge passieren, über die wir hinterher lachen können, oder dass Schwieriges überstanden ist.

Humor hilft also, aber wie kann er im Alltag mehr verankert werden? Ganz einfach: atmen, lockern, anfangen und ausprobieren! Haben Sie Mut zum Scheitern, so ca. jeder dritte Joke darf ein Rohrkrepierer sein. Und wenn es nicht gleich klappt, kreativ sein und etwas anderes versuchen!

»Ich erzähl dir 'nen Witz«

Witze erzählen
Die Kinder hängen demonstrativ schlecht gelaunt die Wäsche auf. Nicole kommt dazu und sagt: »Hey, hier ist ja eine klasse Stimmung, die reinste Party! Kennt jemand einen guten Witz? Nein? Ich erzähl euch mal einen: Was ist grün und fährt immer hoch und runter, hoch und runter? Wisst ihr nicht? Eine Erbse im Fahrstuhl!«

Übertreiben
Schon wieder hängt die Jacke nicht am Haken, sondern liegt auf dem Sofa. Raoul kommt herein, sein Vater wirft sich vor ihm auf den Boden, küsst seine Füße und fleht ihn an: »Bitte, bitte, bitte, großer Meister der Ordnung, hänge deine Jacke an den Haken!«

Typisches ins Komische überziehen
Mama hat gern einen hübsch und ordentlich gedeckten Tisch, aber wieder haben die beiden Söhne nur schluderig und unvollständig gedeckt. Sie sitzen schon hungrig und erwartungsfroh am Tisch, da händigt Mama, die sich gern Listen macht, wenn sie viel zu erledigen hat, den beiden mit ernster Miene eine Checkliste fürs korrekte Tischdecken aus, zusammen mit einem Schreibbrett und einem Stift zum Abhaken.

Zustimmung statt Widerspruch

»Du bist so streng, nie darf ich was!« »Ja, stimmt, so bin ich! Total streng. Und sogar das Nie-was-Dürfen verbiete ich dir hiermit ausdrücklich. Schluss, aus, fertig und bloß keine Widerrede!«
Paradoxer Humor
Immer wieder wird über die Minimalformen des »anständigen« Essens gerungen (»Marlene, nimm besser das Besteck.« »Jakob, bitte!«). Die Eltern führen zur Entlastung einen »Schwei-

netag« ein, an dem keine Tischregeln mehr gelten; Wachstuch-
tischdecke und Plastikgeschirr werden gedeckt, und alles ist
erlaubt: mit den Fingern essen, kleckern, matschen, Saft übers
Essen gießen, mit vollem Mund reden, bis das Essen rausfällt,
Knochen auf den Tisch werfen, Essen ins Gesicht, die Haare,
die Klamotten schmieren – wunderbar. Und die Eltern voll mit
dabei. Wirklich schlimm ist es nicht, es geht selten bis zur Ekel-
grenze, aber die pure orale Lust, mit Spaß ausgelebt. Danach
ist es auch wieder gut – aber immer wieder fragen die Kinder
mit leuchtenden Augen: Machen wir mal wieder einen Schwei-
netag? Und noch als die Kinder erwachsen sind und selbst auf
Tischmanieren achten, wird von den legendären Schweineta-
gen gesprochen.

///////////////////////////////

Die Kinder streiten sich hörbar und wüst miteinander, da werden sie zum Essen gerufen. Bemerkung des Vaters, als sie sich
setzen: »Ah, ich hab's gehört: Ihr hattet es gerade schön miteinander. Keine Angst, gleich nach dem Essen dürft ihr damit
weitermachen.«

Wortspiele
Svenja kommt zu spät nach Hause. Ihre Mutter: »Gut dass du
jetzt da bist. Aber morgen Abend nimmst du besser einen Me-
terstab mit.« »Wieso?« »Dann kannst du genau sehen, wie lang
du wegbleiben darfst.«

///////////////////////////////

»Krieg ich noch ein Eis?« »Nein, weil ich dich jetzt beiß'!«

Nonsens produzieren
Dinge tun, die wirklich völlig blödsinnig sind, um die Luft aus
einer angespannten Situation rauszunehmen: bei offensicht-
licher Langeweile auf einem Bein im Kreis hüpfen, den Putz-
handschuh aufblasen und andere damit antatschen, sich am
Ohr ziehen und dabei seltsame Geräusche machen. Oder wie

ein Waldschrat lachen, während die Spülmaschine eingeräumt wird.

Idiotische Ratschläge geben

Max gibt sich gern weinerlich und hilflos, er erwartet, dass ihm sein Vater sagt, wie er seine Aufgaben erledigen soll – um dann hinterher nachzuweisen, dass es so nicht gehen kann, und immer weiterzuquengeln. Darauf hat sein Papa keine Lust. Max (weinerlich): »Ich hab wieder so viele Hausaufgaben und will mit Mattis spielen. Wie soll ich das denn machen?« Sein Vater, ganz ernsthaft: »Am besten ziehst du dir erst mal einen Helm auf.« »Hä?« »Ja, genau, pass auf: Und dann legst du die Schutzbrille an und ziehst dir Arbeitshandschuhe über.« »Du bist blöd!« »Stimmt. Nein, anderer Vorschlag, das ist besser: Hol gleich die Schubkarre aus dem Schuppen. Und eine Schaufel.« Max lacht kurz und milde, zeigt den Vogel, geht in sein Zimmer und fängt an, die Hausaufgaben zu machen.

Fantasie statt Panik

Manche Situationen sind absehbar. Anstatt voller Angst darauf zu warten, dass sie wieder eintreffen, lohnt es sich, den eingefahrenen Ablauf mit humorvoller Fantasie vorab zu verändern: »Mama, krieg ich heute ein Eis?« »Nein, aber du kannst schon mal vorgehen zur Kasse und dich auf den Boden schmeißen und laut rumschreien! Ich hol dich dann ab, wenn du fertig bist.«

Verwirrung schaffen

Tobi will sich nicht anziehen und macht damit gern Druck und Aufstand. Als es wieder losgeht, stellt sich seine Mutter neben sein Bett und beginnt in aller Ruhe, sich auszuziehen. Tobi ist sichtlich verwirrt und kann mit der Situation nichts mehr anfangen. Dann legt sie sich in Unterwäsche zu ihm ins Bett und sagt keinen Ton mehr. Bis beide lachen müssen und er kurz darauf von selber aufsteht und sich anzieht.

Nachwort

Wir kommen ans Ende unserer Gebrauchsanweisung für Familien und hoffen nun auf die gute Wirkung: dass es gelingt, Familien in liebevoller Verbindung zu halten. Wir wünschen uns, dass durch unser Buch deutlich wurde, was wir auch aus unserer Arbeit heraus sagen können: Familie ist möglich. Auch heute und unter veränderten Bedingungen.

Dass mit dem Prinzip Liebe etwas Weites gemeint ist, das viel mehr enthält als nur angenehme Situationen und Gefühle, ist der Ausgangspunkt aller Kapitel dieses Buches. Familienliebe spricht unterschiedliche, auch widersprüchliche Emotionen an, sie ist Erfahrung, Geisteshaltung und Aktivität in einem. Und immer wieder zeigt sich, dass die Bereitschaft zur Selbsterkenntnis und Selbstreflexion hilfreich ist: Dann können die Einflüsse, die sich hinderlich auf die Beziehung auswirken, erkannt und für das Lieben gewendet werden.

Der Ertrag dieser Bereitschaft ist eine Vertiefung der Liebe und der Beziehungen in der Familie, und das macht glücklich – Eltern wie Kinder. Immer wieder fordern Kinder ihre Eltern heraus und testen, ob die Beziehung auch wirklich hält und trägt, und immer wieder führt das zu Zerreißproben und Grenzerfahrungen. Wenn es Eltern gelingt, die Beziehung zu halten, dann werden Liebe und Verbindung gestärkt. Gerade in den Herausforderungen des Liebens in der Familie ist immer wieder Mut gefordert: zu Wahrhaftigkeit, zu Vertrauen, zum Frieden und auch zur Begegnung mit den eigenen Ängsten.

Ihre Familie und die Liebe, die sie zusammenhält, sind für Kinder elementar wichtig. Über die Liebe als Kern und Kraftstoff der Familie zu sprechen entzaubert sie nicht. Im Gegenteil: Der Zauber der Liebe kann gerade durch Ansprechen und Thematisieren in den Familien noch wirksamer werden. Die Liebe in ihren Ausdrucksformen zu erkennen und zu verstehen, sie aus dem Diffusen ans Licht zu holen hilft, ihre positive Wirkung zu entfalten. Im besten Fall wirkt die Liebe in der Familie einfach so aus sich heraus, aber sie ist auch Aktivität und bewusstes Handeln: Ohne etwas zu tun, kann die Liebe weniger werden oder zumindest ihre Potenz nicht entfalten. Und sogar dort, wo das Prinzip Liebe in einer Familie zunächst nicht so stark zum Vorschein kommt, kann sich durch ein Verstärken des »Beziehung-Tuns« viel entwickeln.

Wir wünschen allen Eltern den Mut, offen zu ihrer Liebe zu ihrem Kind und zu ihrer Familie zu stehen, sie, wenn es sein muss, zu verteidigen, darüber zu reden – und die Zuversicht, dass auch ihre Schwächen und Fehler, genauso wie die ihrer Kinder, in der Liebe aufgehoben sind. Auf unserem Weg zum besonderen Wesen der Familie haben wir viel verstanden von der Liebe in ihr. Wir hoffen, Ihnen als Leserin und als Leser ging es mit unserem Buch genauso.

Jetzt können wir sie wieder los- und selbst wirken lassen, ohne sie ganz bis ins kleinste Detail durchdrungen zu haben: Man muss das Feuer kennen, aber nicht bis ins Letzte verstehen, um sich daran zu wärmen.

Zum Weiterlesen

Literaturnachweise, zitierte und verwendete Literatur

BMJ-STUDIE: Die Lebenssituation von Kindern in gleichgeschlechtlichen Lebenspartnerschaften, Bayrisches Staatsinstitut für Familienforschung an der Universität Bamberg (ifb)
und Bayrisches Staatsinstitut für Frühpädagogik München
(ifp) in: Rupp, Marina (Hg.): Die Lebenssituation von
Kindern in gleichgeschlechtlichen Lebenspartnerschaften.
Bundesanzeiger Verlag, Köln 2009.

CHÖDRÖN, Pema: Tonglen. Der tibetische Weg, mit sich und
anderen Freundschaft zu schließen. Freiamt: Arbor, 2001

CHÖDRÖN, Pema: Geh an die Orte, die du fürchtest. Freiamt:
Arbor, 2007

FAMILIEN- UND SOZIALVEREIN DES LESBEN- UND SCHWU-
LENVERBANDES IN DEUTSCHLAND E.V. (Hrsg.) (2014):
Regenbogenfamilien. Alltäglich und doch anders. Köln
(Eigenverlag) 2014

FROMM, Erich: Die Kunst des Liebens. Berlin: Ullstein, 2005

HERBERTZ-FLOSSDORF, Michaela: Regenbogenfamilie werden
und sein. Hrsg. von der LAG Lesben in Nordrhein-Westfalen
e.V. Düsseldorf: LAG Lesben in Nordrhein-Westfalen, 2012

HORN, Helena: Wie Mondrian Ihr Leben verändern kann.
Downshifting – die neue Einfachheit. Weinheim und Basel:
Beltz, 2014

HURRELMANN, Klaus/ALBRECHT, Erik: Die heimlichen

Revolutionäre. Wie die Generation Y unsere Welt verändert. Weinheim und Basel: Beltz, 2014

INSTITUT FÜR DEMOSKOPIE ALLENSBACH: Vorwerk Familienstudie 2010. Allensbach: Institut für Demoskopie, 2010

IRLE, Katja: Das Regenbogen-Experiment. Sind Schwule und Lesben die besseren Eltern? Weinheim und Basel: Beltz, 2014

JUUL, Jesper: Aus Stiefeltern werden Bonus-Eltern. Chancen und Herausforderungen für Patchwork-Familien. Weinheim und Basel: Beltz, 2015

SPANGLER, Gottfried/ZIMMERMANN, Peter: Die Bindungstheorie. Grundlagen, Forschung und Anwendung. Stuttgart: Klett-Cotta, 2011

Zum Nach- und Weiterlesen

BERGMANN, Wolfgang: Die Kunst der Elternliebe. Weinheim und Basel: Beltz, 2011

JUUL, Jesper: Nein aus Liebe. Klare Eltern – starke Kinder. Weinheim und Basel: Beltz, 2014

JUUL, Jesper: Elterncoaching. Gelassen erziehen. Weinheim und Basel: Beltz, 2014

KORCZAK, Janusz: Wie man ein Kind lieben soll. Göttingen: Vandenhoeck & Ruprecht, 2014

RIEMANN, Fritz: Die Fähigkeit zu lieben. München und Basel: Ernst Reinhardt, 2013

SCHMID, Wilhelm: Gelassenheit. Was wir gewinnen, wenn wir älter werden. Berlin: Insel, 2014

STRÄSSLE, Thomas: Gelassenheit. Über eine andere Haltung zur Welt. München: Hanser, 2013

WINTER, Reinhard: Jungen. Eine Gebrauchsanweisung. Weinheim und Basel: Beltz, 2014

WINTER, Reinhard: Jungen brauchen klare Ansagen. Ein Ratgeber für Kindheit, Schule und die wilden Jahre. Weinheim und Basel: Beltz, 2014

Lesetipps für Eltern als Paare:

KOCH, Claus/STRECKER, Christoph: Kindern bei Trennung und Scheidung helfen. Psychologischer und juristischer Rat für Eltern. Weinheim und Basel: Beltz, 2014

JELLOUSCHEK, Hans: Liebe auf Dauer. Was Partnerschaft lebendig hält. Freiburg: Herder, 2010

MOELLER, Michael Lukas: Die Wahrheit beginnt zu zweit. Reinbek: Rowohlt, 2010

MOELLER, Michael Lukas: Die Liebe ist das Kind der Freiheit. Reinbek: Rowohlt, 2011

SCHELLENBAUM, Peter: Das Nein in der Liebe. München: Deutscher Taschenbuchverlag, 2013

SCHMIDBAUER, Wolfgang: Lässt sich Sex verhandeln? Die großen Fragen der Liebe. Gütersloh: Gütersloher Verlagshaus, 2009

Beratungsstellen und Internetadressen

Erziehungsberatungsstellen gibt es in vielen Städten und Landkreisen (zu finden im Telefonbuch oder im Internet). Die Bundeskonferenz für Erziehungsberatung e.V. ist der Fachverband für die Erziehungs- und Familienberatung. Im Internet findet sich dort auf der Homepage www.bke.de unter der Rubrik »für Ratsuchende« eine Beratungsstellen-Suche nach Postleitzahlen.

Zudem wird Erziehungsberatung von den Trägern der freien Wohlfahrtsverbände (Caritas, Diakonie, Arbeiterwohlfahrt) und anderen Trägern in Ehe-, Familien- und Lebensberatungsstellen angeboten. Hier können sich Eltern und Kinder oder Jugendliche beraten lassen. Die Beratung ist meist kostenfrei.

Auch Jugendämter beraten Familien und bieten Eltern Unterstützung und Hilfe zur Erziehung an oder vermitteln an geeignete andere Anbieter weiter.

Mütter- und Familienzentren: In Deutschland gibt es über 400 Familien- und Mütterzentren; Väterzentren finden sich seltener, z.B. in Berlin oder in Köln; manchmal gibt es auch Mütter-Väter-Zentren, z.B. in München, Leer, Barßel oder Rosenheim. Das Familien- oder Mütterzentrumskonzept findet sich auch in Österreich und der Schweiz. Die Anschriften der Einrichtungen können Sie über Ihr örtliches Jugendamt, das Kreisjugendamt oder auch über das Internet herausfinden.

Familienwegweiser im Internet: Das Bundesministerium für Familie, Senioren, Frauen und Jugend unterhält einen Familienwegweiser, wo vielfältige Informationen zu Familienthemen und -fragen abgerufen werden können: www.familien-wegweiser.de

Elterntelefon: Das vom Bundesfamilienministerium geförderte Elterntelefon, die Nummer gegen Kummer e. V., ist ein Angebot an Mütter und Väter, sich unkompliziert konkrete Ratschläge zu holen. Am Elterntelefon können sie über ihre Sorgen oder Unsicherheiten im Umgang mit Kindern sprechen sowie Tipps und Unterstützung erhalten. Zu erreichen ist das Elterntelefon unter der Rufnummer 0800-1110 550.

Speziell für **Väter** gibt es z. B. die Internetseiten www.vaeter-zeit.de und www.vaternetz.de, die auch Erziehungs- und Familienthemen speziell für Väter aufbereiten.

Familienbildung: Familienbildungsstätten freier Träger, der Kirchen oder der Volkshochschulen bieten Vorträge, Kurse und Informationen zur Familienbildung. Die Einrichtung Ihres Ortes finden Sie im Telefonbuch oder bei den Jugendämtern. Auf der Homepage der Bundesarbeitsgemeinschaft Familienbildung & Beratung e. V. www.familienbildung.de stehen Informationen, aktuelle Termine und Veranstaltungen zum Thema Eltern- und Familienbildung bereit.

Der **Deutsche Familienverband** e. V. (DFV) ist ein Zusammenschluss von Familien zur Interessenvertretung auf kommunaler, Landes- und Bundesebene: www.deutscher-familienverband.de.

Im **Verband alleinerziehender Mütter und Väter** e. V. (VAMV) haben sich aktive und unabhängige Menschen zusammengeschlossen, die ihre Kinder allein erziehen: www.vamv.de

Das **Familienhandbuch** des Staatsinstituts für Frühpädagogik im Internet beantwortet in etwa 1.500 Beiträgen viele Fragen zu Familien- und Erziehungsthemen (textlastig und teils sehr ausführlich): von der Geburt übers Taschengeld bis zur Scheidung – das ganze Spektrum des Familienlebens. www.familienhandbuch.de

In der **Schweiz** erfüllt der Fachverband Mütter- und Väterberatung Aufgaben im Bereich »Stärkung der Elternkompetenzen«. Weitere Anlaufstellen in der Schweiz sind das Bildungsportal für Eltern und Fachpersonen www.elternbildung.ch sowie der schweizerische Verband alleinerziehender Mütter und Väter www.einelternfamilie.ch. Auch die Schweizerische Vereinigung der Elternorganisationen bietet Informationen und Kontakte: www.sveo.ch

In **Österreich** gibt es etwa 400 geförderte Familien- und Partnerberatungsstellen (in unterschiedlicher Trägerschaft). Die lokalen oder regionalen Familienberatungsstellen sind unter www.familienberatung.gv.at zu finden. Zudem bietet die Elternbildung wichtige Informationen und Unterstützung an: www.elternbildung.at, lokale oder regionale Anbieter von Elternbildung können unter www.eltern-bildung.at/angebote/elternbildungsanbieter gefunden werden. Außerdem stellt der Familienservice des Bundesministeriums für Familien und Jugend gebührenfrei einen telefonischen Infoservice unter der Nummer 0800/240 262 zur Verfügung.

Manche Bundesländer bieten eigene Programme der Familienbildung oder Förderung an. So hat z. B. das Landesprogramm **STÄRKE** in Baden-Württemberg zum Ziel, Eltern durch Bildungsangebote in ihren Erziehungskompetenzen zu stärken und zu unterstützen. Eltern von Neugeborenen erhalten einen Bildungsgutschein im Wert von 40 Euro, den sie bis zum Ende des ersten Lebensjahres ihres Kindes für einen Elternbildungskurs ihrer Wahl vor Ort einlösen können. Ziel der Elternbildungsgutscheine ist es, Hemmungen abzubauen, Rat und Gesprächsaustausch über Kindererziehung und Familienarbeit auch außerhalb der Familie zu suchen, und Eltern zu ermutigen, sich gegenseitig zu unterstützen.

Familientherapie wird von ausgebildeten Familientherapeutinnen und -therapeuten angeboten, die auch in eigener Praxis arbeiten. In einer Familientherapie stehen die Beziehungen in der Familie im Mittelpunkt. Alle Familienmitglieder werden deshalb mit einbezogen. Ziele sind die Verbesserung und Veränderung der Beziehungen untereinander, wodurch ein positiver Umgang mit Problemen möglich wird, sodass diese sich konstruktiv lösen lassen. Familientherapie wird von den Krankenkassen bisher nicht bezahlt; die Kosten müssen von den Familien selbst übernommen werden. Adressen örtlicher Anbieter können über das Telefonbuch, über das Branchenverzeichnis oder über Empfehlungen gefunden werden (z. B. vom Jugendamt, von der Kinderärztin oder vom Kinderarzt).

Psychotherapie gibt es für Erwachsene und für Kinder und Jugendliche; hier geht es eher um die einzelne Person, ihre Potenziale und Störungen. Die Krankenkassen übernehmen auf Antrag die Kosten. Informationen dazu erteilen die niedergelassenen Psychotherapeutinnen und -therapeuten oder die Krankenkassen. Adressen von Therapeutinnen und Therapeuten stehen im Telefonbuch oder im Branchenverzeichnis, auch über eine Internetsuche können Interessierte fündig werden. Empfehlungen geben Hausärztinnen und -ärzte; auch die Krankenkassen haben Listen anerkannter therapeutischer Fachkräfte.

Dank

Wir bedanken uns bei allen Eltern, mit denen wir arbeiten durften und dürfen, für ihre Offenheit, für ihre Neugier in Familiendingen und für ihre Entwicklungsbereitschaft. Danke sagen wir auch allen Mädchen und Jungen, die uns ihre Familiensorgen und -nöte schildern und damit unser Wissen, unsere Kompetenzen und unser Einfühlungsvermögen erweitern. Den Menschen, die wir in der Beratung und Therapie unterstützen durften, danken wir dafür, dass und wie wir mit ihnen tiefe Einblicke in die Zusammenhänge zwischen persönlichen Schwierigkeiten im Erwachsenenalter und erfahrenen Verletzungen durch Liebeshindernisse in der Bindung mit ihren Eltern gewinnen konnten.

Unser Dank gilt den professionellen Helfern und unseren Freunden, die uns in unserem eigenen Elternsein unterstützt und begleitet haben, wenn wir selbst nicht mehr weiterwussten. Von Herzen danken wir besonders Mechthild Behren, die uns neue Wege zum Lieben aufzeigte und uns, wenn wir mit unseren eigenen Liebeshindernissen zu kämpfen hatten, immer wieder und tiefer mit der Liebe in Verbindung brachte.

Einen ganz großen Dank von uns an Petra Dorn, unsere Lektorin vom Beltz Verlag. Sie hat uns unbeirrt in unserem Vorhaben unterstützt, beraten und ergänzt. Mit ihrer Geisteskraft hat sie einen frischen Wind in unser Manuskript gebracht sowie mit ihrer fachlichen und sprachlichen Kompetenz die Buchwerdung liebevoll-professionell begleitet.

Herzlichen Dank auch an Herma fürs liebende Familiengestalten in der alltäglichen Praxis und ebenso für ihre Rückmeldungen zu diesem Buch mit konstruktiv-kritischem und objektiv-subjektivem Blick auf das Manuskript in seinen verschiedenen Stadien.

Wir danken unseren eigenen Eltern, die mit uns in liebender Verbindung geblieben sind, auch wenn sie es mit uns nicht immer leicht hatten.

Danke von Herzen auch unseren Kindern: dafür, dass sie sich uns anvertraut haben und wir mit ihnen die Verbindung in Liebe in leichten und schweren Zeiten erfahren und leben durften und dürfen. Sie sind für uns ein Geschenk.

Wir sind beglückt und dankbar dafür, dass es die Liebe gibt.

Das Autorenteam

Claudia Stahl und Reinhard Winter arbeiten seit über zehn Jahren immer wieder zusammen: in Paarseminaren für Eltern und in der Elternbildung, in sexualpädagogischen Workshops und Seminaren für Mädchen und Jungen. Zudem beraten und begleiten sie sich gegenseitig in ihrer jeweiligen fachlichen Arbeit.

Claudia Stahl, geboren 1959, arbeitet seit 30 Jahren in der Beratung von Eltern, Kindern und Jugendlichen, vor allem mit Frauen und Mädchen. Als Diplom-Sozialpädagogin (FH) ist sie im Gesundheitsamt des Landratsamtes in Rottweil im Bereich der Gesundheitsförderung und Prävention im Kinder- und Jugendärztlichen Dienst tätig. Hier führt sie Sprechstunden an Schulen durch, berät Schüler, Eltern und Lehrer und bietet gezielt Sprechstunden für Mädchen an. Sie arbeitet als Heilpraktikerin für Psychotherapie in freier Praxis vor allem mit Frauen in Beratung, Therapie, Müttersupervision, Selbsterfahrungsseminaren, Gruppentherapie und Meditationsgruppen. Für pädagogische Fachkräfte gibt sie Einzel- und Gruppensupervision, und sie hält Vorträge für Eltern. Sie ist Mutter von zwei Töchtern und zwei Söhnen, die inzwischen erwachsen sind und die sie über viele Jahre alleine erzogen hat, und lebt in der Nähe von Rottweil.

Reinhard Winter, geboren 1958, ist Diplom-Pädagoge. Er berät und coacht Väter, Mütter und Elternpaare in Erziehungs-, Beziehungs- und Liebesfragen. Zudem arbeitet er mit Jungen, männlichen Jugendlichen und jungen Männern und qualifiziert und berät Menschen, die mit Jungen arbeiten. Er ist in der Leitung des Sozialwissenschaftlichen Instituts Tübingen (SOWIT, www.sowit.de) tätig und dort Leiter des Projekts Autoritätstraining (www.autoritätstraining.de); außerdem unterrichtet er als Lehrbeauftragter an Fachhochschulen in St. Gallen und Basel sowie an der Universität Tübingen. Er ist Autor zweier Ratgeber zur Erziehung von Jungen: »Jungen. Eine Gebrauchsanweisung. Jungen verstehen und unterstützen«, und: »Jungen brauchen klare Ansagen. Ein Ratgeber für Kindheit, Schule und die wilden Jahre« (beide erschienen im Beltz Verlag). Außerdem ist er Mitherausgeber eines Handbuchs zur Jungengesundheit und Autor verschiedener anderer Bücher und Beiträge zu Jungenthemen. Er hält Vorträge vor Eltern und Menschen, die mit Kindern, Jugendlichen und Familien arbeiten. Reinhard Winter ist verheiratet und Vater zweier erwachsener Kinder, eines Sohnes und einer Tochter. Er lebt in Tübingen.